KB071464

심리학과 성인학습 | 이론과 실천

Mark Tennant 저 | 이경화 · 김성훈 · 박정길 · 박혜성 공역

PSYCHOLOGY AND
ADULT LEARNING (3rd ed.)

학지사

| 역자 서문 |

Mark Tennant의 『심리학과 성인학습(Psychology and Adult Learning)』을 접하게 되었을 때, 그의 박학다식(博學多識)에 감탄을 금치 못하였다. 그리고 평생교육학과 박사과정의 '성인학습' 수업에서 이 책을 교재로 쓰면서 '공부의 즐거움'을 우리 대학원생들에게 느끼게 해주고 싶었다.

이 책은 독자들에게 성인학습의 이해에 있어서 심리학적 기초와 성인교육 현장에의 적용을 동시에 고려할 수 있도록, 성인교육의 실천에서 심리학의 역할을 명쾌하게 설명하고, 포스트모더니즘의 영향과 기술, 세계화 현상 및 사회구조의 변화 상황을 반영하여 저술되었다. 따라서 이 책은 '성인학습의 심리학', 즉 Psychology of Adult Learning 혹은 Psychology for Adult Learning이라기보다 '심리학과 성인학습', 즉 book on(about) the Psychology and Adult Learning(심리학과 성인학습에 관한 책)이라고 볼 수 있다. 그러므로 저자는 심리학의 다양한 접근을 통한 이론을 성인학습과 성인교육의 실제를 설명하기에 매우 적절하고 타당하게 적용하여 기술하였다.

이 책의 목차와 내용구성의 특징을 살펴보면, 1장과 10장은 도입과 마무리이며, 2장과 3장에서는 심리학 이론의 기초를 반영하여 인간의 자아와 성인학습자가 자기주도적인 학습이 가능할 수 있는 배경을 설명하고, 성인발달에 대한 정신분석적 접근을 통해 성인학습자를 이해하기 위한 통찰을 제공하였다. 4장에서는 인간이 각 발달단계를 거쳐 가면서 반드시 확립해야 할 특성으로서 정체감(identity)에 대해 다루면서, 성인기의 발달과업으로서의 정체감을 어떻게 발달시켜 나가야 할지, 어떻게 성숙되고 건강한 성인으로서 발달해 나갈지에 대해 성찰할 수 있게 하였다.

5장에서는 인간이 학습을 할 수 있고, 인간다울 수 있는 것은 인간의 인지능력과 지능으로 인한 것임을 생각해 보게 하고, 성인학습의 가능성에 가장 큰 딜레마가 되고 있는 지능의 문제를 분석하고 이해할 수 있게 한다. 6장은 성인학습자에게 가장 다양하게 나타나고 있는 학습 양식에 관한 이해를 도와준다. 성인이 되기까지 다양한 경험을 통한 학습이 일어나게 되므로 학습 양식 또한 다양하게 형성된다는 측면에서, 학습 양식, 인지 양식 등을 안다는 것은 성인교육을 위한 중요한 자원으로 작용하게 될 것이다. 7장에서는 학습을 설명하는 행동주의(behaviorism) 이론을 기술하였다. 혹자는 행동주의 접근은 유아 및 아동의 행동수정을 위해 적합하다고 주장하기도 하지만, 실제 성인교육 현장에서, 성인과의 효과적인 상호작용을 위해 매우 다양하고 적절하게 적용되고 있다. 성인학습의 결과는 더 명확하고 신속하게 확인되어야 하고, 발현되어 성과가 나타나야 하는 경우가 많으므로 행동주의의 학습이론과 원리가 적용되는 것은 당연한 일일 것이다.

8장과 9장은 심리학 이론에서 성인교육의 현장으로 이동하여, 8장에서는 성인교육에서의 개인과 집단을 이해하고 집단의 영향력을 분석하며 집단의 요구와 상황변화에 대응하기 위한 성인학습 방법에 대해 고려할 수 있게 한다. 그리고 9장에서는 성인학습의 대표적인 이론인 전환 학습을 다루면서, Freire부터 Brookfield, Mezirow에 이르기까지 성인학습 이론가들의 다양한 관점과 이슈를 살펴볼 수 있도록 한다.

이와 같이 구성된 이 책은 성인학습, 성인교육 및 평생교육을 전공하고 있는 학부와 대학원생들, 심리학 및 교육심리학을 공부하는 학생과 연구자들에게 이론과 실제 측면에서 많은 도움이 될 수 있을 것이라 믿는다.

이 책이 번역되고 출판되기까지 참으로 많은 시간이 걸렸다. 심리학의 이론적 배경이 부족하고, 성인학습에 대한 공부가 미진하면 원서를 읽기에도 벅찰 정도의 심도 있는 내용을 다루면서 다양한 참고문헌을 연계시켰으므로 번역 초고도 힘들게 나왔고, 명확한 이해를 위해 재번역과 문맥 수정, 보완작업에도 많은 시간이 소요되었다. 그 와중에 공동 역자 두 명이 박사학위를 받게 된 것도 긴 시간의 흐름을 반영해 주기도 하지만, 정말 기쁘고 축하할 일이었다.

이제 번역서로 세상에 얼굴을 내밀게 되니, 역자들의 부족함으로 인해 내용 전달이 명확하지 않을지도 모른다는 점에 죄송함이 들기도 하고, 좀 더 완성도가 높았으면 좋았을 텐데 하는 아쉬움이 있다. 그래도 사랑하는 박사 제자인 김성훈 박사, 박정길 박사, 내년까지는 박사학위를 취득하리라 예상되는 박혜성 선생과 함께 오랜 시간 공동번역 작업을 하여 이러한 성과가 있었음은 정말 행복한 일이다.

마지막으로 담당자가 교체될 정도의 시간을 기다려 준 학지사 김진환 사장님과 놀라우리만큼 꼼꼼하게 내용 검토, 수정 및 편집 작업을 맡아준 백소현 차장님과 편집부 선생님들께 감사의 마음을 전한다.

2018년 상도동 연구실에서
대표 역자 이경화

| 저자 서문 |

    1996년에 발간된 『심리학과 성인학습(제2판)』 서문에서 나는 '성인교육 분야는 혼돈과 무질서'라는 Welton(1995)의 관점을 언급하였다. 또한 학문으로서 심리학은 '과거에는 결코 분산화되지 못했다.'는 Bruner(1990)의 관점도 언급하였다. 이는 독자들에게 성인교육과 심리학 모두에서 변화되고 있는 '현장에서 바라보는 관점'이라는 느낌을 주기 위해 그렇게 한 것이다. 이와 비슷하게, 이번 제3판에서는 책의 목적과 부합하도록 현대사회와 학문적 사고의 변화를 수용하려하였다. 여기에는 다음과 같은 세 가지 변화를 확인할 수 있다. 첫째, 세계화 과정으로 인한 사회의 구조적 변화와 새로운 정보 기술의 적용은 위험, 변화 및 불확실성의 증가로 이어졌으며 그로 인하여 우리의 인생에 혼란과 삶의 무질서함이 발생하게 되었다. 이 책의 대부분은 정체성 형성과 학습 및 교육학의 연관성에 대한 것이다. 둘째, 평생학습의 부활은 국가의 교육 훈련 시스템을 개혁하기 위해 설계된 정책모형 및 수단과 관련이 있지만, 교육학과 학습에서 더 부각되었다. 과거의 성인학습은 '성인교육'의 제공과 강하게 연관되어 왔지만, 성인학습은 이제 더 많은 주류 사회에 영향을 미치게 되었다. 마지막으로 주목해야 할 변화는 '포스트모더니즘'이라는 집단적 꼬리표가 붙은 지식인 운동이 심리학에 대하여 직간접적인 영향을 미쳤는

7

데, 특히 단조롭고 단일정체성을 가진 우리의 일과 사생활에 있어서 다양성, 차이 및 다중정체성의 사회로 변화시켰다.

성인교육 이론의 상태와 그 이론의 기반이 심리학이라는 것에 대한 우려의 목소리에도 불구하고, 실행으로서의 성인교육은 틀림없이 더 시급하고 중심으로 자리 잡게 되었다. 이것은 정규 교육기관과 비형식적 교육기관 사이의 경계가 무너지고 전통적 학문 분야에 도전하는 새로운 융합화된 학문분야가 형성되며, 전통적 공교육기관이 더 이상 교육학적 전문 지식 또는 지식 창조의 독점을 누릴 수 없게 되었음을 보여 준다.

이런 맥락에서 나는 심리학을 성인교육의 문제와 실천에 연결시키는 프로젝트를 계속하는 것이 타당하다고 생각한다. 그러나 이는 성인학습의 과정을 심리학적으로 분석하는 목적이 아니며 성인학습의 획일적 이론을 부활시키기 위한 것도 아니다. 오히려, 그 목적은 성인교육활동의 심리학적인 측면을 이해하고, 성인교육자들의 관심과 세계 사회, 경제적 조건의 맥락에서 탐구하는 것이다.

이 책은 성인학습의 심리학을 다루는 책이 아니라 심리학과 성인학습에 관한 책이다. 따라서 심리학에 관한 포괄적인 설명 및 성인학습에 적용하는 법을 원하는 독자는 이 외에 다른 책을 찾아보기를 권한다. 마찬가지로 특정 이론에 대한 철저한 기술(treatment)을 원하는 독자는 이 책에서 그것을 찾지 못할 것이다. 나의 접근법은 몇 가지 핵심 심리학 이론들을 살펴보고 이를 성인학습과 발달에 적용할 때의 쟁점 및 문제점에 대하여 논의하는 것이다. 나는 이 책이 성인교육자의 관점에서 심리학 이론과 연구에 대한 비판적 이해를 추구하는 사람들에게 유용하게 쓰이길 바란다.

많은 아이디어들은 시드니에 위치한 기술대학교 성인교육 프로그램의 대학원생들을 위한 강의와 세미나에서 생겨났다. 주로 지역사회 교육자, 산업 및 상업 강사, 원주민 교육자, ESOL 교사, 문해 교사, 봉사활동 종사자, 보건교육 담당자 등으로 구성되었는데, 그들은 모두 심리학 학부 과정을 마친 성인교육자 또는 관련 분야 종사자였다. 이 책의 주된 독자층은 심리학 지식이 있는 대학원생 및 성인교육 종사자나 경험자일 것이다.

이 책에 직간접적으로 기여한 다음의 동기들과 친구들에게 감사를 표한다. 초안을 읽고 귀중한 제안을 아끼지 않고 해준 Susan Roberts, 워릭(Warwick) 대학교에서 제1판을 집필하는 동안 셋방을 내어준 Chris Duke, 매쿼리(Macquarie) 대학 당시 귀중한 멘토였던 John Martin, 시드니 기술대학교의 성인교육 프로그램 동기들, 제2판을 집필하던 당시 홋카이도 대학에 친절하게 초대해 준 오가사와라 교수님과 그의 동료들, 그리고 이 책을 집필하도록 나에게 자극을 주고 귀중한 편집지도를 제공한 Peter Jarvis에게 감사함을 전한다.

한편, 이 책에서 다이어그램과 그림 등을 재구성하여 사용할 수 있도록 허락해 주신 다음의 출판사에게도 감사드린다.

1. 『International Journal of Lifelong Education』 제2장: M. Tennant(1986). 'An evaluation of Knowles' theory of adult

learning', 5(2): 113-122라는 출판물 발췌를 허용한 Taylor & Francis.

2. 『Adaptation to Life』 by George E. Vaillant. Copyright 1977 by George E. Vaillant. Preface ix에 나온 〈표 4-3〉과 〈표 4-6〉을 제공한 Harvard University Press.

3. 『The Modern American College』 by Arthur W. Chickering (Ed.) (1981)에 나온 〈표 4-4〉를 제공한 Jossey-Bass.

4. 『Learning in Groups(2nd ed.)』 by D. Jaques(1992)에 나온 〈표 8-2〉를 제공한 Gulf Publishing, Houston.

5. 『Adult Learning and Education』 by Malcolm Tight(Ed.) (1983)에 나온 〈표 9-1〉을 제공한 Croom Helm.

6. 『Education: The Practice of Freedom』 by Paulo Freire(1974)에 나온 〈표 9-1〉을 제공한 Writers and Readers Publishing Co-operative.

이에 덧붙여, 제1, 2, 4와 9장은 이전에 M. Tennant(1998), 'Adult education as a technology of the self', 『International Journal of Lifelong Education』, 13(4): 364-376과 C. Chappell, C. Rhodes, N. Solomon, M. Tennant and L. Yates(2003), 『Reconstructing the Lifelong Learner: Pedagogies of Individual, Organizational and Social Change』, London: RoutledgeFalmer에도 언급되었다. 제4장의 일부분은 M. Tennant(2000), 'Adult learning for self development and change', in A. Wilson and E. Hayes(Eds.), 『Handbook 2000: Adult and Continuing Education』, San Francisco: Jossey-Bass, pp. 87-100에 언급되었다. 또한 제5장의 일부분은 M. Tennant(1999), 'Is learning transferable?', in D. Boud, and J. Garrick(Eds.) 『Understanding Learning in the Workplace』, London: Routledge, pp. 165-179에 언급되었다.

마지막으로 나의 가족 Susan, Annie 그리고 Erin에게 감사함을 전한다.

호주 시드니에서

Mark Tennant

| 차례 |

도입

성인학습 이해에 대한 접근법은 대략 세 가지로 나뉜다. 첫 번째 접근법은 심리학적, 사회학적, 철학적 이론에 대한 균형 잡힌 시각을 제공하고 성인학습과의 연관성에 대한 평가를 함께 연구하고자 한다 (예: Cross, 1981; Long, 1983; Candy, 1991; Jarvis, 2004; Merriam and Caffarella, 1999; Rogers, 2003). 이 접근법의 강점은 실용적이라는 것이다. 다양한 심리학적 설명은 성인들의 효과적인 학습에 대해 이해할 수 있도록 하며, 성인교육원리를 기반으로 한 잠정적인 교육절차가 이를 뒤따른다. 일부 논평은 한 이론의 불명확한 개념 또는 한 연구의 결과를 입증하는 것의 어려움에 대해 흔히 다루겠지만, 이들은 소위 '설명적인 논평'으로 불리며, 본문의 요지와는 구별된다. 성인학습의 이해에 대한 두 번째 접근법은 명확한 논지를 제안하며, 그를 뒷받침하기 위한 문헌을 참고한다(예: Knowles, 1978, 1984; Tough, 1979, 1982; Mezirow, 2000; Illeris, 2002). 일반적으로 선택된 심리학적, 사회학적, 철학적 개념과 원리를 확인하고 사용하려는 시도는 성인의 교육과 학습에 대한 강령적인(그리고 때때로 규범적인) 설명을 발전시킨다.

(본 저서의 주된 관심사인) 심리적 측면을 고려할 때, 앞의 두 접근법들은 모두 이론의 핵심을 설명할 수는 없다. 왜냐하면 안건이 '심리학'이 아닌 '성인학습'이 명백할 경우 심리 이론과 연구의 개념적이고 방법론적인 문제들을 모두 다루는 것이 불필요해 보이기 때문이다. 그럼에도 불구하고, 그것에 실패하는 이유는 심리학이 성인교육의 규범적 미사여구를 지원하기 위해 계속해서 무비판적으로 사용되고 있기 때문이다.

세 번째 접근법은 성인교육의 이론과 연구에 대한 비판적 분석을 시작으로 하며, 이것에서 성인교육과 학습에 대한 시각을 발전시킨다(예: Griffin, 1983; Hart, 1990a, 1990b; Collins, 1991; Brookfield, 2005). 일반적으로 이러한 접근법의 경우 사회학, 역사학, 교육학, 그리고 당연히 심리학과 같은 지식분야의 범위 안에서 이루어졌다. 이 책을 집필하고자 하는 목적은 심리학의 '기초 이론'과 연구결과에 대한 비판적인 자세를 취함으로써, 성인교육을 담당하는 교사들이 좀 더 비판적인 시각을 가지고 접근할 수 있도록 격려하기 위함이다.

『Acts of Meaning』(1990)의 저자인 Jerome Bruner는 현대 심리학이 광범위한 지적 공동체에 뒤쳐져 분열되었으며, 심리적인 질문들에 초점을 다시 한 번 맞출 필요가 있다고 주장한다. "정신의 본질과 그 과정에 대한 질문들, 의미와 현실을 우리가 어떻게 구축해 나가는지에 대한 질문들, 역사와 문화를 통한 정신 조형에 대한 질문들"

(p. xi). 심리학이 의미를 주요 안건으로 다룰 때 문화, 즉 "문화적 심리학은 일반적으로, 그리고 좀 더 구체적으로 말하자면, 문화적 배경에 어울리는 행동인, **상황에 어울리는 행동**과 함께, 상호 간에 의도적으로 교류하는 참가자들 안에서 '태도'가 아닌 '행동'에 초점을 둘 것이다……"(p. 19) 이러한 심리학은 철학, 역사학, 언어학, 사회학, 인류학과 같은 인문학 및 사회과학 분야 속에 해석상 지식 분야와 다시 한 번 협력할 필요가 있다. 인과관계를 확인하는 것, 예언과 통제력, 그리고 한 사람의 보편적인 '문화-배제' 측면과 관련된 실증주의자의 관심사 외에, 문화적 심리학은 인간행동을 이해하기 위해 문화 안에서의 문화와 의미 탐색을 함께 아우른다. "문화적 심리학은 역사학, 인류학, 그리고 언어학이 해석상 지식 분야라는 점과 비슷한 해석상의 심리학이다…… 그것은 인류가 문화적 맥락에 있어 의미를 만들 때 유념하는 규칙들을 찾는다. 이러한 맥락들은 언제나 **실제의 맥락들이다.**"(p. 118) 이러한 심리학적 관점이 성인교육을 실천함에 있어서 적절하다고 생각한다.

서문에 적혀 있듯이, 본 저서의 목표 중 하나는 그것들이 심리학과 성인학습과 연관되는 한, 현대사회와 학문적 견해의 변화를 읽는 것이다. 확인된 변화의 핵심 특징은 '변화와 불확실성'이다. 그런데 성인학습과 이것이 무슨 관계가 있을까? Edwards 등(2002)의 연구에서 이것과 관련된 사항을 찾아볼 수 있다:

> 변화를 위한 변화와 적응은 교육정책을 포함하여 정책의 좌우명이 되었다. 그러한 정의들은 현대의 변화과정이 개인, 조직, 그리고 사회의 더 많은 성찰을 요하고 이것이 학습으로 달성 가능하다는

시각을 포함한다…… 이것은 스스로와 사회적 질의(성찰성)를 통해 이루어지는데, 영향을 주고받는 현대 불확실성과 사람들은 맞물리기도 하고 접하기도 한다.

(Edwards and Clarke, 2002: 526-7)

이런 이유로 현대 세계에서 자신의 길을 가는 것은 성찰을 개발하고 유지할 수 있는 능력을 요하는데, 실제의 근저를 이루는 가정들에 대한 주요 인식으로서 광범위하게 이해된다.

따라서 이후 장들에서는 현대 성인교육의 이론과 실제에 정통한 심리이론들을 향한 비판적 설명을 제시하는 것을 목표로 한다. 각 이론 또는 연구 주체는 두 개의 지도 원리하에 분리된 장에서 독립적으로 다루어진다. 첫 번째, 성인교육에 대한 각 이론의 영향을 균형적으로 서술, 비평, 그리고 논평하는 것을 제공하려는 시도가 있다. 가능한 한 성인교육자들의 문제와 관심사에 관련된 각 이론의 측면들로만 본 과정을 구성하였다.

두 번째, 일생 동안의 심리적 발달에 대한 이해가 강조된다. 독립된 조사 영역으로서 '성인교육' 개념이 성인과 아동 간의 경계를 확실히 해야 한다는 점을 의미한다는 것이 그 이유이다. 게다가 발달과 변화가 성인 삶의 특징이고, 교육이 모든 성인의 삶에서 지속적인 역할을 맡는다는 것을 의미한다.

각 이론의 비평을 전개하는 과정에서 나는 비평의 다양한 종류와 수준 사이에서 Broughton(1981a: 81)의 구분을 유념해 왔다. 요약하면 다음과 같다.

1. **이론적 비평** 이론의 개념적 약점과 내적 갈등이 확인되는 비평
2. **실증적 비평** 이론의 타당성이 증거에 비추어 검사되는 비평
3. **실제적 비평** 이론을 토대로 한 실제의 형식, 목적, 그리고 성과가 평가되는 비평
4. **사상적 비평** 이론의 사회적, 역사적, 그리고 정치적 기원, 본질과 결과가 분석되고 평가되는 비평

제시된 이론의 철저하고 비판적인 분석을 하려면 비평의 네 가지 단계 모두가 필요하다. 하지만 본 저서에서는 장 내에 그리고 사이에 단계들이 섞여 있다. 본 저서의 목표는 철저함이 아니라 선별적인 것이며, 각 장은 성인 교육 및 학습에 연관된 그 단계의 비평을 적용할 뿐이다.

이렇게 분명한 '즉석' 접근임에도 불구하고, 본문 전체에 다른 장과의 연결고리를 제공하는 체계인 어떤 일관된 주제가 있다. 이 주제는 사람과 사회 환경 사이의 관계 본질에 관한 것이다.

본문에 제시된, 두 개의 광범위한 시각 중 하나에서 나오는 다양한 심리이론에 대해 생각해 보는 것은 유용하다. 즉, 이것들은 출발점으로 사람과 사회 환경 중 어느 것을 택하는지에 달려 있다. 사람이 최고라고 강조하는 그러한 이론들은 사람의 내적 기질 측면에서 학습과 발달에 대해 설명한다. 따라서 사람은 어떠한 객관적인 형태를 가진 독립체로 간주되기에, 발견하고 묘사하고 설명하는 것은 심리학자의 일인 것이다. 이러한 가정은 사람이 온전함 또는 자주적인 역학을 가지고 있음을 내포하고 있는데, 이것은 사회 환경에서 대체로 독립할 수 있도록 만든다. 반면에, 사회 환경이 최고라는 점을 강조하는 이론들은 사람에게 나쁜 영향을 주는 외부적 힘의 측면에서 학습과 발달

을 설명하는 경향을 가지고 있다. 이런 이유로 사람은 의존적인 위치로 격하되어, 사람이 적어도 모든 중요한 측면에서 사회적 영향의 산물로 설명되고 이해될 수 있다는 점을 시사한다.

물론 이것은 지나친 간소화이며 대다수의 이론들은 학습과 발달에 대한 내적 그리고 외적 영향을 인정한다. 그럼에도 불구하고, '개인-사회 환경' 관계를 지칭하는 용어는 항상 존재해 왔다고 볼 수 있다. 개인 관점에서는 정서 발달에 초점을 둔 연구의 전통이 있다. 이러한 전통에서 강조하는 것은 강조점은 삶 속에서 자신에 대한 개념과 그 안에서의 갈등이 어떻게 생겨나고 또 발달하는지이다. 이 전통의 기초 작업은 Rogers와 Maslow(제2장)의 인본주의 심리학 또는 Freud의 정신분석이론과 그것의 후속 발달(제3장)에서 찾아볼 수 있다. 성인의 심리학적 발달과 관련된 후대의 많은 이론들은 심리분석과 인본주의 연구의 전통에서 내용을 차용한다고 볼 수 있다(예: Loevinger, Gould, Levinson, Vaillant, Neugarten, Lowenthal). 성인교육자들은 성인 교육과 학습의 이론 그리고 연구의 토대 제공 가능성을 제안하기 때문에, 이 연구에 많은 관심을 보였다(예: Merriam and Caffarella, 1999 참고) (제4장). 특별히, 발달의 모든 과정을 나타내는 모델, '완벽히 기능하는 사람' —자주적인, 독립된, 그리고 통합된 성인의 인격—을 제공함으로써 성인들이 삶의 다양한 단계와 시기에 어떻게 효과적으로 배우는지를 보여 준다(Weathersby, 1981; Merriam and Clark, 1991; Tennant and Pogson, 1995 참고). 사람에 논점을 둔 또 다른 전통은 사람의 지식과 인지적 능력에 대한 것이다. 이 연구의 한 분야는 그 과정을 설명하려고 시도하는데, 발달 과정을 통해서 우리는 세계를 이해할 수 있게 된다. 이 영역의 주요 이론가들과 연구자들은 인지 발달 영역에 있어서 Piaget의 중대한 연구에 의해 영향을 받았으며, 도덕적 발달영역에 있어서는 Kohlberg의 영향을 받았다. 이들 두 학자는 추상적 개념과 도덕성 조절에 관한 우리의 점진적 이해를 나타내는 발달단계를 기술하고 설명하고자 했다는 점에 공통점이 있다. 성인교육자들은 우리가 '성인' 인지적 단계들에 대해 어느 정도까지 이야기를 나눌 수 있는지, 그리고 성인학습의 과정과 단계 이행 과정이 연관되어 있는지에 대해 관심을 가지고 있다. 하지만 일생 동안 인지적 능력을 기술하는 연구와 성인 삶의 지능이 어떻게 새로운 방식으로 생각되는 지에 대한 관심이 점점 더 늘고 있다(제5장). 다른 연구들은 인지적 방식에 있어서 개인의 차이를 설명하는 데 초점을 두고 있다(제8장).

'사회 환경' 관점은 다양한 범위의 이론들과 접근들을 아우른다. 접근의 한 종류는 사람과 그 사람에게 영향을 주는 사회세력 간의 기계론적 관계를 상정한다. 이런 이유로 사람은 보상과 제재를 부과되는 사회 환경을 통해 형성되고 유지되는 행동, 역할, 태도 그리고 가치를 수동적으로 받아들이는 존재이다. 이 중 가장 영향력 있는 접근은 Skinner의 자극-반응 심리학(행동주의)이다. 그의 이론은 교육의 모든 영역에서 교육과 학습에 영향을 끼쳤다. 성인교육에 있어서 그의 유산은 많은 성인교육자들이 행동적 목표를 정하고 정기적인 피드백과 강화를 제공할 필요가 있음을 중요시하는 데서 분명히 볼 수 있다(제7장). 또한 이 기계론적 접근은 성인 삶의 시기에 대한 몇몇 기술적인 연구에서 분명히 볼 수 있다(예: Chickering and Havighurst, 1981).

사회적 환경의 관점에서의 접근과 반대되는 접근 방식은 개인-사회 변증법의 개인에게 보다 적극적인 역할을 가정한다. 따라서 학습

과 계발은 발전하는 개인과 사회적 환경 간의 지속적인 상호작용을
통해 진행되는 것으로 간주되며, 이 과정에서 개인과 사회적 환경은
둘 모두 능동적이다. 이것이 이 과정이 변증법적 과정이라고 불리는
이유이다. 성인교육에서 이 일반적인 접근법은 개인의 정체성을 형성
하는 데 대한 사회화 과정의 작용, 그리고 소외감을 느끼게 하고 억압
적인 문화화의 형식들에 저항하는 성인학습자의 욕구 등에 대해 초점
을 맞춘 Freire, Lovett, Griffin, Brookfield, Mezirow 등의 논문에서
쉽게 찾아볼 수 있다(제9장).

최근 '사람'과 '사회'가 2항 대립구조로 그려지는 것에 대해 문제를
제기하는 심리학자와 성인교육의 이론가들이 생겨나고 있다(Gergen,
1993; Burman, 1994; Usher et al., 1997). 포스트 모더니즘의 광범위한
기치 아래, 그들은 어떤 한 개념과 다른 개념 간의 우열을 정하는 것
이 문제의 일부라고 주장했다. 더욱이, '개인'과 '사회' 간의 지속인
변증법적 상호 작용을 주장하는 이론적인 입장은 지금껏 이원론을 탈
피하지 못하고 있으며, 변함없이 어떤 한 개념을 다른 개념에 대해 우
선시하고 있다.

위의 구분은 다양한 심리학적 이론을 찾아내기 위한 유용한 틀 이
상의 역할을 한다. 일상에서 사람들은 개인과 사회의 관계에 대한 강
경한 견해를 갖고 있으며, 이러한 견해는 정치적, 경제적, 그리고 도
덕적 문제에 대한 그들의 인식에 영향을 미친다. 이를 사람들이 사회
적 현상으로 판단하는 게 더 적절한 어떤 사건이나 행동에 대한 책임
을 개인에게 돌리는 데에서 주로 나타나는 한 극단적인 사람의 관점
을 예로 들어 설명해 보겠다. 우리는 실업자들은 게으르거나 미숙하
며, (그래서 그들의 태도 변화나 자기계발을 통해 취업할 수 있고) 이민자

들이 해당 국가의 언어를 익히지 못한 것이 비난 받아 마땅하며, 문맹자들은 학교교육을 제대로 이수하지 못한 데에 있어 자기 자신을 탓해야 한다(그리고 성인이 되어 다시 공부하기 위해 비용을 지불해야 한다)는 말을 흔히 듣는다. 이러한 개인에게 적정한 수준보다 더 큰 책임과 통제를 요구하는 경향의 다른 형태는 개인의 자연적(생물학적)이고 불변하는 측면을 지나치게 강조하는 경향이다. 따라서 남아와 여아는 선천적으로 다르다고 간주된다(그리고 암묵리에 이것을 바꾸려는 시도는 소용없다). 동성애는 비정상적인 것으로 간주된다(따라서 동의는 동성애를 정당한 생활방식으로 수립할 수 없다). 그리고 지능에 있어 선천적인 인종 간의 차이(교육개입의 효험에 이견을 제기하는 시각)가 있다고 한다. 개인에게 책임을 할당하는 편견을 그리는 이러한 몇몇 사례는 연대 책임과 사회적 개입의 지혜 또는 도덕성에 이견을 제기하는 것으로 여겨진다.

성인교육이론을 발달시키려는 어떠한 시도도 반드시 사람과 사회의 관계에 대한 시각에 토대를 두어야 한다. 성인교육은 개인과 사회를 연결시켜 주기 때문에 교육개선방법, 새로운 교육 프로그램, 또는 새로운 교육 실제를 제안하는 교육자는 자신의 입장을 분명히 표명해야 한다. 특히, 성인교육이 환경, 인종, 건강, 성, 계급, 노인, 실직자, 그리고 이주자들의 혼란과 착취같은 영역과 연관된 중요한 사회 문제들을 다루는 도구라 볼 수 있다. 이 책의 뒷부분에서는, 앞부분에서 제시된 일반적인 상황보다 더 구체적인 상황을 제시한다. 나는 심리학과 성인교육에 대한 많은 우세한 이론이 성인 학습과 발달에 대한 규칙과 체계적인 시각을 보다 넘치게 갖는다고 보며, 이것은 예상하지 못한 역사적, 사회적 변화라고 볼 수 있다.

자기 주도적 학습자와 자아이론

자기 주도적 학습은 정체성을 실제와 문제로 구분하여 강화시키는 성인 및 평생 학습과 관련된 문헌에서 기본 개념이 되고 있다. 이 용어는 학술지, 전공논문, 그리고 책에서 자주 사용되며, 많은 나라의 정책 문서와 국제 정책 문서에 기록되었다. 그것은 성인 및 평생 학습의 새로운 범주 안에 전면적으로 수용된 '학습자 중심성' '독립적 학습' '자습' '자주성' '자유' '욕구충족'과 같은 한 무리의 용어들과의 연관성을 부각시킨다.

대부분의 기초 개념들이 그렇듯, '자기 주도적 학습'은 그 개념을 어떻게 정의할 것인지와 어떻게 적용되어야 하는지에 대해 다양하게 생각하고 다각도로 해석하는 것이 가능하다. Stephen Brookfield는 몇 년 동안 그 개념에 대한 깊이 있는 분석을 제공하였으며, 그는 기

27

사의 초기 시리즈(1981, 1985a, 1985b , 1985c)에서 자기 주도적 학습의 기원을 세 가지 독특한 학설로 구분 지었다.

> 자기 주도적 학습의 기치 아래, 비판적 통찰이 많고, 독립 자조의 사상이 뚜렷하고, 자기반영적 분석을 잘하는 학생들의 발달을 지지하는 철학자들을 단합시킬 수 있다. 따라서 교양과목 교육과정을 사용하는 것 또는 인지적, 합리적, 지능적 측면에서의 사고 기술을 가르칠 것을 강조하는 것 등의 중요성과 관련하여 Paterson과 Lawson은 경고하였다. 즉, 이들은 자기 주도적 학습자에 대해 다양한 이론, 주장 또는 제안점 등을 합리적으로 판단할 수 있는 사람이라고 주장하였다. 인본주의적 관점에서의 성인교육자들은 또한 그것이 자아실현 개념의 교육적 해석일 뿐이기 때문에 발상을 가지고 철학적 연대감을 주장할 수 있다. 사실, Knowles와 Tough 같은 전통적인 인본주의 심리학 관점의 성인교육자들은 자기 주도적 학습에 대해 이와 같이 개념을 정의하는 연구자들이다. 마지막으로, Freire와 Mezirow와 같은 성인교육에 대한 비판적 이론가들은 아동기와 청소년기에 무비판적으로 흡수되고 내면화된 가정, 신념, 그리고 가치를 학습자의 비평적 의식 속으로 끌어들여야 한다는 성인교육의 발상을 깔끔하게 요약해 놓았다는 관점에서 그 개념을 정의한다.
>
> (Brookfield, 1985a: 19)

이들 중 첫 번째 학설인 '지능의 함양' 접근법은 교사중심과 주제중심 교육과정을 통해 합리적 정신을 발달시키는 것을 강조한다. 이

접근법에서 자기 주도적 학습자는 전통적 교육경험의 이상적인 결과
물로 간주된다. 이와 같이 이는 성인교육 이론과 실제를 주류에 편입
시키는 것에 반하는 접근법이다. 나머지 두 학설인 '인본주의'와 '비
판적 인식'은 성인교육의 목표, 의도, 그리고 실제를 규정하기 위한 노
력에 깊은 영향을 미쳐 왔다. 특히, 이러한 학설들은 자기 주도적 학습
의 본질, 이유, 그리고 의도에 관하여 경쟁적인 견해를 가지고 있다.

　자기 주도적 학습에 대한 이후 논평에서 Caffarella(1993)는 자기
주도적 학습에 대한 문헌에 제시된 세 가지의 독특한 개념에 대해 주
장한다.

> 　자신의 학습을 스스로 계획하고 관리하기 위해 개인의 능력을 강
> 조하는 학습의 자기 주도적 과정, 개인별 자주성을 전형적인 특징
> 으로 가지고 있는 학습자들의 속성 또는 특징, 그리고 학습자에게
> 더 많은 통제가 허용되는 공식적인 환경에서 지시를 조직하는 방법
> 이라는 세 가지이다(p. 25).

　그녀는 인간주의 철학과 더불어 그 개념이 진보주의(학습자의 경험
에 초점), 행동주의(학습계약과 목표에 초점-Heimstra & Sisco, 1990 참
고), 비판이론(비판적 반영에 대한 초점과 우리의 행동을 안내하는 가정에
대한 분석-Brookfield, 1986; Garrison, 1992; Hammond and Collins,
1991; Mezirow, 1985 참고)의 영향을 받아 왔음을 지적한다.

　자주성과 자기 주도성의 본질을 명확하게 구분하여, Candy(1991)
는 학습자로서의 자주성(학습에 있어 자기 주도적인 것)과 일반적인 개
인별 특성으로서의 자주성 간에는 차이가 있다고 보았다. 그는 자기

주도성이라는 용어가 네 가지 독특한 현상을 나타내는 것이라고 주장한다. 네 가지 독특한 현상은 개인별 자주성, 자신의 학습을 관리하는 능력, 학습자의 통제력을 격려하는 교수와 학습 환경, 그리고 공식기관 밖에서 하는 학습의 독립적인 추구 등이다. 그는 자기 주도성을 (학습자들이 학습에 대해 점차적으로 통제해 나가는) 하나의 과정으로 생각할 수 있거나, 또는 넓은 감각에서의 자기 주도성이 발달되고 한 집단 또는 사회의 일부분에 있어 자유와 자기 결정력이 당연시되는 이상적인 결과라고 본다.

실용적이며 이론적인 개념으로서의 자기 주도적 학습은 아직도 Knowles의 연구와 다음에 제시한 것과 같은 기술들을 갖추고 있는 그의 평생학습자 모형과 강하게 연결된다.

- 호기심을 발달시키고 계속 접할 수 있는 능력(확산적 사고)
- 탐구를 통해 답할 수 있는 질문을 형성하는 능력(수렴적 추리 또는 귀납적−연역적 추리)
- 다양한 질문에 답을 할 때 필요한 자료를 확인하는 능력
- 정보의 가장 적절하고 신뢰할 수 있는 자료 출처를 찾는 능력
- 적절한 출처에서 필수 자료를 모으기 위한 가장 효과적인 수단을 선택하고 사용하는 능력
- 유효한 답을 얻기 위해 자료를 조직, 분석 평가하는 능력
- 제기된 질문에 대한 답을 일반화, 적용, 그리고 소통하는 능력

(Knowles, 1980: 267)

성인교육자들은 이러한 능력들을 신장시킬 의무가 있으며, 이것을

지킬 수 있는 가장 좋은 방법은 학습에 있어 성인교육학적 접근을 취하는 것이라고 Knowles는 주장한다. 성인교육학적 접근은 성인학습자에 대한 성인교육자의 몇몇 가정으로 특징지어진다.

1. 학습을 시작하기 전에 성인은 무언가에 대해 왜 배워야 하는지를 알 필요가 있다.
2. 성인은 자신의 자기 주도적 능력에 대해 타인으로부터 인정받고 싶어 하는 심리적 욕구를 가지고 있다.
3. 성인은 누적된 경험을 가지고 있으며, 이것은 학습을 위한 풍부한 자산이 될 수 있다.
4. 아동에게 있어 학습 준비도는 생물학적 발달과 학습에 대한 압박감으로서 기능한다. 성인에게 있어 학습 준비도는 사회적 역할을 수행하고자 하는 욕구로서 기능한다.
5. 아동은 학습을 위해 (조절된) 주체중심의 성향을 가지고 있는 반면, 성인은 학습을 위해 문제중심의 성향을 가지고 있다.
6. 성인의 가장 강력한 동기요인은 내부에서 온다.

(Knowles, 1989: 83-4)

이러한 가정들을 시작점으로 하여, Knowles는 계속해서 성인의 학습을 돕는 능력, 과정, 그리고 기술을 명시한다. 이것에 있어 기본적인 구성요소는 학습자 자신의 학습을 안내하고 계획하는 데 사용되는 수단인 학습계약이다. 일반적으로 학습계약은 필요한 것이 무엇인지에 대한 진단과 같은 것, 그다음에는 목표와 목적에 대한 구체적인 설명, 학습 전략과 자원의 확인, 그리고 진행 평가를 필요로 한다.

대부분의 학습계약 방법의 적용에서 학습자와 일반적으로 계약에 나와 있는 학습활동에 기득권을 가지고 있는 교수자(예: 지도감독자, 또래) 사이에서 협상을 통해 계약을 체결한다.

성인학습을 위한 이 시나리오는 이론과 실제 실행과의 차이, 성인 교육학적 추측의 성립될 수 없는 본질, 입증자료의 부족함, 개념적 한계, 그리고 이념적 영향을 강조한 몇몇의 평론가에 의해 비판적으로 분석되었다(Tennant, 1986; Griffin, 1987; Brookfield, 1991; Jarvis, 1992). 이 장의 나머지 부분에서는 이러한 주장들 중 일부를 상세히 설명할 것이다.

성인이 자기 주도적 학습자라는 또는 자기 주도적 학습자이어야 한다는 시각은 세 가지 독특한 연구를 통해 지지되었다.

1. 자기 주도적 학습의 유행과 본질에 대한 실증적 연구
2. 인본주의적 임상 심리학의 영향
3. 전 생애적 발달의 심리학에 대한 이론적, 실증적 연구

실증적 연구들

자기 주도적 학습의 본질과 편재성에 대한 연구 중 가장 잘 알려진 초기 실증적 연구는 Tough(1967, 1968, 1979, 1982)의 성인 학습 '프로젝트'에서 찾아볼 수 있다. 성인학습 프로젝트는 일부 명확한 지식과 기술을 얻기 위한 의도적이고 (최소 7시간 동안 진행되는) 일관된 시도로서 학습을 위한 주요한 노력이다. Tough는 이러한 기준을 사용

하여 보통의 성인이 각 학습 프로젝트에 90~100시간 정도 사용하고, 이와 같은 프로젝트를 매년 8개씩 진행하고, 개인적으로 프로젝트를 계획 또는 총괄한다는 것을 밝힐 수 있었다.

자기 주도적 학습의 주요 구성요소들은 다음과 같이 설명될 수 있다.

1. 학습활동을 계획, 실행, 그리고 평가하는 기본적인 과정을 적용할 수 있는 지식과 능력
2. 개인의 학습목표를 확인할 수 있는 능력
3. 적합한 계획 전략과 계획자 전문 지식을 선택할 수 있는 능력
4. 그 행동방침이 적합할 때 개인의 계획을 총괄할 수 있는 능력
5. 학습활동의 환경과 시간 관리를 올바르게 결정할 수 있는 능력
6. 활용되는 자료들에서 지식 또는 기술을 얻을 수 있는 능력
7. 학습을 방해하는 개인적이고 상황적인 문제점을 감지하고 대처할 수 있는 능력
8. 동기부여를 재개할 수 있는 능력

여기서 확인된 구성요소는 전에 제시된 Knowles(1980)의 자기 주도적 학습의 기술과 분명히 양립될 수 있다. 두 가지 설명 모두에서 자기 주도적 학습자는 다양한 범위의 학습 기술과 과정을 통달할 수 있는 존재이다. Tough 외에도 성인의 학습 과정이 잘 계획되거나 단계적이지 않다고 밝힌 연구들이 있음에 주목해야 한다(Spear and Mocker, 1984; Danis and Tremblay, 1987; Candy, 1991 참고). 이 과정은 Tough의 학습 프로젝트가 우리가 믿고 생각했던 거보다 더 무계획적이고 더 많은 시행착오에 기초하고 있다.

자기 주도적 학습의 실증적 연구에 있어 또 다른 중요한 발전은 진단용 텍스트인 자기 주도적 학습 준비도 척도(Self-Directed Learning Readiness Scale: SDLRS)의 개발이었다(Guglielmino and Guglielmino, 1982). 이 척도는 Chickering, Houle, Knowles와 Tough를 포함한 북미의 저명한 다수 성인교육자들이 추천하였다. 따라서 이 항목들은 적어도 개발될 당시에는, 자기 주도적 학습에 대한 정통 북미인들의 시각을 대변한다고 간주할 수 있었다.

본 연구의 약점을 처음 지적한 사람은 Brookfield(1985c)였다. 그는 Tough의 구조화된 인터뷰 일정과 프롱프트 시트, Guglielminos의 측정 척도는 중요한 측면의 수가 불충분하다고 주장하였다. 우선, 설문을 한 사람들은 주로 중산층으로, 교육적 혜택을 받은 사람들이었다. 따라서 Brookfield는 다음과 같이 말했다.

> 성인들은 타인이 본인을 자기 주도 능력이 있다고 생각하기를 바라는 심리적 욕구를 가지고 있다. 주로 지적 민족중심주의 성향인 미국 중산층들로 구성된 표본조사를 바탕으로 성인들의 (포괄적인 의미에서) 자기 주도 학습 성향을 살펴보면 극소수의 연구자들만이 노동자 계층 성인들의 자기 주도 학습활동을 조사하기로 결정했다. 흑인, 푸에르토리코인, 히스패닉계인, 아시아인 또는 북미 원주민의 자기 주도적 학습에 대한 연구가 없다는 것은 분명하다.
>
> (1985c: 24)

두 번째 비판점은 기대가 인터뷰 대상자 자신의 학습경험을 기억해 내는데 어떠한 영향을 끼치는지에 관한 내용이다. 예를 들어, 활동목표에서 학습 프로젝트가 유래한다는 Tough의 조사결과는 '전형적인' 학습 프로젝트를 설명할 때 인터뷰 진행자가 기술지향적인 예시들을 사용하기 때문일 수 있다. 세 번째, 설문지와 척도의 사용은 자료 수집방법에 대한 친근함을 전제로 상정하는데, 사회 모든 계층의 친근함을 상정할 순 없다. 마지막으로, Brookfield는 보고된 학습활동의 질과 가치에 대해 충분히 주의를 기울이지 않았다고 주장한다. 또한 Guglielmino의 문화 보편적 본질에 대한 연구항목들은 집단학습을 참조하지 않으며, 인쇄물과 중산층의 생활방식(예: 도서관, 학습에 대한 개인의 책임, 장기적 목표)에 편향되어 보이는 것에 주의하는 것이 유익하다. Brookfield의 논문 이후 SDLRS의 타당성과 신뢰도에 대한 상당한 논란이 일었다(Field, 1989, 1991; Candy, 1991; Guglielmino et al., 1989). 그 후 이 척도는 '학습 선호 평가'로 개명되었는데, SDLRS와 비슷한 방식을 가지고 있으며(Gugliemino and Guglielmino, 1991), 그 후의 연구가 이것의 타당성을 강력하게 지지했다(Delahaye and Smith, 1995). 그럼에도 불구하고, 그 지역사회의 성인들 대부분이 자기 주도적 학습자이며, 성인교육자들은 교수법의 실제와 그것들이 서비스의 본질을 조정하여 이러한 현실에 적응해야 된다고 주장하는 것을 삼가야 한다.

인본주의 임상 심리학

인본주의 심리학의 영향은 Knowles의 자기 주도적 학습에 대한 이해 중 '자아실현'이라는 용어를 지지하는 것과 이상적인 교수자—

학습자 관계의 구성에서 찾아볼 수 있다.

'자아'라는 주제는 인간에 대한 과학적 해석에 대해 항의하면서 생겨난 인본주의 심리학의 특징이다. 과학적 방법들은 인간을 과학적 조사의 '대상'으로 격하시킨다. 반면에, 인본주의 심리학은 개인의 자유, 선택, 그리고 주관적 경험의 타당성과 같은 인간성을 재확인하였다. 심리학에서 자아를 연구하는 이론가들 중 가장 저명한 이론가들은 아마 Kurt Goldstein(1939), Carl Rogers(1951), Gordon Allport(1961)와 Abraham Maslow(1968a)일 것이다. Maslow의 연구는 상당한 범위를 아우르는 적용이 이루어졌기에 나는 그의 자아실현에 대한 시각을 이론적 틀로 사용할 것이다. 그는 그의 시각을 동기이론으로 제시한다.

개략적으로 그의 이론은 우성 계층과 관련된 여러 범주의 동기를 제시한다. 이에 따르면 개인이 동기의 목적이 성취되거나 만족감이 보장될 때까지 '하위' 단계의 동기의 통제하에 있다는 것을 의미한다. 이것이 일어나는 즉시 개인은 다음(상위) 단계 원동력의 통제를 받는다. 개인이 다음 단계의 대상이 되는 것은 이것이 충족되었을 때만이다. 하위 단계의 동기는 상위 단계의 것보다 늘 우세하다. 가장 상위의 단계는 모든 다른 작업이 중단될 때 이루어지며, 이것은 '자아실현의 욕구'라고 불린다. 위계에 대한 세부 설명은 다음과 같다.

1단계 생리적 욕구에는 굶주림과 갈증, 성행위, 수면, 휴식, 그리고 신체 보전 등이 있다. 이들은 다음 단계로 넘어가기 전에 충족되어야만 한다……

2단계 안전의 욕구는 예상 가능하고 질서 있는 세상, 안전, 신뢰성,

공정함, 그리고 일관성을 필요로 한다. 이것들이 충족되지 않았을 때 안전과 보안을 최대한 보장받기 위하여 개인은 그들의 세상을 조직하려는 시도에 매진할 것이다. 만약 충족된다면, 그들은 안락함을 누리게 될 것이다.

3단계　애정과 소속의 욕구는 그/그녀가 따뜻하고 우호적인 인간관계를 추구하게 한다.

4단계　**자아존중의 욕구**는 강점, 성취감, 적절성, 숙달과 능숙함, 세상에 대한 자신감, 독립 그리고 자유, 명성과 위신을 위한 갈망이다.

5단계　**자아실현**은 재능, 능력 그리고 잠재력의 완전한 사용과 개발이다. 자아실현을 한 사람들은 자신의 진실성 또는 개인적 독립을 잃지 않고 사회적 규제에 따를 수 있다. 즉, 그들이 자신의 시야에 다양한 가능성을 보거나 고려할 수 없는 것과 같은 한계를 갖지 않고도 사회적 규범을 따를 수 있다는 것이다. 그들은 가끔 사회적으로 규정된 행동을 초월할 때가 있다. 본 단계를 달성한다는 것은 그들이 할 수 있는 최대 수준으로 발달한다는 뜻이다.

Maslow가 위계 속에서 단계 간의 관계를 구체화시켜 놓은 방법 때문에 그는 신랄한 비판을 받았다. 첫 번째는 개인이 하위 욕구를 충족해야만(그리고 다른 방법으로는 가능하지 않다) 다음 상위 단계로 올라간다는 주장에 관한 것이다. 추론해 보면, 살아가면서 모든 생리적 욕구 그리고 안전의 욕구를 충족한 사람들은 반드시 자신의 최대 잠재력을 발달시키는 사람들이 될 것이다. 장기간 동안 생리적 욕구 그리고 안전의 욕구가 결핍된 사람들은 상위 단계를 발달시킬 수 있는 기회가 적었을 것이다. 쉬운 말로 하자면, 상대적으로 부유하게 자란 사람들은 더 창의적이고 독창적이며, 통합된 개성을 가지게 되지만, 불리한 환경에서 자란 이들은 '열등품'으로 자랄 것이다. 실제는 이것이 옳음을 증명하지 못하며, 너무 많은 예외가 생각난다. 더 상위 단계에 도달하기 위하여 하위 단계를 먼저 충족시켜야 한다는 것은 명백히 사실이 아니다. 심지어 아사의 위험에 처해 있는 상황일지라도 도망자들은 음식에 대한 욕구 때문에 적으로부터 도망치지 않는 일은 없을 것이다. 개인은 애정과 소속을 추구하기 전에 안전의 욕구를 충족시키도록 강요받지 않는다. 전쟁이나 역병 같은 위험은 종종 사랑에 대한 강한 성향을 일으킨다. 순교자들은 죽음을 확신할 때 자아실현이라 불리는 것을 추구하였다.

위계구조 내에서 단계 간 관계에 대한 이러한 반대에 덧붙여, Maslow의 위계구조 5단계인 자아실현에는 몇 가지 결점이 있다.

'자아실현상태'가 되기 위해서는 심리적으로 건강해야 하며, 자신의 재능, 능력, 그리고 잠재력을 최대한으로 사용할 수 있어야 한다. 이것은 개인이 심리적 성장을 성취하기 위해 추구하는 '욕구' 또는 '방향'이다. Maslow의 말에 따르면, 우리가 일정 수준의 성숙을 성취하면, 우리는 주로

> 자아실현의 경향에 따라 동기가 부여된다[잠재력, 능력, 그리고 재능의 진행 중인 실현화로서, 임무(또는 부름, 숙명, 운명 또는 소명)수행으로서, 개인 자신의 내재적 본질에 대한 더 깊은 이해와 수용으로서, 개인 안의 통일, 통합, 또는 동반 상승효과를 향한 끊임없는 동향으로서 정의된다].
>
> (Maslow, 1968a: 25)

자아실현을 한 사람들은 '탁월한 현실지각력' '증가된 자아 또는 타인, 그리고 본성에 대한 수용능력', 증가된 '문제중심 사고과정', 증가된 '자주성', 증가된 '매사에 감사하는 마음' 그리고 '풍부한 감성' 등 다수의 특징들을 가지고 있다고 한다. 자아실현을 한 사람들의 완전한 모습은 아직까지 규정하기는 힘들지만, 그럼에도 우리가 나아가야 할 방향으로 알고 있다. 이러한 경향은 의도된, 의식적인 통제에 의한 것이 아니다. 더 정확히 말하면 우리의 생리적 자질을 구성하는 부분이다. 이것은 우리를 고유한 인간으로 특징지어 준다. 그렇다면 Maslow가 말하는 것은 해바라기 씨앗이 식물로 자라, 꽃을 생산하도록 기질이 '설정'되어 있는 것처럼, 인간들의 생리적 기질로 인하여 자아실현하도록 '설정'되어 있다고 하는 것이다. 환경 조건들은 결과에 영향을 주겠지만, 기본적으로 사람은 그 또는 그녀의 잠재력을 끊임없이 발전시키려고 노력한다.

Knowles는 성인들의 학습을 돕기 위한 모델을 구축하기 위한 시도로 심리적 발달에 대한 이러한 시각을 받아들였다. "기본적으로 증가되는 자기 주도성의 필요성이 계속 증가하지만, 문제가 되는 것은 문화가 자기 주도성에 필요한 능력들의 발달을 돕지 못한다는 것이다. 그 결과는 자기 주도성의 필요와 능력 간에 격차가 생기는 것이다."(Knowles, 1990a: 55)

Knowles가 지지하는 실제는 이러한 격차를 줄여, 성인들의 학습 과정과 심리적 발달을 위한 요구가 서로 일치할 수 있도록 구성되어 있다.

Knowles의 성인교육학 모델(그리고 그것의 필연적 결과인 학습계약)의 큰 어려움은 그것이 여러 가지 방법으로 해석될 수 있다는 것이다.

즉, 성인학습자들이 자기 주도성을 키울 수 있도록 돕는 초기의 안내 모델, 자기 주도 능력을 가진 성인들에게 적합한 학습 과정, 또는 기관 또는 조직의 요구와 개인의 요구가 서로 일치될 수 있는 방법으로 해석이 가능하다. 첫 번째 해석은 사실 성인들이 자기 주도적이 아니며 전통적인 교육소비와 떼어 놓아야 한다는 상정을 필요로 한다. 이러한 시각에 동의하는 사람들은 자기 주도적 학습의 너무나도 갑작스런 도입을 유의하라고 경고한다. 그들은 이러한 학습방법이 성인교육의 시작점보다는 목표점이 되어야 한다고 주장한다. 당연하게도, 이러한 시각을 지지하는 이유들은 성인학습자들을 향한 온정주의적 및 조작적 접근, 그리고 자기 주도적 학습을 위한 지지를 제공한다는 점에서 상당히 이질적일 수 있다. Knowles는 자기 주도성을 키우는 연결다리의 구축에 대한 중요성을 인지하고 있다. 즉, "성인교육자들은 성인들이 의존적인 학습자에서 자기 주도적인 학습자로 전환되도록 돕는 전략들을 고안하는 중이었다."(1984: 9) 그리고 그는 성인교육학 모델이 상황에 따라 선택적으로 적용이 되어야 한다고 조언하지만, 이러한 해석은 그가 생각하는 주안점과 일치하지 않는다.

두 번째 해석은 자기 주도적 학습자들이 그들이 학습하는 내용과 과정을 조절하고 계획할 수 있는 능력이 있다고 상정한다. 성인교육자들은 Knowles에게 강의 **내용**을 구조화하도록 주의를 받았지만, 역설적이게도 그들은 강의에서 따라야 할 **과정**을 구조화하는 데 찬양을 받았고, 지침 또한 받았다. 하지만 왜 자기 주도적 학습자들은 Knowles가 지지하는 과정을 따라야 할까? 확실히 한 과정의 시행은 내용의 시행과 마찬가지로 제한적이고 소외감을 느낄 수 있지 않을까? 많은 성인학습자들은 미리 구조화된 자기평가 형식, 특히 여러 종류의 '객관적' 체크리스트에 의해 소외된다고 보고한다. 또한 형식적인 학습계약, 특히 행동적 목표를 구체화하도록 요구할 때, 학습은 도움이 되기보다는 방해가 될 수 있다.

Knowles는 학습계약을 중립적인 과정으로 여기기에 그것이 지식과 앎의 본질에 대한 가정을 포함하고 있다는 것을 인정하는 데 실패한다. 그리고 그 결과 그는 이러한 가정들을 철저히 검토되지 않도록 남기게 되었다. 그는 기껏해야 자기 주도성의 불완전한 버전을 제공하게 되었다. 즉, 학생은 **내용**을 주도하고, 교육자는 **과정**을 주도하게 된다.

학습계약이란 개인의 요구와 조직의 목표가 서로 일치되는 방법이라는 세 번째 해석은 자기 주도적 학습자에 대한 Knowles의 또 다른 해석이다. 늘 개인의 요구가 조직의 목표와 일치하기를 기대하는 것은 불합리하며, 갈등이 일어날 경우에는 틀림없이 개인의 요구가 타협될 것이다. 이러한 예상은 학습계약이 학습을 위한 도구인가 또는 교육자, 교육 담당자, 그리고 경영자를 위한 도구인가에 대한 더욱더 근본적인 질문을 일으킨다. 『The Adult Learner: A Neglected Species』의 흥미로운 부분에 의하면, Knowles는 교육담당자와 성인교육자가 학습이론을 실질적으로 사용하는 방법을 지지한다. 다양한 학습이론들을 설명한 다음에 그는 우리가 여러 이론 중 하나를 선택하기 전에 꼭 적용해야 하는 몇 가지의 기준들을 서술한다. 이러한 기준들은 다음을 포함한다. "제안된 이론이 당신 조직의 경영철학과 어떻게 맞는가?"(1990b: 100) 그리고 "한 가지 이론을 고르기 전 알아봐야 하는 다른 기준은 조직의 장기적인 성장 목표와 그것의 조화이다"(1990b: 112) 따라서 다양한 학습이론들에 대한 Knowles의 태도는 그것들이 마음대로 소비되고 폐기되는 '산출물'일 뿐이라는 시각에 기초한 것이다. 거론되는 이론들의 설명력을 고려하지 않기 때문에 이것은 의문의 여지가 있는 시각이다.

조직은 Knowles의 『Andragogy in Action』에서 매우 중요하게 보인다. 이것에 대한 증거는 캘리포니아 주 Lloyds 은행의 신입 사원을 위한 다음의 오리엔테이션에 나와 있다.

> 당신은 성인학습 환경에 입문하고 있다. 이것은 굉장히 참가적인 과정이다. 우리는 당신이 일보다는 경력에 더 많은 관심을 두고 있다는 사실을 알고 있다. 우리는 당신이 우리와 함께하는 성장의 길에 필요한 능력과 지식을 인식할 수 있도록 도울 것이다. 우리는 당신이 각 단계에서 주어진 훈련에 참여할 것을 기대하고 있다……우리는 당신이 본 훈련을 기회로 삼아 당신의 능력과 미래 경력신장에 필요한 정보를 얻을 수 있길 기대한다. 당신의 시험은 현장에서 이루어진 것이다. 만약 훈련의 결과로서 당신이 기능들을 능숙하게 수행한다면, 당신의 담당자는 이것을 인식하고 성장 평가를 할 때 고려할 것이다. 만약 제안된 정보를 기회로 활용하지 못할 경우 당신은 능숙해지지 못할 것이며, 발전하지 못할 것이며, 아마도 미래에는 우리와 함께하지 못할 것이다.
>
> (Knowles, 1984: 75 인용)

이것은 Knowles가 이 책의 앞부분에서 언급하는 '상호 존중' '협력성' '상호 신뢰' '지지성' '즐거움' '인간성' '상호 조직' '요구진단'의 예시인가?

이상적인 교사-학습자의 관계를 나타낸 Knowles의 모델은 인본주의 임상 심리학에서의 상담 전문가-의뢰인의 관계를 많이 반영한다. Rogers와 Maslow 모두 보통 개별 의뢰인을 다루었다는 임상 심리학자들이었으며, 이러한 의뢰인들의 심리적 건강에 관심이 있었다. 그렇다면 그들이 지지하는 교육적 실제가 그들의 임상적 또는 치료적 기술을 반영한다는 사실은 별로 놀랍지 않다. 이것은 교사를 학습의 촉진자로 보는 Rogers(2002)의 개념에 잘 드러나 있다. 좋은 촉진자로서의 자질은 다음과 같다.

1 진정성과 진성

촉진자가 누구든지 위장된 겉모습 또는 허울을 내세우지 않고 학습자와의 관계를 만들어 나가는 진실한 사람이라면 좀 더 영향을 줄 것이다…… 이것은 촉진자가 촉진자답고, 자신은 부정하지 않다는 것을 말한다.

(Rogers, 2002: 27)

2 소중히 여기기, 수용 그리고 신뢰

학습자, 즉 학습자의 감정, 의견, 사람을 소중히 여긴다고 생각해라. 이것은 학습자를 배려하는 것이다. 하지만 무소유의 배려이다. 이것은 또 다른 개인을 자신의 권리에 가치를 가진 독립된 사람으로 받아들이는 것이다. 이것은 기본적인 신뢰이다. 즉, 다른 사람이 근본적으로 신뢰할 수 있는 사람이라고 믿는 신념이다.

(Rogers, 2002: 29)

3 공감적 이해

> 학생의 내면적인 반응을 이해할 수 있는 능력⋯⋯ 교육과 학습
> 의 과정이 학생에게 어떻게 보이는지에 대한 민감한 인식.
>
> (Rogers, 2002: 30)

촉진자와 학습자 사이의 개인적인 관계를 강조하는 것은 "각 학생을 가치 있는 사람으로 수용하고, 그의 감정과 생각을 존중하고⋯⋯ 상호 신뢰의 관계를 구축하고 싶어 하고 그 자신의 감정을 드러내는" (1990b: 85-6) 성인교육 교사에 대한 Knowles의 개념의 특징이다. 이것은 완성된 그림이 아니며, Knowles는 이러한 특징들에 본 관계의 신장을 돕고, 학습자의 요구를 진단하고, 목표를 설정하고, 계약상 합의를 하고 결과를 평가할 수 있도록 격려하는 다양한 '교육의 원칙'을 추가한다. 이러한 추가적인 성인교수의 원칙들이 자기 주도성을 통해 행동수정을 격려하는 것을 추구하는 심리학자들이 채택한 전략들과 비슷하다는 점은 흥미롭다. '명확한 목표' '계약상 합의 내용' '행동 변화의 객관적 기록'의 사용은 행동변화를 위한 성공적인 프로그램을 위해서는 필수적인 것으로 보인다(Bandura, 1969, 그리고 Knowles, 1990b: 129-33의 요약 참고).

Knowles의 성인교육을 담당하는 교사는 상당히 다르고 대립되는 두 가지의 치료적 전통(인본주의와 행동적 전통)을 지지하는 심리학자들의 기법과 실제로부터 조직되어 온 것으로 여겨진다. 새롭게 떠오르는 학습모형은 지식, 수행, 또는 자아개념에 있어 결손 또는 '격차'를 확인하고 배제함으로써 교육에 대한 불쾌한 시각을 초래한다. 예를 들어, Knowles가 인용한 성인교수의 한 가지 원칙은 "교사는 개

인 준비에 있어서의 차이로 인해 학생들이 경험하는 삶의 문제를 확인하도록 돕는다."이다. 이와 같은 진술들은 '삶의 문제들'의 원천을 기관 밖으로 놓고, 해결책을 교사/가르치는 관계 속에 견고히 심어서 개인을 향하도록 한다.

교육결손모형의 두 번째 문제는 '결손'의 진단과 관련되어 있다. 결손(즉, 요구)은 학습자뿐만 아니라 학습자의 외부에 있는 이익들로부터 진단된다고 Knowles는 명료하게 밝힌다. "교사는 학생, 기관, 교사, 과목, 그리고 사회의 요구를 반영한 학습목표의 상호 과정에 학생들을 참여시켰다."(Knowles, 1990b: 86) 그런데 이익 간의 갈등이 있을 경우 교사는 무엇을 해야 하는가? 여러 이익 중에서 세력과 계급의 분배에 따르면 갈등은 분명히 해결될 것이며, 학생들의 이익이 가장 잘 반영되지 못할 것이라 예상할 수 있다. 이렇게 하여 '요구진단'이라는 발상은 가치 있는 교육에 대한 생각을 정당화시키는 또 하나의 방법이 될 것이다.

마지막 문제는 내담자(치료 상황) 혹은 학습자(교육 상황)와의 호의적 관계를 지속해야 함을 강조하는 것이다. 일반적으로 이것은 바람직하지만, 만약 호의라는 것이 갈등이 억제되거나 회피되는 것을 의미한다면, 항상 바람직하지는 않을 것이다. 그 이유 중 하나는 갈등이 학습을 자극하고 도울 수 있으며, 이러한 시각은 이론적(Piaget, 1978) 그리고 실증적(Mugny and Doise, 1978)으로 지지받기 때문이다. 호의를 강조하는 것을 피해야 하는 또 하나의 이유는 (성인교육자로서의) 성인교사 그리고 (성인학습자로서의) 성인학생들의 의무가 되는 경향이 있기 때문이다. 이것이 집단행동에 미치는 영향은 갈등이 보통의 경우보다 더 많이 그리고 더 오래 억제되어서, 그 결과가 비극적일 수 있다는 사실이다. 여기서 핵심은 호의(즉, 호의 = 좋은 교사 = 좋은 학생)에 대한 집착이 도움이 되기보다는 피해를 준다는 것이다. 그리고 갈등은 둘 이상의 탐구적이고 도전하는 정신이 교류할 때 일어나는 자연적이고 바람직한 결과물로 보아야 한다.

Pratt(1993)은 '25년이 지난 후' 자기 주도적 학습과 성인교육학의 기여에 대한 그의 평가에서 세 가지 질문을 준비했다.

- 우리는 학습에 대해 더 많은 것을 알고 있는가?
- 우리는 성인학습의 선행조건에 대해 더 많이 알고 있는가?
- 우리는 어떻게 성인학습을 촉진할 수 있는가?

물론 '안드라고지' 문헌에 대한 집단적 기여는 이러한 질문에 대한 대답을 제공하지만, 이러한 대답이 단순히 입장을 표명하는 것인지, 또는 지식을 보태는 것인지는 의견이 분분한 논점이다. 학습에 대하여 Pratt은 두 개의 내포된 원칙을 나타낸다. 첫 번째, 지식은 학습자가 적극적으로 구성한다. 그리고 두 번째, 학습은 "개인의 경험에 의한 세상에서의 이해, 통합, 그리고 변화의 상호작용과정"(p. 17)이다. 학습의 선행조건에 관해서 자아개념과 요구를 가진 독립된 자아가 있으며, 자아는 발전과 자주성을 얻으려고 노력한다는 가정이 있으며, 자아의 독특성에 대한 강조와 개인차에 대한 인식이 있다.

성인학습의 촉진에 관해서 '성인교육과정'에서 잘 알려진 요소인 '분위기 조성'이 있고, 상호 조직, 요구 진단, 목표의 형성, 학습계획과 상호 평가의 설계에 학습자를 참여시키기가 있다. Pratt이 말한 것처럼, 성인교육학의 기여는 "규모에서만큼 핵심이 웅장하진 않다…… 이것은 학습 과정에 대한 우리의 이해를 확장시키거나 명확히 하는 데 거의 도움이 되지 않았다." 영향력의 규모가 핵심의 한계를 뛰어넘는다는 것은 사실상 성인교육학 자체가 성인학습이론이 절대 아니라는 논평으로서 설명이 될 수 있다. 이것은 성인교육, 개인과 사회 간의 관계를 목적으로 하는 철학적 관점이며, 궁극적으로 본 관점은 사회적 그리고 역사적 상황을 뛰어넘을 수 있는 개인의 잠재력에 많은 신뢰를 둔다.

지금까지 이 장에서 나는 자기개발과 자기 주도성의 인본주의적 개념을 위한 논리적 근거와 경험적 지지가 인정해야 할 차이와 약점이 있음을 주장하였다. 성인교육의 발언에서 이론적 해석과 경험적 기반을 구분 지어야 할 필요가 있다. 일반적인 발언들은 평상시에 성인들이 기본적으로 자기 주도적이고 이러한 자기 주도성은 우리의 구성체제 내에 정착되어 있다고 주장하고, 자기개발은 더 높은 수준의 존재로 향하는 불변의 과정이라고 주장하며, 마지막으로 성인교육이 근본적으로 (그리고 필연적으로) 아동학습과 다르다고 주장한다. 이러한 주장들은 여러 번 이의제기가 되었으며, 그중 가장 중요한 것은 '포스트모더니즘'이라고 명확히 정립되지 않은 지식인 운동이다.

포스트모던 관점을 향하여

자유인본주의 전통에서 성인교육은 독립적, 합리적, 자주적, 일관적 정체성, 그리고 사회적 책임이라는 정신을 가진 정체성의 개발을 통해 보다 큰 자아인식으로 이끈다고 한다. 사회는 억압적이라 묘사되며, 자기조절, 자기 주도성, 자기관리, 자기이해, 자주성, 또는 자아실현을 신장하는 기술을 통해 극복하거나 초월하는 것이다. 즉, 개인 학습자의 역량을 강화하는 것을 목표로 하는 기술들을 말한다. 이 시나리오에서 교육적 순간은 개인이 진정으로 그리고 자주적으로 행동하는 것에 달려 있다. 즉, 참다운 자신일 때 말이다.

심리학을 통해 알려진 이러한 자아에 대한 시각은 심리학의 범위 안과 밖 모두에서 수차례 도전을 받았다. 자아에 대한 현대 담론을 다룬 Harré(1998)는 그의 분석을 통해 자아를 하나의 독립체로 보는 생각에 반대하는 자아에 대한 존재론을 제시한다. 즉, "매일의 행동과 대화 속의 대중 세계에 나타나거나 나타나지 않는 '내적' 상태, 구조, '참다운 자신'이라는 것은 없다."(p. 175) 그리고 이후에 "우리는 우리의 삶을 이어 나가는 과정 속에서 우리의 정신을 즉석에서 창조한다. 이러한 창조의 안정성과 통일성은 자아 내면의 환상을 창조하지만, 우리가 타인을 위해 즉석에서 생산하는 자아보다 적은 독립성을 가지고 있다."(p. 178) 자아를 자주적이고, 진실한 독립체로 바라보는 시각 또한 상당히 개인주의적이라고 비판받고 있다. 자아가 공존하고 있는 사회적인 세계를 수용해야 한다는 것이다. 개인적 자주성을 육성하여 자아역량강화를 하는 이러한 버전은 비평가들에 의해 환상에 불과하다는 평가를 받는다. 왜냐하면 사회 구조와 권력은 이의 없이 받아들여졌기 때문이다. 궁극적으로 그리고 역설적으로, 자주성을 향상시키는 기술은 기존의 사회 구조와 세력의 이익에 기여를 한다고 한다. 이러한 시각은 Usher 등에 잘 표현되어 있다.

'사람'에 대한 관심으로 제시된 인본주의 담론의 심리주의와 개

인주의는 궁극적 그리고 역설적으로 학습자가 '마음을 열고', 그들
의 '내면세계'에 접근할 수 있게 하면서, 인간적인 것으로 가장하여
공공연한 규제를 은밀한 규제로 대체하여 탈인간화를 가져왔다. 이
것은 주체성에 의한 권력의 침입이며, 권력을 사용한 주체성의 상
호 보완적인 침입이다.

(Usher et al., 1997: 98)

이런 이유로 사회(즉, 권력)는 자아의 구성요소가 된다. 하지만 이
것은 새로운 발상이 아니며, 말하자면 '외부'가 어떻게 '내면'이 되느
냐, 그리고 마음에 사회과정이 어떻게 침투하는지 보여 주는 여러 버
전이 존재한다. 그들은 특정 사회집단의 일원이 생산한 '거짓된 의
식'을 통하든, 개인 '탄압'을 통한 사회적 '억압'의 내면화를 통하든
자신의 정복과 지배에 자아가 참여한다는 생각을 공통으로 가지고 있
다(정신분석학 면에서—제3장 참고). 그들의 포스트모더니즘 입장에서
Usher 등은 사람에 대한 과잉 사회화되고 과잉 규정된 시각을 받아
들인 것은 실수였다고 경고한다.

비판적 전통에서는 자아에 대한 개념은 과잉 사회화되고 중복결
정된 것으로 인식하기도 하고, 다른 한편으로는 잘못된 의식 상태에
서 정상적이라고 자아를 인식하는 경향이 있다. 사회적 관계와 사회
구조의 부정적이고 압도적인 영향을 강조하며, 사람들은 이념에 의
해 조작되고, 수단이 박탈된 사회의 '피해자', 얼간이, 그리고 꼭두
각시로 만들어진다.

(Usher et al., 1997: 99)

심리학 중 특히 사회심리학과 발달심리학에서 심리학적 기능의 사회적 구성요소를 이론화하기 위한 시도가 수없이 많았었다. 예를 들어, '내면화' '상호작용' '공통 주관성' '순응' '조형' '역할' '모델링'과 같은 개념들은, '외부'가 어떻게 '내면'이 되느냐를 설명하기 위해 심리학에서 사용하는 용어의 일부로서 쉽게 인식될 수 있다. 포스트모던 시각에서 그것들은 개인－사회 관계의 이원적 개념을 받아들인 것을 기초로 하기 때문에 앞에 언급한 개념들은 모두 실패한다. 예를 들어, '조형'과 '모델링'을 강조하는 이론들은 외부 세력에 의해 형성된 수동적인 개인의 양상을 띤다. '상호작용' '내면화' '순응' '역할' '공통 주관성'이라는 개념을 사용하는 이론들은 통합된, 합리적인, 사전에 주어진 개인 대상의 존재를 궁극적으로 필요로 한다.

반면에 Usher 등은 자아에 대한 포스트모더니즘적 '이야기'를 다음과 같이 기술한다.

> 탈중심화된 자아, 중심 또는 근원이 없는 주체성은 의미에 사로잡혀 있고, 언어와 문화의 이야기 사이에 놓여 있다. 자아는 그것이 휘말려 있는 의미를 독립적으로 알 수 없다. 자아가 존재하는 주체성이 없으므로 자아에 대한 궁극적이고 선험적인 의미는 없다. 의미는 언제나 '작동하고 있으며', 이 일에 휘말린 자아는 삶을 이끄는 묘사와 의미에 휘말려 늘 변화한다.
>
> (Usher et al., 1997: 103)

이것은 일관성 있는 '진정한' 자아에 대한 개념에서 벗어나 모든 사람의 정체성에 있어서 '다면적 주체성' '다면적 생활세계' '다면적 단계'에 대한 개념을 향한 자아의 탈중심화가 일어나는 포스트모던 상황에서의 자아이다.

이러한 자아에 대한 시각은 사회학적 사상에서 비롯되었지만 심리학이 차지하게 되었다(Burman, 1994; Gergen, 1993; Rose, 1998; White, 1991). 이러한 시각이 해방에 초점을 둘 때, 권력과 개인 간의 관계에 대한 새로운 이해를 언급하기 때문에, 교육적 프로젝트를 근본적으로 변화시킨다.

> 우리는 자주 권력이라는 것을 주체성을 지배하고, 부인하며, 억압하는 제약이라고 생각한다. 하지만 Foucault는 권력을 개인의 활력과 능력을 부정하는 것이 아니라, 인간을 대상으로 하여 창조, 조형, 그리고 이용하는 것이라고 분석한다. 다시 말해서, 권력은 주체성을 다루는 것이지 그에 반대하는 것이 아니라는 것이다…… 그렇다면 '자아'와 권력 간의 관계를 분석하는 것은 우리의 자주성이 정부에 의해 억압되는 방법들을 통탄하는 것이 아니라, 주체성이 규제의 특정 전략, 전술, 그리고 절차를 위해 필수적인 대상, 목표, 그리고 자원이 된 방법에 대해서 조사하는 것이다.
>
> (Rose, 1998: 151-2)

이에 따르면, 자율적인 자아는 지배성의 중심적인 요소이다. 따라서 교육의 초점은 억압에 저항하는 자주적이고, 자기 주도적인 학습자 생산에서 권력 행사에 관련된 그대로 자신을 이해하는 학습자 생산으로 바뀐다.

결론적으로, 성인교육 실제에서의 자아에 대한 전통적인 이론화는 개인-사회 이원론의 양극단 중 하나에게 변치 않는 특혜를 준다. 이 양극단 이론은 대상의 작용주체를 강조하는 심리학적/인본주의, 그리고 대상이 어떻게 전적으로 결정되는지를 강조하는 사회적/비판적 이론이다. 성인교육자의 딜레마는 양극단의 원리 모두 실제에 대한 만족스러운 관점을 제공하지 못한다는 것이며, 전자는 사회세력들의 힘을 인정하는 데 실패한다는 점에서 너무나도 소박해 보이고, 후자는 너무나도 비판적이며 교육이 의미 있는 역할을 수행할 수 있을 만큼의 범위를 내어 주지 않으며, 그렇기에 자주적인 학습자 역할이 없다. 주장하건대, '자아'를 향한 포스트모던 접근은 이 딜레마에서 벗어날 수 있는 길을 제안하며, 이 주장은 제9장에서 추가로 분석될 것이다.

정신분석적 접근

    Freud의 활동은 20세기 사회과학 발전에 괄목할 만한 영향을 미쳤다. 우리는 현대의 심리학, 사회학, 문화인류학, 언어학, 문학, 예술, 영화 그리고 교육학에서 그가 남긴 유산을 쉽게 발견할 수 있다. 그가 남긴 것은 역사적인 것 이상으로, Freud 정신분석에서 다루는 쟁점과 방법, 그리고 실질적인 내용들은 사람들의 마음을 해명하는 데 관심이 있는 사람들에게는 꼭 필요한 것이다. Freud는 우리들에게 일상 생활에서 사람들을 이해하기 위한 언어를 제공하고, 그 언어는 사람에 대한 전체적인 개념에 기반하고 있지 사람의 어떤 부분만을 언급하는 것이 아니다. 아마도 이것은 Freud의 호소가 학문적이면서도 동시에 대중적인 상상이라는 것을 설명한다.

    Freud의 글은 스타일이 독특하고 아이디어를 자연스럽게 펼친다는 의미에서 쉽게 이해된다(그는 1930년 괴테 문학상을 수상했다). 그러나 역설적이게도, 그의 사고의 전체성은 결코 쉽게 이해되지 않는다. 이것의 이유들은 쉽게 알 수 있는데, 50년 동안의 그의 사고의 진화 결과물인 출판물에서 그가 일관된 입장을 취하지 않았다는 사실이 그 이유이다. 이러한 모든 것들이 Freud의 작품을 체계적으로 설명하는 것을 아주 어렵게 하고, 철저히 비평만을 하게 한다. 단편의 교본 해설서들은 변함없이 정신분석의 복잡성을 불공정하게 서술하고 있고, 그것들은 대상에 대한 전해 들은 부정확한 지식을 과감히 확정시킨다(예를 들면, 모든 어린 소년들은 그들의 어머니들과 섹스를 갖기를 원한다. 혹은 우리는 섹스에 의해서만 동기부여된다).

Freud 자신은 여러 차례에 걸쳐 그의 이론들을 체계적으로 발표하려고 시도했으며, 『정신분석 입문 강의』, 『정신분석에 관한 새로운 입문 강의』, 그리고 『정신분석의 개요』(Freud, 1973a, 1973b, 1949)가 그러한 노력들이다. 그러나 이 이론들은 완성되지 못하는데, 그 이유는 그의 출판물들이 상세하고 충분한 관찰들이 결여되어 있기 때문이다. Freud는 상상할 수 있는 모든 각도에서 비판을 받았다. 그의 이론은 비현실적 사고에 젖어 있고 왜곡된 정신의 산물이라는 주장도 있었다. 과학으로서 그의 이론의 지위는 의문의 여지가 많았다. 그는 자신을 그 시대의 문화적 환경으로부터 자유롭게 할 수가 없었다(특별히 여성의 정체성에 관한 그의 시각에서). 그의 작품은 주로 정신병리학에 기반을 두고 있었기 때문에 일반인들까지 수용할 수 없다. 그의 심리치료적 기법은 그리 단순하게 작용하지 않는다. 대부분의 경우에 이러한 주제 및 쟁점과 밀접하게 연계된 다른 문제들은 해결되지 않은 채 남아 있다.

성인 교수와 학습에 관한 문헌에서 정신분석을 다루고 있는 것을 찾기는 정말 어렵다. 이것은 이해하기 어렵고, 특히 성인교육자들이 교실의 정서적인 분위기와 학습자들의 불안, 공포, 그리고 희망을 부여하는 것이 중요하다. 참으로, 성인교육자들이 Freud의 정신분석에 유리하게 접근하는 몇 가지 방법들이 있다.

- 학습자 간, 그리고 교사와 학습자 간의 관계에서 있어서 임상적 통찰의 근원으로서 접근한다.
- 개인의 정체성이 사회가 조직되는 방식과 연결되는 강력한 이론으로서 접근한다.
- 성인 발달에 대한 정신분석적 접근을 이해하기 위한 참고 지침으로서 접근한다.

임상적 통찰과 성인학습

Freud는 무의식의 존재를 가정해야 한다고 강하게 생각했다. 그는 여러 가지 이유로 그렇게 했다. 그 이유들은 19세기 후반의 비엔나에서 정신과 의사로서의 그의 경험에서 잘 이해될 수 있다. Freud는 Joseph Breuer의 가까운 동료가 되었다. Breuer에게는 전통적인 히스테리 증상들을 보이고 있는 환자(안나 오)가 있었다. 이 여성은 신체 장애도 겪고 있었는데, 부분 마비, 구토, 원인을 알 수 없는 시각 장애와 언어 장애, 게다가 혼란, 무력감, 그리고 무가치하다는 인식 같은 일군의 증상들을 갖고 있었다. 그 당시 정신과 의사들은 그러한 경우들을 치료하는 방법을 아는 것이 어렵다고 알고 있었다. 한 가지 흔하게 적용된 치료가 최면이었다. 하나의 현상으로서 Freud는 최면에 매료되었다. 그는 파리에서 잠시 Charcot을 비롯한 사람들과 함께 공부를 했고 그들의 시연에 영향을 받았다. 두 가지 최면 현상들이 Freud에게 특별히 중요했는데, 첫 번째는 최면 후 암시였고 두 번째는 최면 상태에서는 기억을 되찾았다가 최면에서 깨어나게 되면 다시 망각이 일어나는 명백한 인간의 능력이 있다. 이후 그는 최면 후 암시에 관해서 글을 썼다.

> 잘 알려진 최면 후 암시 실험은 우리에게 의식과 무의식의 차이의 중요성을 주장하도록 가르친다…… 어떤 한 사람이 최면 상태에 놓이고 이어서 일어나게 된다. 그가 최면 상태에 있을 동안에는 의사의 영향력 아래에 있는데, 그는 깨어난 후에는 어떤 특정한 행동을 실행하라는 명령을 받는다. 30분 정도 지나서 그는 깨어나고 완전한 의식이 있는 상태인 평상시의 상태에서, 그는 최면 상태를 전혀 기억하지 못하지만 미리 예정된 순간에 그의 마음은 그러한 일을 하려는 충동을 강하게 느끼게 된다. 그리고 그는 자신이 왜 그런지는 알지도 못하면서 의식적으로 그것을 실행한다.
>
> (Freud, 1958: 261)

그래서 최면 후 암시의 현상은 우리가 인식하지 못하는 그 어떤 것에 의해서 우리들은 동기부여될 수 있다는 것을 의미한다. 게다가, 최면에 걸려 있는 사람들이 이전에 잊혀진 사건들을 기억한다는 관찰은 모든 정신적 삶이 의식적 인식에 접근할 수는 없다는 전제를 강화시킨다. 만약 한 사람이 무의식의 정당성을 수용한다면, Freud가 확정한 많은 증거와 이론적 정교성이 모두 제자리를 찾게 된다.

의식과 무의식의 관계 문제는 Freud에게는 매우 중요한 것이다. 그리고 다시 한 번 우리는 그가 초기의 단서들을 위해 최면을 생각해 보고 있다는 것을 알 수 있다.

> 1889년, Nancy에서 내가 Liebeault와 Bernheim이 진행한 특히 인상적인 시연에 참가했을 때, 나는 다른 사람들 속에서 다음의 경험을 목격했다. 만약 어떤 한 사람이 몽유병 상태에 놓였다가 다시 깨어난 후, 처음에는 최면 상태에서 잠을 자는 동안 일어났던 일들을 아무것도 모른다는 것이 밝혀졌다…… 그러나 Bernheim이 그에게 강한 압박을 주고, 그가 그것을 알아야 하고 그것을 기억해야 한다고 주장했다. 그리고 보라! 그 사람은 깨어났고, 곰곰이 생각하기 시작했고, 어렴풋한 방식으로 경험 중 하나를 떠올렸다. 그 경험은 그에게 암시된 것이었고, 다른 또 하나의 경험과 기억은 점점 더 선명해졌고 더 완전해졌다.
>
> (Freud, 1973a: 132)

최면 경험의 회상을 촉진시키려는 노력으로 Bernheim은 무의식 기억의 투과성을 증명했다. 이것은 Freud에게 아주 중요했다. 그 이유는 그것이, 적어도 원칙적인 측면에서는, 무의식이 의식적인 사람에게 접근 가능하다는 것을 의미하기 때문이다. Freud는 정신적인 삶에서 무의식의 중요성, 그것을 조작하는 방법, 그리고 그것에 접근하는 방법을 확인하는 것이 남아 있었다. 그의 기여에 대한 그 자신의 평가는 "내가 발견한 것은 무의식이 연구될 수 있는 과학적인 방법이었다"는 무의식의 중요성에 관한 증언이다(Jahoda, 1977: 16 인용).

처음에 Freud는 환자의 숨겨지거나 잊혀진, 혹은 인식되지 않는 생각이나 감정을 표층의식으로 가져오기 위해 최면을 사용했다. Breuer의 안나 오와의 초창기 작업은 최면의 이점을 증명하였는데, 특히 잊혀진 생각들이 그녀의 내면으로 유도되어 강한 감정을 표현할 수 있게 하는 것이 최면의 장점이었다. 그러나 Freud는 결국 최면을 포기했다. 그 이유는 치료적 과정의 핵심은 환자와 치료자와의 관계라는 그의 확신 때문이었다. 이 관계의 핵심은 '전이'라는 현상으로, 환자가 다른 권위자와 이전에 연합되었던 감정을 치료자에게 전이시키는 것을 말한다.

> 우리는 의사라는 사람에 대한 감정의 전이를 의미하는데, 치료하는 상황이 그런 감정의 발전을 정당화할 수 있다는 것을 믿지 않았기 때문이다. 그와는 반대로, 우리는 이러한 감정이 도처에서 일어나고, 환자는 이미 준비되어 있으며, 분석적 치료를 받으면서 의사라는 사람에게 전이된다는 것을 의심했다.
>
> (Freud, 1973a: 494)

정신분석은 전이 현상에 달려 있다. 환자들은 그들의 전이 감정을 통해 활동하도록 격려되고, 치료자들은 이러한 감정들이 실제 삶에서 어떤 것에 의해서 자극되는지 확인한다. 그래서 치료자는 그 어떤 사회적 접촉 없이 중립적으로 남는 것이 중요하다. 그렇지 않으면 치료자에 대한 실제와 신경적 감정이 혼합될 것이다.

치료자에 대한 환자의 감정은 환자의 마음에서 자극되는 연상과 함께 환자 증상의 의미를 풀어 내는 단서들이다. 이러한 방식에서 분석가는 억압된 소재를 명확히 할 수 있고 그것을 의식화시킬 수 있다. Dora의 사례연구에서, Freud는 다음과 같이 말한다.

> 볼 수 있는 눈과 들을 수 있는 귀를 갖고 있는 그는 어떤 사람도 비밀을 지킬 수 없다는 것을 스스로 확신할 수 있다. 만약 그의 입술이 침묵한다면, 그는 손가락으로 떠들고, 배신이 그의 모든 모공에서 새어 나온다. 그래서 그의 마음에 가장 깊게 감춰져 있는 것을 의식하게 하는 임무는 충분히 실현 가능한 것이다.
>
> (Freud, 1953: 77-8)

그래서 정신분석은 환자의 회상, 연상, 감정, 그리고 증상 간의 관계를 수립하는 것을 기초로 한 해석상의 기술이다. 근본적인 원칙은 정신적인 삶에 있어서 그 어떤 것이든 이유 없이 발생하지 않는다는 것이고, 그 의미는 명확하게 사소한 것(실언 같은), (하루에 50회 정도로 손을 씻는 강박 같은) 기이한 행동, 그리고 (숫자 46을 64로 기억하는) 일상적인 일들에서 발견될 수 있다. 그래서 환자는 그 일이 사소한 것이든 혹은 당혹스러운 것이든 그 어떤 것들이 떠오르더라도 기록할 필요가 있다.

환자들이 그들에게 일어났던 모든 생각을 자유롭게 표현할 때, 그들은 종종 어린 시절에 일어났던 외상적인 성적 경험을 이야기하는 것을 Freud는 발견했다. 성인에게 있어 신경증은 어린 시절의 우연한 성적 사건으로 거슬러 올라갈 수 있다고 생각했던 때가 있었다. 환자들은 이러한 사건에 대해서 말하는 것을 꺼려 하고, 그들이 그렇게 했던 것에서 모호하고 만족스럽지 않은 방식을 취하고 있는 것을 알았고, 그들이 그러한 이야기를 꾸며 낸다는 것을 우리는 지적했다. 그것들은 실제 사건들이 아니었고, 오히려 그것들은 그의 환자가 만들어 내는 환상이고 바람이었다. Freud는 이러한 환상과 바람이 그들의 성적인 기운을 설명할 수 있는 힘에 의해서 만들어지는 것이라고 추론했다. 그는 이 힘 혹은 에너지를 리비도(libido)라고 불렀다. 이것은 광범위하게 품고 있는 성적 에너지이다. Freud가 의미하는 일종의 신체감각적인 즐거움은 '성적인 것'에 의해서 몸의 자극으로부터 생긴다는 것을 기억해야 한다. 이러한 개념으로부터 성적 에너지는 심리적 발달 과정에서 여러 신체 영역으로 방향이 정해진다는 생각이 따라오게 되는데, 이것은 잘 알려진 심리성적 단계로 이어진다. 심리성적 단계에는 구강기, 항문기, 남근기와 생식기, 그리고 그 유명한 오이디푸스 컴플렉스가 있다. 이러한 상태의 중요성은 두 가지이다. 첫째, 남자와 여자의 심리성적 발달과정을 협상하는 방식에 있어서 차이가 있고, 남성과 여성의 성인 정체성을 설명하는 데 차이가 있다. 둘째, 만약 어느 단계에서 리비도가 막히거나 좌절된다면 그 결과는 성인의 성격에 지울 수 없는 표식이 될 것이다. 예를 들면, 유아가 구강 만족(빠는 것)을 빼앗긴다면, 리비도의 어떤 부분이 그 상태에 고정될 것이고, 결과적으로 성인 행동에 표현될 것이다(예: 과도한 식사 혹은 흡연). 그래서 성인 행동의 많은 국면들이 유아기의 바람과 좌절이라는 점에서 이해될 수 있다.

만약에 우리가 초기 어린 시절의 경험들이 종종 과거를 닮은 상황들에 의해 환기된다는 Freud의 관점을 받아들인다면, 감정적 동요를 수반하는 성인 교수-학습 상황이 어떻게 되어야 하는지를 쉽게 알 수 있다. 성인학습자들에 의해서 표현되는 많은 불안들은 어린 시절과 유아기에 뿌리를 두고 있는 것이다. 이것은 교사에 대해 가지고 있는 몇 가지 공통적인 기대를 고려해 봄으로써 설명될 수 있다. Salzberger-Wittenberg 등(1983)은 그러한 기대들을 다섯 가지로 간략하게 소개한다.

- 지식과 지혜의 근원으로서의 교사
- 공급자와 편안함을 주는 사람으로서의 교사
- 칭찬과 질투의 대상으로서의 교사
- 판사로서의 교사
- 권위 있는 인물로서의 교사

논쟁은 이러한 각각의 기대들이 어린 시절의 감정과 연결되어 있고, 특히 부모들을 향한 감정과 관련되어 있다는 것이다. 극단적인 형태에 있어서 그들은 결코 실현될 수 없는 희망이나 환상들을 표현한다. 그것들과 연결된 불안, 그리고 어쩔 수 없는 실망은 어떤 방식으로든 표현되는 것을 찾을 것이고, 대개는 교사를 향한 적대감과 다른 감정으로의 전이로 표현된다. 다음 글은 교사가 공급자인 동시에 편안함을 주는 사람이라는 기대에 관해 말한 것이다.

의사, 간호사, 정신과 의사 그리고 사회복지사처럼 남을 돕는 직업과 달리 교사는 쉽게 유아들의 희망의 대상이 된다. 어떤 사람들은 고통을 마법처럼 치유할 것이고, 좌절, 무기력, 절망을 물리치고, 대신에 행복과 모든 바라는 것이 실현된다. 그러한 바람은 이루어져야 하고 이루어질 수 있다는 믿음을 가지고 있는 사람이 쉽게 절망감을 느끼고, 곧 우리 안에서 분노로 돌변해서 무기력해진 것에 대해 우리를 비난하고 그의 바람들을 더욱더 충족시켜 줄 수 있을 것 같은 누군가를 찾게 될 수도 있다는 것을 예상해야 한다. 위험한 것은 이런 태도이며, 그러한 태도에 우리를 맞추려는 우리의 경향은 발달을 제한한다. 왜냐하면 개인은 좌절과 정신적 고통에 맞서 투쟁할 필요가 없다는 끈질긴 믿음이 있는 한, 그는 그 어떤 잠재된 강점을 발견하거나 발달시키려 하지 않을 것이기 때문이다.

(Salzberger-Wittenberg et al., 1983: 28)

교사는 또한 기대, 두려움, 그리고 열망의 조합들을 교실에 가져오고, 어린 시절의 갈등에 영향을 주지 않는 것에 기반한 것과 긍정적인 학습과 어린 시절의 경험에 기반한 것을 구별하는 것은 중요하다. 다른 많은 것들 가운데, 교사들은 비난, 적의, 그리고 통제력 상실을 두려워한다. 이러한 모든 것들은 현실적인 두려움이고, 그것은 교사들의 반응이 유아적(예: 실수를 인정하는 것을 거부하기, 어떤 사건에 작은 실수를 한 것에 관해서 과도하게 사과하거나 겸손해 하기, 학생들의 활동을 비판하지 않기, 학생들을 공격하기)이 될 것이라는 늘 상존하는 위험이 있다. 다시 한 번, Salzberger-Wittenberg 등은 간략하게 기술한다.

가르치는 것은 우리 자신의 성격 중 유아적인 면을 자극할 수도 있다. 교사가 이러한 유아적인 면들을 충분히 다루지 못하면, 모든 욕구가 충족되어야 되고 끝없이 충족되어야 한다는 학생들의 요구에 자신이 동일시될 수 있다. 예를 들면, 학생들이 주입식 교육이 필요하다는 데 동의하고 학생을 위한 활동의 대부분을 그렇게 할 수도 있다. 학생들의 유아기적 바람에 따라가면서, 교사는 학생들을 너무 애지중지하고 그러면서 그들의 타고난 능력들을 없앨 뿐만 아니라, 동시에 학습은 쉬워야 한다는 자신의 바람을 충족시키고 있다는 것을 깨닫지 못할 수도 있다. 비슷하게, 부모의 아주 특별한 아이였거나 아니면 그런 아이가 되기를 갈망했던 교사는 그가 좋아하는 학생에 관해 특별한 관심을 줄 때 해로운 만족을 얻을 수도 있다. (학급의 나머지 학생들은 교사가 결코 적절하게 대처하지 못하는 질투의 고통을 겪어야 할 것이다.) 이러한 행동 방식은 의존성을 조장하고 학생들이 현실을 파악하게 하는 것을 방해한다.

학생들의 응석을 받아주는 경향은 어떤 좌절이든 제한할 수 없는 분노의 폭발을 가져올 것이라는 교사의 두려움으로부터 더한 강화를 받을 수 있다. 만약 교사 자신이 감사하지 않는 것에 대해 폭발적인 분노로 반응하는 경향이 있다면, 교사는 그것을 통해 학생들의 적의에 찬 공격들로 인해 공포감을 갖게 되어 결국에는 학생들을 제한할 수 없을지도 모른다.

(Salzberger-Wittenberg et al., 1983: 50)

나는 서로 다른 상황에서 활동하는 성인교육자들이 표현하는 성가심, 죄의식, 그리고 두려움을 기록함으로써 상기의 견해를 위한 몇 가지 경험적인 지원을 제공해 오고 있다(Tennant 1991a). 교사들의 일반적인 죄의식은 필요를 충족시키지 못한 것과 준비의 부족, 그리고 권위와 통제의 관계를 관리하지 못한 것이다. 일반적 우려는 필요를 충족시킬 능력이 없다는 것과 부적절한 전문 기술이나 지식, 부족한 교수능력 및 조직력이다. 일반적인 골칫거리는 학습자의 불참 및 참여 조건 위반, 학습자의 (교육) 내용 및 과정 거부이다.

다른 분석에서 Williams(1993)는 교실 역동을 가부장적인 가정에서 나타나는 긴장으로 시작한다.

> 나는 성별에서 나오는 권력 관계와 역할 기대에 대해 문화적으로 구성된 조합으로부터 생성된 역동성의 종류를 설명하기 위해 가부장적인 가정의 비유를 사용한다. 비유를 계속하면, 제도가 이 역동성에서 하는 역할에 대한 의문이 생긴다. 가족의 삼자관계에서 아빠는, 물론 무한 권력이고 규칙 그 자체이다. 페미니스트와 휴머니스트인 교사들은 종종 마치 엄마가 아이/학생과 아버지/제도 모두의 요구를 충족시키기 위해 노력하듯이 분열된 충성심을 경험한다…… 교사들이 자신의 이익을 보호가기 위해 학생/아이들에 반해서 제도/아버지의 편을 들 때, 학생/아이는 배신감을 느끼지 않을 수 없다. 그러한 환경에서 교사를 향한 학생들의 분노와 적대감은 상당히 이해할 만하다.
>
> (Williams, 1993: 57-8)

Williams 역시 가르침의 모순이 되는 본질을 지적한다. 학습자들을 위해 '안전하고' '편안한' 환경을 제공하면서도 동시에 그들의 믿음, 가정과 지식을 확장하고 도전시키는 것을 가르치는 것이다. 성인교육자들을 위한 도전은 교사로서 그들 자신의 정체성을 잃지 않고도 학습자들 가운데 권위, 통제, 그리고 의사결정을 전파하는 것이다.

Bingham(2002) 또한 '은행저축식' 교육에 반대해서 문답식 교육에서 권위의 위치에 대한 그의 분석에서 Freire의 정신분석적 민감성을 검증한다. Freire는 '지배성' '항복' '무의식' '죄' '내면화'와 같은 '은행저축식' 교육에서 교사-학습자 관계를 기술하는 용어로 정신분석에 크게 의지하고 있다고 그는 주장한다. 게다가, Freire는 Fromm과 Marcuse 같은 후기 Freud 정신분석자들의 연구를 의식적으로 언급하고 가정에서 권위주의를 은행저축식 교육을 특징짓는 억압과 지배와 분명하게 연계시킨다. Bingham은 Freire에 대해 권위의 포기를 옹호하는 것처럼 해석하는 것은 미숙한 것이고 오히려 권위는 자유를 위해 사용되는 데 필요하다고 주장한다.

> 균형이 맞지 않은 가족 체계에서 부모의 권위적인 모습처럼, 건전하지 않은 은행 시스템에서 권위적인 모습은 지배를 실행한다. 권위주의적인 교수자는 그들의 학생들과 함께 지배와 복종의 순환을 반복하는 데 사로잡히고…… 권위의 문제에 대한 Freire의 해법은 지배와 복종의 양극단 간에 정신분석적 균형 개념에서 해결점을 찾는다.
>
> (Bingham, 2002: 455)

그리고 이후에

> 여기에서 도전은 교사/학생 관계에 구축된 인식에 대한 강력한 요구와 지배하거나 혹은 복종하는 인식의 순환에 연루되어 항시 존재하는 위험을 고려하는 균형을 깨는 것이다…… 지배와 복종으로부터 벗어나는 방식이 균형을 만드는 것이다.
>
> (Bingham, 2002: 461)

그러면, 기본적인 정신분석적 개념은 교실의 역동성을 이해하는 데 적용될 수 있다. 특히, 무의식, 어린 시절 정신적 삶을 지배했던 것, 그리고 전이 같은 개념은 교수와 학습의 정서와 이것이 표현하는 방식을 이해하는 데 사용될 수 있다.

개인적 정체성과 사회

사람과 사회의 관계에 관한 Freud의 시각은 성격의 기본 구조에 관한 기술의 맥락에서 이해된다. 간단하게, 그는 성격을 세 가지의 구성요소로 구별하는데, 원초아, 자아, 그리고 초자아이다. 원초아는 오로지 출생시에만 나타난다. 그것은 본능적인 에너지의 저장소이다. 그것은 방향이 없으며, 논리적이지도, 조직되어 있지도 않고, 단순히 흥분의 총합이다. 그것은 주요한 과정에 따라서 작동하고 그 과정은 현실과 관계없이 본능적인 에너지를 방출한다. 그것의 목적은 두 가지인데, 유기체의 흥분을 줄이는 것(니르바나 원칙)과 감정적인 즐거움을 증가시키고 감정적인 불쾌함이나 고통을 줄이는 것(즐거움 원칙)이다. 이러한 목표를 얻는 데에는 염원하는 것밖에 할 수 있는 일이 없다. 이것은 결과적으로 단기적인 긴장 완화를 유도할 수 있지만, 원하는 것이 이루어지기 위해서 유기체는 궁극적으로 현실을 고려해야 한다.

자아는 현실을 인식하면서 발달한다. 자아 역시 즐거움을 추구하고 불쾌함이나 고통을 피하고 싶어 한다. 그러나 그것은 현실적 원칙에 따라 작동한다. 즉, 그것은 세상에 따라 인식하고, 기억하고, 생각하고, 행동한다. 그것은 본능과 그것을 만족시키는 행동의 요구 사이에서 중재 역할을 수행한다. 자아는 현실에 적응한다. 그리고 이러한 현실의 일부는 사회적이다. 그래서 자아는 사회의 도덕적이고 윤리적인 코드, 가치, 아이디어와 금기시되는 것들을 이해해야 한다. 그러한 이해는 자아가 행동의 주어진 과정의 결과를 평가하기 위해 필요하다. 예를 들면, 즐거움을 추구하는 데 있어서 도덕적 코드를 위반하는 것은 외적인 기관, 대개는 부모들에 의해서 형벌의 처태로 귀결된다. Freud에 대해 중요한 점은 발달의 과정에서, 잘못된 행동에 대한 제재는 양심을 통해 내적으로 집행된다. 그래서 성격 구조의 세 번째 요인이 나타나는데, 그것이 초자아이다.

> 양심은 우리 안에 있는 중요한 것이지만 그것이 처음부터 그렇게 된 것은 아니다. 여기서 그것은 성적인 생활과 진정으로 대조가 된다. 그것은 사실 삶의 시작부터 있었지 결코 후에 부가된 것은 아니다. 그러나 잘 알다시피, 어린 아이들은 도덕 관념이 부족하고 즐거움을 위한 강렬한 충동에 대한 내적인 금지를 가지고 있지 않다. 나중에 초자아가 맡게 되는 역할은 외적 권력, 즉 부모의 권위에 의해 시작되었다. 외적인 제한이 내면화되고 초자아가 부모의 자리를 차지하여, 관찰하고, 지시하고, 그 이전부터 부모들이 아이들에게 했던 것과 똑같은 방식으로 자아를 위협하는 부가적인 상황은 그 이후에 일어난다.

(Freud, 1973b: 93)

초자아는 도덕적 요구를 나타낸다. 그것은 좋은 것과 나쁜 것을 판단하는 내적인 수단이다. 사회적 지시들을 위반하는 사고나 행동들은 양심에 의해 비난받고 죄의식이나 수치심이 발생한다. 대조적으로, 자아개념(부모 혹은 사회적 가치를 이상적으로 관념화한 것)에 가까운 생각이나 행동들은 자부심과 자존감의 감정을 불러일으킨다.

성격 구조에 관한 상기의 관점은 개인과 사회 간에는 필수적인 갈등이 있다는 것을 의미한다. 기본적인 본능은 신체적 요구로부터 기원하는데, 본질적으로 반사회적이기 때문이다. 사람들은 딜레마에 빠져 있다. 다른 사람들과의 협력에 의해 생기는 본능적 만족감을 얻기 위해서는 다른 사람들이 필요한데, 이는 질서 있는 사회적 삶을 영위하지 않고서는 가능하지가 않다. 그러나 질서 있는 사회생활은 어느 정도의 본능적 절제를 전제로 한다(예를 들면, 공격성의 제한). Freud의 독특한 통찰은 사람과 사회 간의 외적인 갈등이 성격 내의 구조 간에 내면의 정신적인 갈등으로 변형되어야 한다는 주장이었다. 이것은 『시민과 그들의 불만(Civilization and its Discontents)』에 나오는 다음의 구절에서 표현된다.

다른 질문이 우리를 더욱더 고민하게 한다. 문명에 반대하는 공격성을 금지하기 위해서, 유해하지 않도록 하기 위해서, 그 공격성을 제거하기 위해서 문명은 어떤 수단들을 동원해야 할까? 우리들은 이미 이러한 방법들에 대해 어느 정도는 잘 알고 있다. 그러나 아직까지 가장 중요한 것이 나타나지는 않은 상태이다. 이것은 우리가 개인의 발전에 대한 역사에서 연구할 수 있다. 그의 공격성을 위한 열망이 무해한 것이 되게 하는 데 있어서 그에게서는 어떤 일이 일어났는가? 아주 괄목할 만한 일이 일어났고, 그것은 우리가 추측해 오던 것이 아니었으며 그렇게 분명한 것도 아니었다. 그의 공격성은 끼워진 것이고 내면화된 것이고, 사실적인 측면에서 그것이 온 곳으로부터 다시 보내진 것이다. 즉, 그것은 그 자신의 자아를 향하고 있다. 거기서 자아의 한 부분에 인계된다. 그것은 초자아로서 자아의 나머지와 반대로 자리 잡게 되는 것이며, 이제 '양심'의 형태로 그것은 자아에 대항해서 다른 외적인 개인들에 관해 만족시키기를 좋아하는 것과 같은 거친 공격성을 행동에 옮길 준비가 되어 있다. 거친 초자아와 거기에 복종하는 자아 간의 긴장을 우리는 죄의식이라고 부른다. 그것 자체는 처벌을 위한 필요로 표현된다. 그러므로 문명은 공격성에 대한 개인의 위험한 욕구에 대해 정통할 것을 요구한다. 그 방법은 그 공격성을 약화시키고 무장해제시키는 것이고 그 안에 그것을 감시할 기구를 마치 정복된 도시에서의 주둔군처럼 만드는 것이다.

(Freud, 1963: 60-1)

　이것은 우리가 문명에 지불할 대가는 강조된 죄의식이라는 Freud의 이후 발언을 설명한다. 그리고 그것은 Freud가 제시했던 역사의 진정한 비극적 모습에 대한 Fromm의 논평을 전체적 관점으로 놓고 있다. "진보, 어떤 지점을 뛰어넘는…… 원칙적으로 불가능하다. 인간은 삶과 죽음이 서로 본능적으로 싸우는 전쟁터에 있다. 인간은 자신을 다른 사람이나 자신을 파괴하는 비극적 대안으로부터 결코 자유롭게 할 수 없다."(Fromm, 1973: 66)

　Freud는 행복과 정신 건강을 위한 우리의 능력에 관해서 높은 한계를 설정한 것으로 보인다. 정신분석 내에서 사회적 신뢰는 정신분석적 전통 내에서의 일련의 활동에 의해 발전되기도 하고 도전받기도한다. Reich(1972)와 Marcuse(1969) 같은 정치적으로 급진적인 정신분석적 사상가들은 본능적 만족과 질서 있는 사회생활이 양립될 수없다는 생각을 거부한다. 그들은 억압(그리고 오이디푸스 컴플렉스처럼연합된 개념)을 인간의 조건에서 필요한 부산물로서가 아닌, 사회적조직의 구체적인 형태의 상품처럼, 다른 말로 하면 가부장적인 권위주의로 간주한다. 예를 들면, Reich는 공격성 같은 반사회적 충동은부수적이고, 자연스런 생물학적 요구의 억압으로의 결과라고 주장한다. 그래서 그는 반사회적 본능의 개념을 거부한다. "도덕적 규제는자연스러운 생물학적 욕구 충족을 억제시키고 이러한 결과는 부차적으로 병리학상 반사회적 충동으로 이어진다. 이것들은 필수적으로금지되어야 한다. 따라서 도덕은 반사회적 경향을 반드시 막아야 할필요는 없다."(Reich, 1972: 22)

『성과 문명(Eros and Civilisation)』에서 Marcuse는 Freud가 사회를유지하는 데 요구되는 억압의 단계와 억압적인 사회 구조를 지탱하는데 요구되는 단계를 구별하는 것에 실패했다고 지적한다. Reich와Marcuse는 정신분석학의 비판적 세력을 형성했고 억압 이론을 위한토대로서의 가능성을 인정했다. 이후 다른 학자들이 했던 것처럼(예:여성 운동과 막스주의 지식인들). Connell(1983)은 이 주제를 '프로이드 박사와 역사의 과정'이라는 자신의 에세이에서 탐색했다. 이 에세이에서 그는 환자에 의해 만들어진 무의식적 재료의 의미를 '해독'하는 정신분석적 기법과 마르크스주의자들의 이념의 분석 간의 유추를이끌어 냈다. 이후 여러 상식, 삶의 일상적인 이해들은 마치 지배와착취를 감추기 위해 사용된 왜곡처럼 '해독'되고 '정체가 밝혀졌다'.

그래서 우리가 부모와 다른 권위 있는 인물들의 사회적 가치를 내면화한다는 생각은 우리들에게 사회 구조가 억제를 연합하는 방식을 어렴풋하게나마 보여 준다. 이러한 억제는 우리의 성격에서 그대로 작동된다. 그것은 우리가 우리 자신의 가장 큰 관심에 어떻게 반하는 행동을 하는지, 정치적·종교적·계급적·성적 억압이 어떻게 성격 구조의 구성 성분이 되는지, 그리고 그것 내에서의 갈등에 대해서 어떻게 설명할지에 대해서 도움을 준다. Connell은 다음과 같이 평가하고 있다.

그것은 불가능한 상황들의 심리학으로, 거기서는 성욕과 분노의 저항할 수 없는 힘들이 사회관계와 문화의 움직일 수 없는 장애물을 만나고, 그 결과로서 우리의 삶을 만들어 낸다. 사람들이 억압적인 상황에서 살아가는 방식, 즉 양심이 대중의 심리적 힘에 의해서 왜곡되는 방식을 설명하기 시작한 것은 이론이고, 사실 이론밖에 없다.

(Connell, 1983: 15)

물론 교육은 "외부에 있는 표상의 위기가 내면에 있는 표상의 위기를 만나는 전형적인 장소이다"(Pitt and Britzman, 2003). 사람과 사회의 관계에 관한 Freud의 개념화는 아주 중요하다. 사회적 억압과 심리적 억압의 연결은 억압된 집단에서 일하는 성인교육자들의 관심을 끌고 있다(예: Freire, 1972; Thompson, 1983; Brookfield, 2005). 정신분석은 우리들에게 왜 억압된 집단들의 일부 구성원들은 자신의 억압을 인정하지 않고 그들을 설득하려고 하는 사람들은 화가 나서 비난하는지를 설명하는 이론을 제시한다('Women Who Want to be Women' 같은 조직은 그러한 비난을 위해 종합적인 배출구를 제공한다). 억압된 집단과 일하는 성인교육자들을 위한 가장 핵심적인 쟁점은 어떻게 그들의 역할을 가장 잘 인식시키느냐이다. Brookfield(2005)는 Marcuse의 관점에 대해서 기록하고 있다.

> 비판적 이론가인 Herbert Marcuse는 집단적인 사회 운동의 중요성에 동의하면서도, 집단성으로부터 부여된 개인적인 자유의 가능성에 관심을 가져야 한다고 믿는다. 그는 다른 비판적 이론가들이 그다지 관심을 갖고 있지 않는 고립, 거리, 분리, 그리고 프라이버시 같은 요인들을 강조했다. 그에게 있어 새로운 감각, 미학적 충동의 발달로 상징되는 내적 혁명과 상상력은 때때로 사회적, 경제적, 그리고 정치적 조직의 새로운 형태를 요구하는 외적인 혁명을 위한 중요한 전조이다.
>
> (Brookfield, 2005: 53-54)

그러한 접근법은 성인교육을 '개인 성장의 지원' 혹은 '자신감 향상'이라고 말하면서 억압의 증상으로부터 위안을 제공하는 일종의 심리치료 활동으로 묘사한다는 비난을 받고 있다.

성인교육자를 위한 대안은 사회 변화에 적극적으로 관여하는 것이다. 근본적으로 이것은 학습자들 가운데 그들의 위치에서의 억압적 본질에 대한 비판적 인식을 창조하여 이루어질 수 있다. 이러한 접근의 책무는 성인교육자가 이 과정에서 어떻게 가장 잘 도울 수 있는지에 대한 문제를 가져다준다. 이 문제는 9장에서 다루어질 것이다. 이 모든 것은 정신분석과는 다소 거리가 먼 것처럼 보일 수 있다. 그러나 정신적 억압은 사회적 억압의 형태에 반응하는 것으로서 해석될 수 있다는 것은 강조할 만한 가치가 있다.

Erikson의 심리사회적 단계: 성인 발달에 관한 정신분석적 접근

Erikson은 성격 발달을 '심리사회적 단계'로 표시하는 연속적 단계 측면에서 기술한다. 발달이 진행되면서, 자아는 변화되는 사회의 요구에 부응하기 위해 변한다. 사회의 요구들에 적응하는 이러한 필요성은 사람들 안에서 감정적인 위기나 갈등을 불러일으킨다. 에릭슨은 사람들의 삶에서 8가지 기본적인 위기를 확인했고, 각각의 위기는 〈표 3-1〉에서 발달의 단계들에서 반영하고 있다.

Erikson의 초기 단계는 Freud의 심리성적 단계를 보완한다. 예를

〈표 3-1〉 Erikson의 심리사회적 발달 단계

심리사회적 단계	특징적인 감정적 위기
구순기-감각	기본적 신뢰 대 불신
항문기-근육 조직	자율성 대 수치심, 의심
성기기-운동	주도성 대 죄의식
잠재기	근면성 대 열등감
청년기	정체성 대 역할 혼란
성인초기	친밀감 대 고립감
성인기	생산성 대 자기 침체
성숙기	자아 통합 대 절망감

들면, 그는 구순기-감각 단계를 "입으로, 그리고 입을 통해 살아가는" 시기라고 간주한다. "그에게 있어 입은 삶에 가장 먼저, 그리고 일반적으로 접근하는 중심이다—함입적 접근법."(Erikson, 1959: 57) 이 단계에서 아동의 자아는 그들이 우연히 접하게 되는 풍부한 감각적 경험을 다룰 수 있어야 한다. 이러한 경험이 기본적으로 충족되면, 아동은 세상을 친절하고 지지적인 것으로 느낄 것이고, 기본적인 신뢰감을 발달시킬 것이다. 만약 감각 경험이 고통과 불편함으로 귀결되면 세상은 고통스럽고 위험한 장소가 된다. 그래서 불신감이 발달하게 될 것이다. 아동의 나머지 발달 단계 또한 Freud의 심리성적인 단계와 아주 비슷하다. 항문기-근육 조직 단계 동안 주요한 위기는 아동의 신체 움직임을 통제할 수 있는 능력에 달려 있고 그렇게 되면 자주성을 발달시킨다. 자신을 통제할 수 없을 경우에는 수치심과 의심이 결과로 나타나게 될 것이고(예: 장 운동), 다른 사람의 불인정 때문에 수치심이, 무능력한 감정 때문에 의심이 나타난다. 성기기 단계는 Freud의 남근기 단계에 가깝다. 오이디프스 컴플렉스적인 갈등(즉, 동성에 대한 경쟁의식과 정체성 간의 갈등)을 해결하는 데 있어서 아동은 주도성(부모의 끈으로부터의 독립에 대한 표현)과 죄의식(부모에 대한 계속적인 의존은 사회의 기대와 충돌한다)의 일반적인 위기가 발생한다. 잠재기는 아동이 성인 생활을 위해 필요한 기본 기술들을 획득하도록 기대되는 시기이다. 이러한 기술들을 획득하는 아이들의 능력은 근면성이나 열등감과 관련이 있는 것으로 예상된다. 사춘기와 청소년기의 단계는 Freud 이론에서 성기기 단계와 일치한다. Freud가 주로 생식기의 성욕 출현에 관심을 가졌던 것과는 달리, Erikson은 청소년기 동안 일어나는 모든 변화들의 함의에 관심을 가졌다(즉, 심리사회적 그리고 신체적 변화는 사회의 기대가 변화되는 것과 함께 변한다). 이러한 변화는 결과적으로 청소년기의 정체성 위기로 나타난다. 그들은 자신을 정의하고 그들의 사회적 역할을 수행하는 임무에 직면하게 된다. 그렇게 하는 것에 실패하면 정체성의 혼란으로 이어진다. 이 시점에서, Freud의 심리성적 단계들과의 평행을 중단하고 Erikson은 성인 발달의 세 단계를 제시한다. 그 첫 번째 성인 단계는 성인초기로 친밀감이 위기의 중심이 된다. 발달 중인 사람은 다른 사람들과의 친밀한 관계를 형성하는 능력을 갖게 될 것인가? 아니면 자기도취에 빠질 것인가? 그 해답은 주로 초기 위기의 결과에 달려 있다. 특히, 청소년기의 정체성 위기에 달려 있다.

> 다른 사람들과의 진정한 친밀감(혹은 그 문제를 위해, 다른 어떤 사람들과 혹은 자기 자신과의 친밀감)은 정체성에 대한 이성적인 감각이 생기고 난 이후부터이다…… 진정한 둘이 되는 조건은 하나가 먼저 자신이 되어야 한다.
>
> (Erikson, 1959: 95)

다음 단계인 성인기는 그 사람이 생산적이고, 사회의 구성원들에게 기여하고 있다(생산성)는 생각을 가지고 있는지 혹은 그 사람이 기여할 수 없다고 느끼는지(정체성)에 집중한다. 마지막 단계에서, 통합은 삶의 발달적 위기의 성공적인 해결의 완성이다. "이것은 자기 자신과 삶의 순환을 받아들이는 것이고…… 먼 시대와 서로 다른 것들을 추구하는 남자와 여자들과의 동료의식이다."(Erikson, 1959: 98). 통합에 반대되는 것은 절망감이다. 이 절망감은 죽음에 대한 두려움과

한 개인의 역사를 받아들이는 것에 대한 실패를 특징으로 한다.

Erikson이 개인의 성장과 발달을 위한 촉매로서 변화하는 사회적 요구를 강조할지라도, 그는 성숙이 중심적인 역할을 한다는 (정신분석적) 시각을 버리지 않는다. 사람이라는 유기체는 발달의 내적 규칙에 따라야 한다는 근본적인 계획을 가지고 있다고 주장한다. "성격이란 앞을 향해 나아가도록 인식하고 확대되는 사회적 영역과 상호작용하는 인간 유기체의 준비에서 미리 결정된 단계들에 따라서 발달하는 것이라고 말할 수 있다."(Erikson, 1959: 52)

그래서 성격의 발달은 성숙의 시간표에 의해서 지배된다. 이것은 신뢰, 자주성, 주도성, 그리고 근면 같은 능력의 발달은 삶의 중요한 시기에 발생한다는 것을 의미한다. 만약 그러한 능력들이 나타나야 할 때에 그것이 드러나지 않으면 그때는 그것들의 최적의 발달이 손상되고 그에 따르는 발달에 부정적인 영향을 미칠 것이다. 즉, 친밀감은 정체성에 근거를 두고 있고, 정체성은 근면에, 근면은 주도성에 근거를 두고 있다.

요약하면, 심리사회적 단계는 불변의 연속에서 발생한다. 그리고 각각의 연속적인 위기의 해결은 성격에 지울 수 없는 인상을 남긴다. 더욱이 이것은 차후 위기의 해결에 영향을 미친다.

삶의 발달적 위기의 성공적인 해결의 결과는 건전하고 통합된 성격이다. 건전한 성격은 "그들에게 중요한 사람들의 표준에 따라서 등장하고 다시 등장하는 각각의 위기를 통해서 과정을 기록한다. 이것은 그들의 증가된 내적 통일감, 좋은 판단의 증가 그리고 잘할 수 있는 능력의 증가에 따라서 결정된다."(Erikson, 1959: 51)

Erikson 이론은 정체성의 출현에 초점을 맞춤으로써, 그리고 사회적 요구의 영향을 강조함으로써 Freud의 심리성적 단계를 확대하고 확장한다. 비슷하게, 본능적 만족과 일련의 정서적 위기에 대한 사회적으로 긍정적인 해결의 요구 간에 타협하는 대신에, 그의 건전한 성격 개념은 Freud의 것보다 더 긍정적으로 파급되었다. 그럼에도 불구하고, Erikson의 이론은 정신분석적 개념과 어린 시절의 성숙과 경험에 속한 중요성에 확고한 뿌리를 두고 있다. Freud처럼, 그는 보편적인 자아의 발달 구조를 주장한다. 그것은 문화적이고 역사적인 위기 해결에 대한 심리적 내용들이다. 그런 의미에서 Erikson 이론은 Freud의 것처럼 엄격하다.

Erikson에 대한 가장 중요한 비판점(Jacoby, 1975; Roazen, 1976)은 그의 이론이 순응주의적이고 체제 유지를 지지한다는 것이다. 비록 그는 소외감을 느끼게 하고 억압적인 사회적 세력의 인식을 표현했지만, 심리적 건강에 대한 그의 시각은 사람들이 사회적 요구에 얼마나 잘 순응했는가의 측면에서 쓰여 있다. 그래서 Buss는 말한다.

> 나는 더 타당한 반응이 자주성보다 수치심과 의심, 주도성보다는 죄의식, 정체성보다는 역할 혼란인 사회를 상상할 수 있다. 개인이 경험하는 갈등과 혼란이 심리적으로(육체적으로는 말할 것도 없이) 억압적이고, 소외감을 느끼게 하고, 제한적인 사회적 현실의 건강한 반응이라고 표현할 수도 있다. 사회에 대한 개인의 통합은 의심할 나위 없이 무조건적으로 요구되는 완전무결한 것이 결코 아니다.
>
> (Buss, 1979: 328)

역설적이게도, Erikson은 정통적인 정신분석의 반역사적인 특성을 피하려 하면서도 그가 제시하는 대안은 특정한 사회적/역사적 세계의 요구에 적용하는 관점으로 건강한 성격의 반역사적 시각이다. Freud의 폐쇄적인 시각을 거부하지만, 이 시각은 인간의 조건에서 발전의 여지를 결코 허락하지 않는다. Erikson은 사람과 사회의 관계에 대해 조화를 특징으로 하는 어떤 것으로 묘사한다. 그리고 건강한 성격의 발달은 이러한 조화를 근거로 한다.

　　Erikson과 Freud는 개인 심리학과 사회 조직 간의 관계에 관해서 많은 이야기를 했다. 그러나 그들은 사회적 비평을 전개하지 않는다. Freud는 내적인 심리적 갈등을 문명의 필요한 산물로 간주한다. 그래서 정신 건강과 행복은 문명 그 자체에 의해 한계 지어진다. Erikson은 정신 건강을 획득될 수 있는 것으로 보지만, 사람들이 얼마나 성공적으로 사회의 요구에 순응하느냐라는 측면에서 정신건강을 정의한다. 사회 조직의 어떤 형태들은 자유롭고 건강하지만, 다른 형태들이 소외감을 느끼게 하고 심리적으로 건강하지 못할 가능성은 체계적으로 탐색되지 않았다. 이 주제는 이후 더 많은 급진적인 정신분석학자들에 의해서 정교화되었다. 이 정신분석학자들은 정신분석의 사회적 신뢰를 이해했다. 이러한 신뢰는 여전히 발전되고 있고, 적어도 내재적으로 일부 성인교육가들에 대한 생각에서는 분명하다.

CHAPTER **4**
1 2 3 4 5 6 7 8 9 10

성인기의 정체성 발달

여러 면에서 교수와 학습에 대한 생각들의 비판적 소비자인 성인 교육자들은 성인 발달에 대한 이론과 연구를 비판적으로 평가하는 것에 대한 약점을 가진 것으로 보인다. 이러한 약점은 성인교육의 정체성이 성인의 정체성을 전제로 한다는 신념에 의한 것일 수 있다. 따라서 성인 발달에 대한 문헌은 구별되고 논리 정연한 성인학습이론의 약속을 (아무리 제공이 헛될지라도) 제공하기 때문에 매력적이다.

성인학습과정에 대한 출판물들은 대개 생애발달단계, 수명주기 또는 성인기의 '단계'를 언급한다. 유사한 방법으로 성인 평생교육에 대한 많은 정책 문서들은 성인 발달과 성장에 관련된 요구들을 다루는 것의 중요성을 강조한다. 이것은 성인교육의 많은 부분이 명시적으로나 암시적으로나 성인 발달과 관계가 있기 때문이다. 다양한 프로그램들은 성역할, 결혼, 육아, 건강, 은퇴, 성생활, 이주, 노령자, 실업 등으로 인한 생애 문제들을 직접적으로 다룬다. 이러한 영역과 관련된 차별과 착취의 정치적, 사회적 근원과 관계없이, 특정 단계에서 교육자들은 자신들의 심리학적 영향에 대해 생각해 보고 개인의 심리학적 단계의 전환 가능성에 대한 시각을 가지고 있어야 한다.

Allman(1982)은 성인 발달에 관심을 가지고 연구에 착수하였다. 그녀는 성인생활과 관련된 연구들이 아동기나 청소년기처럼 성인기도 변화와 발달이 있는 시기임을 밝힌다고 보았다. 그녀는 이러한 연구들의 결과가 성인기는 그 이전에 배운 능력, 기술, 태도나 가치를 직장, 가정, 여가, 도시생활에 적용하는 안정된 시기라는 널리 알려진 가정을 공표하고 있다고 주장한다. 그리고 이러한 생각들은 도전받아 마땅하다. 왜냐하면 그것들은 "정치, 교육, 사회정책 면에서 의사결정자들에게 분명히 영향을 미치기 때문이다."(1982: 42) 교육에 있어 그것들은 초기 교육 시기에 어린 성인들이 남아 있는 직장생활을 준비시켜 준다는 통념적 시각—교육적 적절성에 대한 정치적 토론을 계속해서 알리는 시각—과 연결되어 있다. Allman에 따르면, 사회가 성인 발달에 대한 지식을 지역사회로 널리 전파시킬 필요가 있다. 즉, "모든 성인은 성장과 발달에 대한 잠재성을 가지고 계속적으로 개인적인 삶을 만들어 가는 과정에 있으므로 상식적으로 통용될 수 있어야 한다는 것이다."(1982: 43) 이러한 주장들은 설득력 있고, 우리는 성인기에 대한 우리의 구시대적 관점을 바꿀 필요가 있다. 하지만 성인 발달에 대한 잘못된 믿음(비록 보다 더 구미에 맞는 것일지라도)이 또 다른 잘못된 믿음으로 대체될 수 있기 때문에 주의가 필요하다.

이 장의 첫 번째 부분에서는 성인 발달과 성인교육의 관계에 대해 재조명한다. 두 번째 부분에서는 성인 발달에 대한 기존의 연구와 이론의 적절성에 대한 평가에 초점을 맞춘다. 그리고 '단계' 모형에 대한 대안으로서 정체성과 변화에 대한 서술적 접근을 탐구한다.

성인학습에 관심 있는 사람들에게 제기된 공통적인 질문은 '성인 평생교육 전문가에게 성인 발달이 미치는 영향은 무엇인가?'이다. Knox (1979)는 다음의 세 가지 가능한 시사점의 개요를 서술하고 있다.

1. 교육에서 성공을 예측하고 설명하기: "전문가들은 교육활동의 성공적인 참여를 설명하고 예측하기 위하여 수행이나 성격에 관한 발달적 일반화에 관심이 있다."(Knox, 1979: 59)
2. 성인들이 역할 변화에 적응하도록 돕기: "가정과 직장, 공동체 역할에서 성인들의 수명주기는 각각의 역할 범위와 관련된 적응과 성장을 제안한다."(Knox, 1979: 59)
3. 마케팅과 교육활동의 효과 증진하기: "때때로 성인기의 안전성은 첫아이의 탄생, 다른 지역으로의 이주, 은퇴 등과 같은 역할 변화 사건이 끼어든다…… 그러한 변화 사건들은 마케팅과 교육활동의 효과에 기여할 수 있는 준비학습을 고조시키도록 한다." (Knox, 1979: 60)

앞에서 언급한 내용의 전체적인 요지는 성인 발달에 대한 관점과 성인교육에 대한 태도를 보여 준다. 즉, 성인기에 해야만 하는 다양한 '역할들'은 필연적으로 있을 수밖에 없고, 그러한 역할들이 주어졌을 때 역할을 수행하기 위해 학습해야 한다는 것이다. 그리고 성인교육기관들은 자신들의 교육활동이 성공하기를 바란다면, 성인의 발달 단계별 요구에 맞는 마케팅과 교육활동을 제공해야 한다. 성인 역할들이 임의적이거나 억압적으로 그려지는 것, 또는 대체 가능한 역할과 선택사항들이 주어진 생애 동안 수행 가능하다는 것은 무의미하다. 이런 의미에서 성인교육은 사회적 규범과 구조를 유지하는 데 기여하고 있다. 이러한 유형의 접근법을 이용하는 다른 사례들은 손쉽게 찾아볼 수 있다. Chickering(1981)의 영향력 있는 책인 『현대의 미국 대학(The Modern American College)』를 재현한 McCoy(1977)의 '성인의 생애과업과 교육 프로그램 반응들'이라는 도표에서 중요한 예시를 하나 찾아볼 수 있다. 여기에서 McCoy는 발달단계를 7단계로 나누고 각 단계별로 공통적인 과업이 있다고 하였다. 예를 들어, '가출(leaving home)' 단계(18~22세)에서는 '심리적 자유' '진로선택' '취업' '시간관리' 등의 과업을 가진다. 각 단계는 교육 프로그램의 결과를 나타내는 마지막 세로줄과 함께 프로그램된 반응의 적당한 범위와 관련지어진다. 도표를 여기서 모두 소개하기에는 도표가 너무 길지만, 일반적인 전략을 설명하는 데에는 한 단계의 단면도로도 충분하다. 〈표 4-1〉은 '성인이 되어 가는(becoming adult)' 발달단계에 적당한 '과업'과 '프로그램 된 반응'을 보여 준다.

과업 목록과 그것들이 특정 프로그램과 어떻게 관련지어지는 지를 얼핏 보면, 그들 각각이 현재 이루어지고 있는 성인교육에 대한 나의 일반적 관점을 보여 주고 있다. '자주성을 성취하는 것(achieving autonomy)'과 같이 불명확한 과업조차 '성공적으로 혼자 사는(live alone successfully)' 능력이라는 가능한 가장 좁은 의미로 설명하고 있다. 도표 자체로 설명이 될 것이기 때문에 더 자세한 설명은 필요

없다. 놀랍고도 실망스러운 것은 성인교육을 하는 사람은 누구든 그런 분석을 편협한 설명이 아니라 진지하게 받아들인다는 것이다.

그러나 현실이 얼마나 문화적으로 특정한지에 관계없이 학습자들의 일상적 현실이 인정되어야 한다고 성인교육자들은 강력히 주장한다. 독자는 McCoy가 '그렇다면 무엇이 부적절한 것인가?'라는 수칙을 따르고 있다는 것에 대해 항변할 수 있을 것이다. 내가 봤을 때 두 가지 반론이 있다. 첫 번째는 문화적으로 특정한 협의의 '과업'이 이미 확인되지만 이에 대해 인정하지 않는다는 것이다. 정반대로, 성인교육기관들이 자신들의 프로그램을 형성할 때에 사용할 수 있는 일반화될 수 있는 틀로서 '과업'이 제시되어있다는 것이다. McCoy가 자신의 분석을 타인들이 타문화적 맥락에서 모방하는 과정의 사례 연구로서 사용하는 것은 의미가 없다. 이미 Knox와 연관 지어 언급된 두

〈표 4-1〉 생애주기 과업에 대한 교육적 반응

과업	프로그램 된 반응
1. 배우자 선택	결혼 준비
2. 취업, 경력 쌓기	관리, 승진
3. 부모	부모 되는 준비
4. 공동체 일원 되기	시민교육, 봉사활동
5. 현명한 소비	소비자 교육, 재정관리
6. 주택 마련	주택관리
7. 사회적 상호작용	인간관계, 교류분석
8. 자주성 성취	혼자 살기, 이혼 준비
9. 문제해결	창의적 문제해결 능력
10. 변화에 따른 스트레스 관리	스트레스 관리, 생체자기제어, 휴식, 명상 요법 워크숍

출처: McCoy (1977).

번째 반론은 성인교육의 반응이 전적으로 적응 가능하다고 묘사되는 것이다. 과업들에 대해 의문을 제기하고 도전할 여지가 없다. 그것들은 학습자들과 성인교육자들의 당연시되는 현실을 구성한다.

상기 접근법을 무시하면서도 많은 성인교육자들은 성인발달이 성인교육의 중심 개념이라는 관점에 동의한다. 성인 발달에 대한 관심은 평생학습을 확약하는 것에서 파생하였으며, '평생교육' '순환교육' '영속교육'의 개념과도 결부되어 있다. 이러한 개념들의 주된 후원단체인 유네스코, OECD, 유럽연합위원회의 정책 및 연구기록물(Field, 2001 참조)을 보면 종종 평생학습 전략의 중심 개념으로서 성인 발달을 인용하고 있다. 그러나 그들은 성인 발달을 사람들이 다소 예측 가능한 나이에 지나가게 되는 불변의 단계로 이해하지 않는다. 실제로 이들은 '전형적인' 생애주기의 개념에 대해 도전하고 현대의 사회적, 경제적 변화의 분석을 가지고 그들의 관점을 지지한다.

평생교육과 그것에 밀접한 관련이 있는 개념들은 생애주기의 다양한 패턴을 이해하고, 교육기관들이 이러한 다양성에 대하여 다양한 공급을 통해 반응하고 충족시켜 줘야 한다는 필요성을 수용한다. 이것은 개개인의 선택 폭이 넓어져야 한다는 개념, 특히 유급노동, 무급노동, 교육과 여가를 결합하는 방법을 지지한다. 지지되는 원칙들은 사회적, 경제적, 기술적 변화의 영향에 대응하는 것으로 볼 수 있다. 인구 패턴, 노동의 성적 분할, 직장생활의 연장, 근로시간, 은퇴연령 등의 변화는 교육의 기회가 수명이 다할 때까지 순환되는 방식으로 제공되어야 한다는 제의와 연관되어 있다. 또한 순환교육은 1960년대 말부터 나온 개념이 사회개혁을 암시하는 다수의 용어, 즉 산업 민주주의, 사회적 참여, 사회적 형평성, 지역분권, 교육과 근로, 구세대와 신세대, 사회적 약자와 연결됨으로써 사회정의와 사회 진화의 개념을 상징한다. 이 모든 것의 근본적인 가치는 개인의 인본 주의적 우려에 있다. 개성과 성장에 기초한 개인의 자기개발의 개념 은 '정상적인' 생애주기의 구시대적 개념을 고수하는 것의 심리적 결과인 노예화, 소외, 침체와 같은 반대 개념과 대조된다.

성인 발달에 대한 연구와 이론이 항상 소위 '정상적인' 생애주기 를 입증하는 것은 아니다. 많은 이론적 관점과 연구기법이 성인기의 경험을 이해하도록 효율적으로 사용되어 왔다. 그 결과 만들어진 문 헌들은 다양하고, 특히 교육활동에 몇 가지 일반적인(그리고 명확한) 원칙만을 적용하기 원하는 성인교육자들에게 호응을 얻기는 힘들다. 하지만 일반적으로 편협하게 집중되고, 깔끔하게 제시되고, 최소한 의 모호한 '원칙'들이 가장 의심스러운 원칙들이다. 이러한 주제는 이 단원의 나머지 부분에서 철저히 설명될 것이다.

성인 발달 심리학의 특징인 두 가지 지속적인 문제점이 있다. 첫 번 째는 성인생활의 '시기'나 '단계'를 나누는 데 방법론적 어려움이 많 다는 점이다. 두 번째는 대부분의 문헌들이 역사적 그리고 사회적으 로 뿌리가 깊고, 가치 있는 일반화가 결여되어 있다는 점이다.

방법론적 어려움

나는 본문의 다른 부분에서 발달단계 연구에 있어서 개념적 그리 고 방법론적 문제점에 대해서 다루었다. 모든 성인 발달 연구가 단 계별 순서로 접근하는 방식을 채택하지는 않는다. 그럼에도 불구하고, 그들은 항상 다른 '세대', 일생의 '시기', 또는 '단계'를 비교하려고 한다. 어떤 유형의 자료를 수집할지 결정하는 일은 젖혀 두고 보았을 때, 공통적인 방법론적 문제는 '역사'와 '측정 시간'과 같은 다른 요인들의 영향이 중화되는 연령 변화의 영향만을 나타내는 어떤 차원이든지 비교자료를 생성하는 연구를 설계하는 것이다. 성인 발달에서 가장 많은 영향력이 있는 연구들은 이러한 것을 실패하는 연구설계를 사용한다. 기본적인 세 가지 연구설계는 '횡단' '종단' '시간차' 설계이다. 이것은 [그림 4-1]에 설명되어 있다.

횡단적 연구설계는 각 열로 나타낸다. 이 설계는 한 시기의 측정값에 둘 이상의 연령세대가 있다. 표에 있는 가상의 예시는 왼쪽 열에 나타나고, 거기에 있는 한 시기(1970)의 측정값 자료는 네 가지 연령

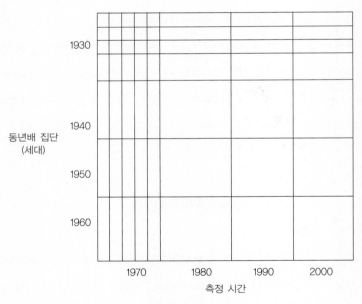

[그림 4-1] 성인 발달: 기본적 연구설계

세대(1930, 1940, 1950, 1960년에 태어난 사람들)에서 수집되었다. 이러한 방법으로 연구한 예시 중 가장 잘 알려진 예시는 아마도 Gould (1972)의 연구일 것이다. Gould(1972)의 초기 연구에서 Gould는 정신과 외래환자들이 걱정하는 것이 무엇인지 관찰하고 기록했다. 그리고 세대에 따라 걱정하는 바가 다를 것이라는 가설을 세웠다. 그리고 관찰하고 기록했던 자료를 가지고 160개의 질문이 인생에 대한 10개 영역으로 나누어진 설문지를 만들었다. 추후 연구에서 이 설문지를 환자가 아닌 중산층이면서 16세에서 50세까지의 백인 남녀를 대상으로 524명에게 실시하였다. 〈표 4-2〉에서와 같이 각 질문에 대해 자기가 해당하는 척도에 표시하도록 하였다.

이와 같은 연구설계의 문제점은 세대가 다르면 인생의 경험도 다르기 때문에 '걱정'하는 바가 다르다는 것이다. 예를 들어, 1972년에 50세인 사람의 역사에는 필연적으로 1930년대의 '경제대공황'과 2차 세계대전의 경험이 포함될 것이다. 이는 어린이와 청소년으로서 2차 세계대전 후의 경제 호황과 1960년대의 사회적 변화를 경험한 1972년에 22세인 세대들과 상당히 다를 것이다. 그런 역사적 사건들이 사람들의 '걱정'에 영향을 미친다는 가정은 합리적으로 보인다. 사실, 그런 역사적 사건들이 생애주기에 대한 추상적 생각보다 세대가 다르면 걱정하는 바가 다르다는 점을 설명하는데 더욱 중요할 수 있다.

여러 세대를 비교하는 것을 피할 수 있는 한 가지 방법은 한 세대를 수년간 조사하는 것이다. 이는 종단적 설계라고 하는데 〈표 4-1〉에서 가로줄로 나타난다. 맨 윗줄의 가로줄은 가상의 예시를 제공한다. 예를 들어, 1930년에 출생한 사람들은 각자 다른 시기, 즉 1970년 (40세), 1980년(50세), 1990년(60세) 그리고 2000년(70세)에 조사할

〈표 4-2〉 Gould의 설문지 샘플

1. 나에게 어떤 흥미로운 일이 발생할 것 같다.
2. 나는 결코 내일 해야 할 일에 대한 계획을 세우지 않는다.
3. 삶에서 내가 원하는 어떤 것을 얻지 못한다는 사실을 깨닫는 것은 가슴 아프다.
4. 나는 과거는 잊어버리고, 오늘을 위해서만 산다.
5. 나는 어떤 것이 실제만큼 좋지 않다고 생각한다.
6. 나는 언젠가 내 생애에 내가 원하는 모든 것을 가질 거라고 믿는다.
7. 나의 삶은 해마다 변화가 없다.
8. 미래를 위한 작은 희망이 있다.
9. 나는 내가 가진 것에 만족하려고 한다. 그리고 내가 얻을 수 없는 것에 대해 많이 생각하지 않는다.
10. 나는 과거를 바꿀 수 있었으면 좋겠다.
11. 나는 지금부터 10년 삶을 꿈꾼다.
12. 나는 지금 미래보다는 과거를 더 많이 생각하며 보낸다.
13. 내가 하기를 원하는 것들을 할 수 있는 충분한 시간이 있다.
14. 나는 지금만큼 나이 듦에 만족하다.
15. 나는 과거에 좋았던 경험에 대해 헛된 공상을 하곤 한다.
16. 나는 내가 기대했던 것보다 덜 가질지라도, 여전히 내가 원하는 가장 많은 것을 가질 것이라고 생각한다.

출처: Gould (1972: 39).

수 있다. Grant 연구(Vaillant, 1977, 2003; Vaillant and Valliant, 1990)가 이 연구설계의 좋은 사례이다. 1940년대 초 졸업한 173명(대학에서 생리적 · 심리적으로 건강한 268명의 남학생 중에서 추출)을 18세에서 65세, 그리고 80세까지 종단연구하였다. 1955년까지 졸업생들에게 매해 설문 조사를 하였으며, 그 후 2년마다 같은 날에 설문조사를 실시하였다. 또한 25, 30, 47, 57, 65, 80세에도 면담을 하였다. Vaillant(1977, 2003; Vaillant and Vaillant, 1990 참조)는 그 결과를 상세히 기록하였다. 그러나 그의 논지는 단순하다. 즉, 자아방어기제는 생애주기별로 나타나며, 건강한 성인은 〈표 4-3〉에 보이는 것처럼 단계별 적응기제를 통해 진전을 보인다.

종단연구에는 충분히 입증된 몇 가지 문제들이 있다. 먼저, 상실요소로 연구 참가자들이 중도에 그만두는 것이다. 다음은 연습효과로 참가자들이 설문지의 형태나 면접 방식에 너무 익숙해지는 것이다. 그리고 시간측정효과로 참가자는 여러 시기에서 추출되었기 때문에 변화된 사회적 그리고 문화적 조건만 반영하는 것이다. 중요한 문제는 연구가 토대로 했던 이론에 대한 시각이 30년에 걸쳐서 달라질 수밖에 없다는 것을 종종 간과한다는 것이다. 초기의 연구 관심과 분석 기법은 구식이 되고 더 현대적 기술로 대체될 수 있다는 것이다. 이는 Vaillant의 연구에서도 확실히 나타났다. 그가 지적한 것처럼, Erik Erikson, Anna Freud, Harry Stack Sullivan, Melanie Klein, 그리고 Heinz Hartmann의 연구에서 확립되어서, Grant 연구의 초기 연구설계에도 많은 영향을 주었다. 예를 들면, Grant 연구는 1950년대가 되어서야 대인관계에 초점을 맞추었고(Klein과 Sullivan), 1960년대가 되어서야 정신적 적응 유형에 초점을 두었다(Anna Freud와 Hartmann). Erikson의 영향 전에 그 프로젝트에서 일한 연구자들은 정신 역동성의 성숙을 청소년기에 완성되는 것으로 보았다. 비록 종단연구가 여러 세대를 비교하는 문제점을 극복하더라도, 역사적 속박에서 벗어나지는 못한다. 이것은 여러 세대에 대한 일반화는 다른 역사적 변수는 중요하지 않다는 가정하에서 만들어졌을 뿐이라는 것을 의미한다.

그것이 역사적 변수에 대한 영향을 방지할 수 있는가? 이에 대한 답

〈표 4-3〉 적응기제 수준

1단계: 정신병적 기제(정신증, 꿈, 어린 시절에서 공통)
부정(외부 현실에 대한)
왜곡
망상적 투사
2단계: 미성숙한 기제(심한 우울증, 인격 장애, 사춘기에서 공통)
판타지(정신분열적 공상, 환상을 통한 부정)
투사
건강염려증
수동-공격적인 행동(피학증, 자신에게 공격성을 향하게)
행동화(강박 비행, 도착증)
3단계: 신경증적 기제(모두에게 공통)
주지화(고립, 강박 행동, 실행 취소, 관계형성화)
억압
반동 형성
치환(변환, 공포증, 재치)
해리(신경증적 부정)
4단계: 성숙 기제('건강한' 성인에서 공통)
승화
이타주의
억제
기대
유머

출처: Vaillant(1977: 80; Vaillant, 1994 참조)

변은 역사와 문화가 개인의 심리적 구성에 얼마나 영향을 주는지 분석하는 능력에 달려 있다. 연구설계 관점에서 종단적 그리고 횡단적 설계를 조합하여 역사적 영향을 확실히 조절할 수 있을 것이다. 예를 들어, [그림 4-1]에서 처음 두 개의 세로줄은 4세대에 대한 1970년과 1980년에 한 번씩 두 번에 걸친 횡단적 연구를 나타낸다. 비슷하게, 밑에서부터 두 개의 가로줄은 동년배집단의 각 세대를 1970~2000년에 걸쳐 동시에 조사하는 종단적 연구를 나타낸다. 그러한 기술을 통하여 세대의 차이, 측정 시간의 차이, 연령 차이의 영향에 따른 데이터를 얻을 수 있다. 예를 들어, 20세와 30세의 일반적인 차이점에서 세대 구성원의 영향을 추정하기 위하여 1970~1980년에 20세와 1980~1990년 30세의 차이점을 비교할 수 있다. 이것이 효과적으로 역사적 변수를 조절하는 방법이다. 그러나 그런 실행을 통해 얻어진 통제력에는 한계가 있다. 첫째, 모니터링된 변화를 쉽게 정량화할 수 있는지에 달려 있다. 사실, 대부분의 이런 종류의 연구는 인간의 발달 능력, 특히 지적 능력을 측정하는 데 관심 있는 사람들이 개발해 왔다. 이것은 단순히 검사 점수를 비교할 때는 쉽지만, 성인의 인성발달과 같은 질적 데이터를 비교하는 데는 불확실한 것이다. 둘째, 역사의 영향은 연속적이고 누적되는 것이라는 가정이다. 하지만 이것은 성립될 수 없는 가정이다(1975년에 20세는 1970년 또는 1980년 20세와 다를 수 있다).

발달연구에서 역사적 변동의 영향을 최소화할 수 있는 다른 방법은 일반적인 것보다 더 높은 수준의 데이터를 수집하는 것이다. Gould의 설문지(결혼, 경력, 자녀 등에 대한 시각)가 여기에 해당된다. 그렇지만 다른 연구자들은 더 일반적인 수준에서 분석하였다. 예를 들어, Lowenthal 등(1977)은 전 생애에 걸쳐 남자와 여자의 적응 과정을 조사하기 위하여 횡단적 연구방법을 사용하였다. 그들의 연구에서 가치 구조의 연속성 속에서 그들은 복잡성, 자아상, 표현력, 통찰력과 같은 일반적인 심리적 특징을 조사하였다. Levinson(1978)의 전기적 면접기법은 전 생애를 통해 자신과 세상 사이의 관계의 변화를 설명하는 것을 목표로 한다. Loevinger(1976, 1998) 또한 자신과 타인을 이해하기 위한 중요한 준거 틀로 자아라는 다소 추상적인 개념에 관심이 있었다. 그러나 이 연구를 자세히 보면, 사회적 그리고 역사적 특이성을 여전히 드러내 보인다.

사회적 그리고 역사적 편견

방법론적 어려움에 대한 바로 앞 절에서 나는 주어진 시간에 여러 연령대의 다른 사람들을 비교할 때나(횡단적 연구), 또는 여러 세대의 동일한 사람들을 비교할 때(종단적 연구) 연구설계의 문제점을 제시하였다. 나는 역사적 사건이 비교 연구한 결과가 틀렸다고 입증하거나, 그 결과를 일반화하는 데에는 한계점이 있음을 주장하였다.

성인 발달연구에 '역사'가 영향을 미칠 수 있는 또 다른, 덜 직접적인 방법이 있다. 연구는 필연적으로 특정한 사회적 그리고 역사적 맥락에서 이루어진다. 그러나 좋은 연구는 그 맥락을 뛰어넘어 일반화된 결과를 이끌어 낸다. 불행하게도, 성인 발달연구, 특히 인생 단계와 관계된 장르는 사회적 그리고 역사적 편견이 있는 경우가 있다. 이것은 네 가지 면에서 분명한데, 생애과업에 대한 서술적 조사목록의 존재, 연구 대상의 선택, 자료 수집 기법, 그리고 '건전한 성격'의 개념 구성 방법 등이다.

서술적 조사목록

McCoy(1977)의 '성인의 생애과업과 교육 프로그램 반응들'이라는 도표를 이미 참고했다. 생애과업의 조사목록을 만드는 것과 같은 이러한 접근법은 1940년대 초에 기록된 Havighurst(1972)의 『발달과업과 교육』에 그 기원이 있다. 〈표 4-4〉는 Havighurst의 발달과업을 수정한 것이다. 그것은 McCoy(1977)의 목록과 비슷하며, 다음과 같은 이의가 제기되어 있다.

> 개개인이 배워야 하는 과업—생애 발달과업—은 우리 사회에 건전하고 만족스러운 성장을 구성하는 것들이다. 자신이 합리적으로 행복하고 성공적인 사람이 될 수 있다고 판단하려면 사람들은 그것들을 배워야 한다. 발달과업은 개인의 생애에서 특정 기간에 발생하는 과업이다. 성공적인 성과는 자신의 행복과 이후의 과업을 성공적으로 이끌며, 과업 실패는 자신의 불행과 이후의 과업을 어렵게 하며, 사회가 인정하지 않는다.
>
> (Havighurst, 1972: 2)

따라서 생애 발달과업은 개인의 발달과 성장을 위해 사회적으로 승인된 시간표에 해당한다. 다원론적인 사회에서 이러한 시간표는 사회집단마다 다를 수 있다. Tucker와 Huerta(1987)가 멕시코계 미국 여성들 연구에서 했던 것처럼, 특정한 사회집단 또는 공동체 집단의 발달과업을 확인하는 것이 유용하지만, 사회 발달과업을 일반화하는 것은 위험하다.

표본 선택, 자료 수집 기법

〈표 4-5〉는 저명한 7명의 성인 발달 심리학자들이 확인한 표본, 방법, 발달 과정을 제시하고 있다. 이들 중 5명은 성인 발달에 대한

〈표 4-4〉 성인기의 발달과업

16~23세 늦은 사춘기와 청년기	23~35세 초기 성인기	35~45세 중기 전환	45~57세 성인 중기	57~65세 후기 성인 전환	65+세 성인 후기

정서적 독립 성취
결혼과 가족 생활을 위한 준비
경력을 위한 선택과 준비
윤리 체계 개발
     파트너에 대한 결정
     가족 시작
     가정 관리
     직업에서의 시작
     시민의 책임을 가정
       변화하는 시간의 관점에
        적응
       경력 계획의 개정
       가족관계의 재정의
        경력 유지 또는 새 경력
         개발
        가족관계 재정립
        성숙한 시민 기여
        생물학적 변화에 적응
         은퇴를 위한 준비
           은퇴에 적응
           감소하는 신체적 힘에 적응
           자신의 연령집단과 친밀한
            관계 유지
           만족스러운 생활 준비 확립
           배우자의 죽음에 적응
           무결성을 유지

출처: Chickering and Havighurst (1981: 31).

자신의 견해를 공식화하기 전에 자료를 수집하였다. 사용된 표본에서 인상적인 점은 북미인, 백인, 중산층, 그리고 높은 교육수준을 가진 남자들로 대부분 구성되었다는 것이다.

자료 수집 기법에는 면접, 설문지, 체크리스트, 표준화 심리검사, 관찰 평정 등이 있다. 그러나 이러한 자료 수집 기법들이 각각의 사례에 어떻게 적용되었는지에 대해 자세히 알지 못하고, 기록된 자료들을 무조건 수용하는 것은 조심해야 한다. 예를 들어, Vaillant(1977, 2003)의 종단적 연구 결과 보고에서는 심리적 성숙과 외부적응 사이의 관계를 설명하고 있다. 〈표 4-6〉에서 그는 심리적 성숙의 차원에서 최상의 인생 결과를 생성한 집단과 최악의 인생 결과를 생성한 집단을 비교하였다. 그는 '30세 이전에 결혼하는 것을 실패' '아이들이 아버지의 대학에 입학' '연평균 자선단체 기부금'과 같은 외적 조정지표를 기초로 비교하였다. 사실, Vaillant의 연구 규모는 참가자들의 심리적 역학에 대한 세밀하고 풍부한 통찰력을 보여 주지만, 이 표는

〈표 4-5〉 발달과정에 대한 방법과 견해

이론가	표본	방법	발달과정
Levinson (1978, 1986, 1996) 인간의 생애 주기	• 남자 40명, 1968~70년생 35~45세. 모두 미국 국적. 생물학자 10명, 육체노동자 10명, 소설가 10명, 기업 간부 10명 • 사회계층: 다양함 • 인종, 민족성: 혼혈 • 교육: 70% 대학졸업 • 물자 현황: 모두 결혼은 적어도 한 번 경험함	• 각자 전기적 면접 10~20시간 함 • 면접 중 시험 진행 • 업무는 각자의 삶의 '이야기'를 구성하는 것 • 인터뷰 프로토콜에서 생애주기에 대한 일반화의 기초를 제공함	• 삶의 구조를 짓고 수정함 (인간의 삶의 기본 패턴) • 삶의 구조에서의 안정적인 교체와 과도기 • 삶의 과정을 거치며 개별화가 진행됨—자신과 외부세계의 관계를 나타냄

Gould (1972, 1978, 1990) 성인 의식의 개발 단계	• 정신의학과 수련의 125명 • 정확히 명시되지 않은 수의 정신과 외래환자. • 비환자 524명, 16~50세, 백인과 중산층 남자와 여자	• 횡단적 • 설문지 및 치료 관찰 • 설문지는 정신의학과 환자의 표현 문제를 기초로 작성됨: 삶의 10개 영역에 대한 160개 질문－각 영역은 개인 적용에 기반을 두어 강제 순위를 매김(자체 평가)	• 사람들은 더욱 독립적인 성인 의식을 위해 노력함 • 성장은 자기정의를 재구성하고 어린 시절 의식을 극복하는 것을 의미함 • 성장은 어린 시절의 안전성 경계를 형성하는 보호 장치의 제한 설정과 무의식을 제한하는 것을 의미함, 즉 주요 잘못된 추측을 극복하는 것
Lowenthal et al. (1977) 삶의 4단계	• 도시의 남자와 여자 216명, 주로 백인, 중하위층 • 4개의 집단: 고등학생 평균연령 17세 신혼부부 평균연령 24세 중년기 평균연령 50세 은퇴예정자 평균연령 60세	• 횡단적 • 면접(8시간): －구조적 면접 일정 －적응 관련 측정 및 평가	• 국제적인 이론적 체계 전무. 그러나 수년에 걸친 적응과정을 이해하는 이론적 개념의 범위를 사용함. 예를 들어, 복잡성, 표현력, 자아상, 삶의 만족도, 과거와 미래에 대한 관점, 인식 스트레스, 가치 구조의 연속성 인지
Chickering and Havighurst (1981) 성인 발달과업	• 직접 연구는 보고된 바 없음	• 발달단계 연구의 범위에 의존함	• 발달과업의 세 가지 근원 1. 생물학적/물리적 2. 사회/문화 생활 3. 개인의 가치와 열망
Loevinger (1976, 1998) 자기개발	• 대학생의 연구를 다수 사용함	• 다른 단계 이론가들과 그녀의 단계 이론을 체계적으로 비교함. 예를 들어, Erikson, Fromm, Piaget, Sullivan, Kohlberg, Perry. • 투사 검사는 문장 완성을 요구함(예를 들어, 교육……입니다)	• 자아는 자신과 다른 사람을 이해하는 데 중요한 준거 틀임 • 틀에 박힌 간단한 사고와 인식에서 더 복잡하고 차별화된 자신과 세계를 보는 시야의 발달 운동이 있음

Vaillant (1977, 2003; Vaillant and Vaillant, 1990) 적응기제의 위계	• 처음에 남성 대학생 268명(1939~1944). 2000년까지 일정 간격 의 추후 남성 졸업생 94명	• 종단적(Grant Study) 면접과 연간 설문조 사. 처음에는 광범 위한 신체적, 생리 적, 그리고 심리적 검사	• 자기 방어 기제는 생활 주기를 통해 성숙해짐– 특히 Erikson의 의미로 심리사회적으로 성숙한 이들에게는 더욱 성숙 해짐
Gilligan (1986) 여성의 발전	• 다양한 환경의 15~33세, 여자 21명.	• 반구조화된 면접	• 도덕적 판단의 세 가지 수준 1. 자아에 초점 2. 자신과 다른 사람에 대한 책임감 3. 타인을 돌보는 것은 '선함'과 동등한 것이 며 비폭력인 도덕적 원칙에 따라 개인의 필요를 제공함

〈표 4-6〉 생애주기의 Eriksonian 모형 관련 최고와 최악의 결과 사이의 차이점

	최고 결과 (남성 30명) (%)	최악 결과 (남성 30명) (%)
어린 시절 환경 불량	17	47
50세에서의 비관주의, 자기 의심, 수동성과 성관계에 대한 공포	3	50
대학에서 하위 5개 성격의 통합	0	33
아버지와 동실시한 결과로 아버지와 동일한 직업 선택	60	27
성인의 삶에서 어머니에 의해 지배	0	40
30세 이전에 결혼하는 것을 실패	3	37
50세 이전에 소원한 우정 패턴	0	57
감독자의 위치에 도달하지 못한 현재 직업	20	93
아이들이 아버지의 대학에 입학	47	10
자녀의 우수한 학업성적	66	23
연평균 자선단체 기부금	3천 달러	5백 달러

출처: Vaillant(1977: 350; Vaillant and Vaillant, 1990 참조)

독자들이 다른 측면에서 그의 논지를 받아들이는 데 주저하게 만들기에 충분하다. 이는 그가 매우 의심스러운 지표를 사용하기 때문이다.

건전한 성격의 개념

발달은 단순한 변화를 말하는 것이 아니라, 성장과 진보를 암시하고 있다. 하지만 무엇을 위한 성장과 진보인 것일까? 이 질문에 대한 대답은 종종 성인 발달론의 중요한 시발점이 되며, 주어진 이론 안에서 진보와 성장이 어떻게 관찰되고 설명되는지 통제하는 '성숙된' 또는 '건전한' 성격이라는 점에서 발달의 종착점이 된다. Kohlberg에게 성장은 자주적이고 원칙에 입각한 도덕성을 향해 나아가는 것이며, Erikson에게는 내적 화합을 향한 것이며, Maslow에게는 자아감과 자주성이 증가됨으로써 자아실현을 향해 나아가는 것이 성장이다. 많은 발달 심리학자들은 발달의 종착점을 '성격' '자주성' '통합된 자기'와 같은 단어로 정의한다.

하지만 특정 문화 또는 특정 인구를 배제한 그러한 설명이 세상을 바라보는 특별한 방법을 나타내는가? 이것에 대해 면밀히 들여다보는 것이 이러한 쟁점을 해결하는 데 도움이 될 수 있다. 예를 들어, Levinson은 '개별화' 과정에 대해 다음의 발언을 한다.

영아기, 사춘기, 중년기와 같은 중요한 과도기를 포함한 생활주기를 통해 개인의 발달 과정은 계속된다. 이 용어는 개인과 내적 자아와의 관계, 그리고 외부세계와의 관계에서 나타나는 변화와 관련이 있다. 어머니의 자궁에서 나오는 영아는 자신이 독립된 존재라는 것을 인지해야 한다. 그는 자신을 어머니와 분리시키는 동시에, 어머니와의 연결고리를 유지해야 한다. 그는 자신의 주변 환경에서 독립된 존재로서, 자신의 통제하에 있지 않다는 '현실'을 받아들여야 한다. 그 아이의 세상은 가족, 이웃, 그리고 친구로 서서히 확장되고 그의 자아는 타인과 (교육)기관과의 관계를 통해 더 정교화된다.

이러한 변화는 개별화 과정의 일부이다. 시간이 지남에 따라 연속적으로 진행되는 발달 기간 속에서 그 사람은 자신과 세상 간의 더 명확한 경계선을 형성한다. 그는 자신이 누구인지 그리고 무엇을 원하는지에 대한 지각, 또 세상에 대한 더 현실적이고 정교화된 시각을 형성한다. 즉, 어떤 곳인지, 무엇을 제공하는지, 그리고 무엇을 요구하는지에 대한 시각이다. 더 높은 개별화는 그를 세상과 더욱 분리시키며, 더 독립적이고 자기생성적일 수 있도록 한다. 하지만 이것은 그가 세상과 더 끈끈한 애착관계를 가지고 세상의 한 일원으로서 살아가는 자신감과 이해력을 가질 수 있도록 돕는다.

(Levinson, 1978: 195)

이런 '분리', '독립', 그리고 '자기생성'은 개인주의 윤리의 언어이다. 그리고 그것은 이 책의 다른 곳에서 집중적으로 다루고 있다. 현재까지 적어도 논평가인 Gilligan(1986)의 주장은 주목할 가치가 있고, 이는 성장 이론들 중 개인 정체성의 발달에 대한 강조는 문헌에 만연한 성 차별적 측면에 초점을 둔 것이다. 그녀는 Chodorow(1978)를 언급하면서 그녀의 분석을 시작하는데 일반적으로 소녀들이 동일한 성별을 가진 사람들에 의해서 양육되며, 소녀들은 반대의 성에 의해서 양육된다는 것을 관찰하였다. 이것의 중요성은 소년의 정체성이 그들을 처음 돌보는 사람들과 대조적이고 차이가 있다는 느낌을 받는다는 데에 기초하고 있다는 것을 밝힌 것이다. 반면에, 소녀들의 정체성은 처음 돌보는 사람들과 같고 애착에 기초하고 있다는 것이다. Gilligan은 다음과 같이 말한다.

> 결과적으로, 관계, 그리고 특히 의존의 문제는 여성과 남성에 따라서 다르게 경험된다. 소년들과 남성들에게 분리와 개별화는 중요하게 성 정체성에 연결되어 있다. 왜냐하면 모친과의 분리가 남성성의 발전에 있어서 핵심적이기 때문이다. 소녀들과 여성들에게 여성성과 여성적 정체성은 엄마와의 분리를 성취하는 것이나 개별화의 과정에 의존하지 않는다. 왜냐하면 여성성은 애착에 의해서 정의되는 반면, 남성성은 분리에 의해서 정의되기 때문에, 여성적 성 정체성은 분리에 의해 위협을 받는 반면, 남성적 성 정체성은 친근함에 의해서 위협을 받는다. 그래서 남성들은 관계에 대해서 어려움을 겪는 경향이 있고 여성은 개별화에서 문제를 겪는 경향이 있다. 그러나 남성과 대조적으로 여성의 삶을 특징짓는 사회적인 상호작용과 개인적인 관계를 포함하는 자질은 심리학 문헌에 있어서 아동기와 사춘기의 발달의 이정표가 분리의 증가를 나타낼 때, 설명의 차이뿐 아니라 발달적 장애가 된다. 그래서 여성들이 분리를 하지 못하는 것은 정의적 발달을 하지 못하는 것이 된다.
>
> (Gilligan, 1986: 8-9)

그래서 Gilligan은 여성적인 특징이 평가 절하된 증거를 인용하는 데에까지 나아간다. 그것은 관계와 책임에 대한 관심이며, 발달이론 들 중에서 감정이입과 집착에 대한 것이다. 예를 들어, Freud는 여 성이 그들의 모친에 대해 전 오이디푸스적 애착에 집착하는 것을 그 녀들이 오이디푸스적인 감정을 완전히 해결하지 못해서 강한 초자 아로 발전시키지 못한 것과 연관시킨다. 여성들은 이런 발달의 실패 로(Freud의 관점에 따르면) 정의감을 거의 갖지 못하게 된다. "여성들 이 정의감을 거의 갖지 않은 것으로 생각한다는 것은 의심할 바 없이 그들의 정신적인 삶에서 시기심이 지배하고 있기 때문이다." (Freud, 1973b: 168)

또 다른 사례는 Jean Piaget에게서 볼 수 있다. 그는 아동들이 게임 에 참여하는 방식에서 성적인 차이를 관찰했다. 소녀들은 규칙에 대 해서 더 유연한 태도를 가지고 있고, 게임을 할 때에 소년들보다 법의 식을 덜 가지고 있는 것으로 생각되는데, 이러한 것이 도덕성 발달의 기초가 된다.

> (소년들과 소녀들에게) 규칙은 성인처럼 불가피한 것으로 받아 들여지지 않고 토론 없이 받아들여진다. 그것은 협력 그 자체에서 오는 합의의 수단이다. 하지만 소녀들은 이런 합의에 대해서 덜 명 확하며 이것은 소녀들이 법적인 상세한 규칙들에 대해서 덜 관심이 있다고 의심하게 되는 이유가 된다. 규칙은 경기가 보상해 주어야 유효한 것이다.
>
> (Piaget, 1977a: 78)

Kohlberg 역시 이런 비판에 대해서 개방적이다. Gilligan은 도덕적 발달단계로 이어지는 그의 경험적인 연구가 소년들만의 사례들에 기초하고 있다고 주장한다. 놀랍지도 않지만 여성들은 남성들보다 Kohlberg의 단계에서 더 낮은 단계에 위치하는 경향이 있다. Gilligan에 따르면, 이것은 Kohlberg의 척도에서 더 높은 단계가 전통적으로 남성적인 성격들에 기초해 만들어졌기 때문이다. 그리고 그것은 책임과 관계에 대한 관심이라기보다 정의와 권리(개별화를 전제하여)에 대한 관심이다.

Gilligan이 주장하는 요지는 대부분의 성인발달에 관한 문헌에서 여성기는 거의 성숙한 건강한 성격으로 인용되지 않고 있다는 것이다. 이것은 건강한 성격은 개별화와 자율성에 강조를 두고, 너무나 자주 남성적인 관점에서 묘사되기 때문이다.

> 여성의 발달에 대한 이해하기 어려운 미스터리는 인간 생활주기 속에서 지속적인 애착의 중요성을 인식하는 데에 있다고 할 수 있다. 남성의 생활주기에서 여성의 위치는 이런 인식을 보호하는 것이다. 반면에, 발달에 대한 이론들은 분리, 자주성, 개별화, 그리고 자연권 등을 지나치게 강조하고 있다.
>
> (Gilligan, 1986: 23)

영향력 있고 많이 인용되는 작품인 『Women's Ways of Knowing: The Development of Self, Voice and Mind』(Belenky et al., 1986)는 Gilligan의 입장을 지지한다. 저자들은 여성의 자아와 정신의 발달에 관심을 두었다. 그들이 진행하였던 면접들은 여성들이 지식을 이해하고 발달을 묘사하는 방식에 있어서 참여, 주체성, 대화, 그리고 상호작용을 밝혀냈다. 여성에게 '목소리'의 발달은 정신과 자아 발달의 핵심이다. 저자들은 여성의 지식 발달에서의 다섯 가지 범주를 규명한다.

1. **침묵:** 여성의 무의식과 무성음이 존재하는 무지의 상태
2. **유입된 지식:** 여성이 외부기관의 지식을 그대로 받아들여 재생산한 지식
3. **주관적 지식:** 개별 여성의 개인적, 사적, 경험 기반의 지식
4. **절차적 지식:** 정규교육제도에서 우위를 차지하는, 표면적이고 합리적인, 소위 '객관적' 지식
5. **생성된 지식:** 여성은 스스로 구성한 맥락적 지식과 도덕적 신념에 대한 수단으로서 주관적, 객관적 전략에 가치를 둘 수 있다.

이상적인 발달의 성과는 앞에 나오는 지식의 목소리를 모두 통합할 수 있는 것이다. 즉, 한편으론 '침묵'의 폭력성과 억압에 대해 인정하고, 다른 한편으론 구성된 지식의 형태로 주관성과 대화를 통합하는 것이다. 무언가에 대해 알아 가는 방식에 있어서 여성과 남성이 다르다는 발상은 성인교육의 공식 연구에서 지식이 어떻게 구성되었고 조절되었는지에 대한 페미니스트 비평문에서 찾아볼 수 있다. 특히, 객관적이고 중립적인 연구의 발상 그리고 여성의 권력을 빼앗고 '남성주의'를 촉진시킨 제도적 구조와 권력관계의 분석에 대한 수많은 도전이 있어 왔다(Stalker, 1996 참조).

Gilligan의 입장에 대한 다른 실증적 지지는 Levinson의 모형을 입증하기 위하여 여성 피실험자들에 대한 연구와 여성들만의 생애주기

를 확인하려고 애쓴 연구들에서 발견될 수 있다. 16개 이상의 연구에서 Caffarella와 Olsen(1993)은 결과를 유용하게 요약하고 있다. 일반적으로 이런 연구들은 여성의 자기개념 안에서 대인관계의 중요성을 재확인하고, 다양한 역할들 사이에서 균형을 잡을 때 겪는 어려움을 지적하고 여성 발달의 다양성과 불연속성을 강조한다. 그리고 기회들과 역할 모형들의 이용 가능성에 있어서 역사적인 변화로 인한 세대 차이에 주목한다.

앞에서 요약된 발달단계를 정리하는 데에 있어서 개념적이고 경험적인 어려움을 고려한다면, 아마도 보편적인 연령, 연령과 관계된 단계나 발달단계를 확인하려는 계획을 포기하고 변화와 전환의 과정과 발달의 다양한 요인들이 어떻게 상호작용(즉, 생물학적이고, 문화적이고, 역사적이고, 심리학적이고 육체적인) 하는지에 더 초점을 두는 것이 최선이다.

정체성과 변화에 대한 서술적 접근법

성인교육은 자기개발과 전환에 대한 관심과 관련해 오랜 역사를 지니고 있다. 때로 이것은 고정적이고 불변적인 개념과 관련되어 있지만 여러 프로그램에서 매우 자주 다양한 결과가 나타나기도 한다. 자기개발을 시키는 것 자체만을 목적으로 하는 프로그램(예: 자아존중감 및 자아개념 향상 프로그램이나, 사람들이 '진정한' 자아에 접근할 수 있도록 돕는 프로그램)에서부터 광범위한 사회적 변화를 위한 필수 요소로서 자아를 변화시키는 프로그램(예: 잠재적인 혹은 자행된 차별로부터 고통받는 사람들에 대한 의식 향상 목적의 프로그램, 건강, 환경, 시민의식, 그리고 가정폭력과 같은 분야에 대한 공립교육 캠페인)까지 다양한 프로그램들이 있다. 이러한 양극단의 프로그램들 사이에 자신의 자아변화를 혼자 힘으로 변화시키는 것도 중요하지만 여기에는 사회 이면의 여러 대상자들도 포함시키는 프로그램(예: 에이즈 환자, 약물 중독자, 당뇨병 환자, 최근 이주자, 예비부모, 가정폭력, 성범죄자들을 위한 프로그램)이 있다. 가장 개인적인 프로그램일지라도 모든 프로그램들에서 자아의 본질과 자아를 타인 혹은 사회와 연결하는 방법과 관련해 암시적 혹은 명시적 이론들이 있다. 이러한 이론들은 자아변화와 변화를 위해 전개된 관련 기술의 가능성에 대한 우리의 개념에서 필수적인 부분이다. 과연 우리는 우리 자신의 변화를 일으킬 수 있는 유일한 행위자인가? 만약 그렇다면, 우리는 이 변화에 영향을 주기 위해 무엇을 생각하거나, 행하거나, 말하거나, 느껴야 하는가? 만약 그렇지 않다면, 우리 자신의 변화에 영향을 주기 위해서 우리는 어느 정도까지 타인에게 의존하는가? 자신의 변화를 촉진하기 위해 어떤 활동을 공유해야 하는가? 우리 자신의 변화가 타인의 변화와 관련되어 있는가? 자아변화를 위해 필수적으로 어떤 타인과의 관계가 필요한가? 우리 자신을 변화시키기 위해서 우리의 환경과 타인의 환경을 우리가 변화시킬 수 있는가? 중요한 타인으로서, 변화의 과정에서 교육자의 역할은 무엇인가? 다양한 기술들이 이러한 질문에 다양한 대답을 제공하거나 적어도 함축하고 있다. 우리 자신의 자아 형성과 변화에 대한 쟁점과 관련하여 다양한 방법으로 생각한 것을 표현하기 위하여 다른 질문들을 할 수도 있고, 이 질문들을 재구성할 수 있다. 다양한 이론적 관점들은 필수적으로 다양한 질문들을 하고 다양한 방법으로 문제점을 던진다. 그러나 모든 관점들을 어우르는 공통적인 문제들은 우리 자신의 자아형성에 우리가 참여하는 방법과 자아 속에서 사회가 구성되거나 자아를 구성하는 그 범위를 고려한다. '시기'나 '단계'에 뚜렷하게 대조적으로 나타나는, 최근에 기반을 다지고 있는 한 접근법은 서술적 과정으로서 정체성을 이해하는 것이다.

내러티브의 개념은 치료자와 교육자들에게 매력적이다. 그들은 종종 환자와 학습자의 '이야기'에 대면하고, 몇 가지 방법으로 항상 반응을 해야 하기 때문이다. 이 이야기는 특정 문제나 쟁점에서 나타나는데, 그것들은 항상 자아, 자기만족, 자부심, 자신감 상실, 자기효능감 등의 측면에 대한 이야기이다. 한 접근법은 실제로는 어떤 사람의 이야기이지만, '가정된' 이야기로 생각하고, 그 이야기 내부에서만 적용하는 것이다. 그러나 이 접근법은 교육자나 치료자가 개입할 수 있는 능력을 제한시킨다. 즉, 그들의 역할은 오로지 충고하는 사람이 되는 것이며, 그 문제의 정의를 향한 근본적인 과제는 다룰 수 없으며, 모든 문제의 복잡성 때문에 문제를 해결할 것이라는 전망이 거의 없다. 대안책은 이야기를 자아와 관련된 다양한 내러티브를 탐구하며 말하는 것으로써 대면하는 것이다. 이것은 내러티브에 대한 두 가지 상당히 다른 접근법에서 분명히 나타나는 부분이다.

한 접근법은 세상을 보는 렌즈로 내러티브 구조를 바라보거나, 정체성과 행동의 안내 역할을 하는 내적인 모형의 일종으로서 내러티브 구조를 바라본다. 즉, 개인에게 유용하게 적용시킬 수 있는 새로운 '대안적' 내러티브를 구성하기 위해, 교육적 및 치료적 중재 역할은 세상을 보는 다양한 방법들과 행동 안내의 다양한 모형들을 탐구하는 것이다. 자아를 다시 상술하여 나타나는 결과는 규범적 목표처럼 개인의 마음속에 내재된 단일하고 통합된, 그리고 일관된 이야기를 가지는 것이다. 이 접근법은 McAdams(1996)의 논문에서 예시된다.

McAdams는 심리학적 전통에서 벗어나진 않았지만 그 관습의 경계선에서 작업하였다. 그는 발달 심리학이 맥락에 충분히 집중하지 않고, 정체성의 발달에 미치는 사회적 요인을 계속 경시하였다는 비난에 대응하는 것을 우려했기 때문이다. 그러므로 그는 사회구성주의자의 입장을 취했다. 그에게 정체성은 삶 속에서 일체감, 일관성, 그리고 목적이다. 그것은 연속적이며 일관적인 자아의 경험이며, 그 자아는 어떤 상황에서든지 그리고 시간이 지나도 근본적으로 동일하다. 그리고 그 자아는 독특하고, 통합적이며, 다른 자아와는 다르지만 연관되어 있다. 현대 서구 사회에서 그러한 자아의 구성은 문제가 되고 있는데, 이것은 주로 우리가 직면한 끊임없는 변화와 다양한 선택으로 인한 것이다. 우리의 정체성이 규정되거나 부여된 것이라는 것은 더 이상 사실이 아니며, 오히려 자아는 만들어진다.

> 한 사람의 정체성은 예술작품과 마찬가지로, 빚어지고 조각된 산물이나 프로젝트가 된다…… [더욱이] 발달하는 자아는 일시적인 일관성을 추구한다. 만약 자아가 삶의 긴 여정에서 끊임없이 변화한다면, 이 변화를 이해할 수 있도록 일관성과 계속성의 형태를 구성하거나 발견하는 것은 어쩌면 개인에 따라 달라진다.
>
> (McAdams, 1996: 296-7)

이 관점에서, 정체성은 반드시 심리사회적으로 구성된 내러티브이며, 이 내러티브는 재구성된 과거와 인지된 현재, 예상되는 미래를 통합한다. 즉, 이것은 자아의 이야기이다. McAdams는 정체성을 개인을 이해하는 방법의 세 가지 수준 중 세 번째 수준으로 고려하였다. 그리고 다른 두 수준은 성격적 특성(성격의 광범위하고 비교적인 성격 차원; 예: '외향성' '지배력' '신경질')과 '개인적 관심사'이며, 이것은 동기, 가치, 방어기제, 애착 유형이다. 즉, 사람들이 시간, 장소, 맥락에 따라 사용하는 전략(특성과는 다름) 등과 같은 다양한 심리적인 구인들을 포함한다.

McAdams의 관점에서, 정체성은 자아성찰적으로 저술되고, 만들어지고, 탐구되며, 구성된다. 이러한 관점은 그가 삶의 여정을 내러티브나 이야기로서 검토하도록 이끈다. 그는 공식적으로 삶의 이야기를 "재구성된 과거, 인지된 현재, 예상되는 미래를 통합하는 내면화되고 진화하는 자아의 내러티브"(p. 307)로 정의한다. 이것은 개인과 그 개인이 정의한 문화에 의해 공동으로 저술되었다는 점에서 심리사회적인 구성이다. 삶의 이야기들은 사실에 기반을 두지만, 그 이야기들은 때때로 과거, 현재, 미래에 상상을 가미시켜 의미 있고 일관성 있게 변화되기 때문에 단순한 사실 그 이상이다. 삶의 이야기의 기본적인 기능은 통합이다. 그것은 자아의 서로 다른 요소와 결합한다. McAdams는 대다수의 성인의 삶에서 삶의 이야기는 끊임없이 구성되지만, 다양한 시대에서 다양한 주제와 관심사들이 등장하며, '정체성 형성' 혹은 '자아'의 집중적인 혹은 덜 집중적인 시기가 존재한다는 것을 시사한다. 더욱이 우세한 이야기는 없다. 오히려 동시대에 성인이 자신의 삶을 살아가는 다양한 방법과 관련된 이야기들이 있다. 그러나 그는 적어도 정신 건강 면에서 '좋은' 이야기의 특징을 규정하였다. 그 이야기들의 요소는 다음과 같다.

1. **일관성**: 이야기 자체 면에서 일리가 있는 정도
2. **개방성**: 변화와 모호성에 대한 허용
3. **신뢰성**: 현실 세상에서의 근거
4. **차별화**: 복잡성과 다면성
5. **조정**: 자아의 다양성 중 조화와 해결
6. **생산적 통합**: 생산적이고 공헌하는 사회의 일원으로서의 감각

　여러 가지 면에서 McAdams의 접근법은 이전에 기술된 생애 단계 이론들과 너무나 비슷하지 않기에 결국 주로 사용한 연구 도구들 중 하나가 자서전적 면접이었으며, 그러한 이론의 기초 자료는 사람들이 자신에 대해 말한 이야기였다. 주된 차이점은 McAdams가 성인의 정체성 발달의 '실제' 이야기를 발견하려고 한 것이 아니라는 것과 사람들이 그들의 삶 속에서 일관성과 의미를 찾는 것에는 다양한 방법이 있다는 것이었다. 또한 이것은 개인들이 스스로 구성한 내러티브를 통해 자신의 '실제' 내적 자아를 '발견하는' 것도 아니었다. 이것은 자신의 삶의 경험을 반영함으로써 찾을 수 있는 실제적인 혹은 진정한 자아가 아니라, 경험을 재해석되고 재평가될 수 있는 이야기로서 본다. 사실, 자아는 역사나 문화 속에 위치해 있으며, 끊임없이 재각인하고 재형성하도록 한다.

　좀 더 포스트모더니즘적인 접근을 취하는 Gergen과 Kaye는 '내적 모형' '내장 렌즈'에 대한 은유법의 한계점을 설정하였다.

　　치료에서 많은 사람들이 포스트모더니즘적 관점을 갖도록 하기 위해 계속해서 내러티브를 삶을 바라보는 방법을 결정하는 내장 렌

즈의 형태 또는 행동의 안내인 내적 모형으로서 본다. [이]러한 개념들에서는 세 가지 중요한 측면에서 결함이 발견된다. 첫째, 각각의 내러티브 구조의 마지막 안식처는 한 개인의 마음 안에 있다는 점에서 모더니즘의 개인주의적인 특성을 지닌다…… 둘째, 렌즈와 내적 모형이라는 두 가지 비유 모두 내러티브의 단일성을 선호한다. 다시 말해, 자기 이해에 한 가지 형태의 기능을 가정하는 경향이 있다. 개인들은 세상을 이해하기 위해 하나의 '렌즈'를 가지고 있다. 다시 말해, 렌즈 저장소와 같이 다양한 관점을 함께 지니지 않는다는 의미이다. 그리고 치료를 통해서 누군가는 여러 개의 진실이 아니라 '하나의 새로운 내러티브적인 진실'을 가지게 된다…… 마지막으로, 렌즈와 내적 모형 모두 내러티브에 대한 전념이나 믿음을 선호한다. 즉, 이 두 가지는 모두 개인은 이해 체계인 내러티브 속에서 살고 있다는 것을 시사한다…… '나에게 지금 진실인 것'을 적용하기 위해, 자아의 주어진 이야기에 관여하는 것은 한 사람에 관련된 가능성을 상당히 제한하는 것이다.

(Gergen and Kaye, 1992: 179)

Gergen과 Kaye의 대안은 근거 즉, 언어놀이의 한 형태로서, 자아를 바라보는 것이다. 다른 사람과 연관시키는 새로운 방법을 탐구할 때, 자아 설명은 대체적으로 인정되지만, 어떠한 관여도 용납되지 않는다. 치료적 상황에서 이러한 접근이 있다.

한편으로 환자가 자아를 이해하는 다양한 수단을 찾아보도록 장려하지만, '자아의 진실된 모습'을 대표하게 하도록 환자의 설명에

전념하는 것은 권장하지 않는다. 그러므로 내러티브의 구성은 유동
적이며, 상황에 따라— 최대한의 생계유지를 제공하는 모습으로—
변화할 수 있도록 열려있다.

(Gergen and Kaye, 1992: 255)

맺고 있는 관계에 따라 자기진술이 변한다는 생각은 자아를 관계
성의 부산물로만 인식하면서 초점이 관계형성을 위해 모인 개별 자아
에서 관계가 주목받는 것으로 옮겨졌다고 설명한다. 그러므로 어느
정도 자신을 설명하거나 속이는 것처럼 자기기술을 바꾸는 것으로 간
주하는 것은 착각이다. 이는 각각의 자기에 대한 묘사가 특정한 관계
의 관습으로 작동하는 것이라고 이해하는 것은 단순하다. 이는 "삶을
구성하는 인간 관계성의 다면적이고 다양한 형태를 진지하게 받아들
이는 것이다."(Gergen and Kaye, 1992: 255)

자기에 대한 서술적 이해에 대한 위의 설명에서 확연히 드러나는
주요한 이론적 긴장은 자기진술의 과정이 규범적인 목적처럼 안정적
이고 일관적인 '경계의' 정체성을 목표로 겨냥할 수 있는지, 또는 그
러한 프로젝트가 변화하고 다면적이며, 개방적이고, 애매모호한 내
러티브와 정체성(자아에 대한 상관관계에 있는 관점)의 세상에서는 요
구할 수 없고, 바람직하지도 않고 불가능한 희망이다. 이러한 긴장은
9단원에서 다시 다루어지며, 이것인 비판적인 자아성찰을 주로 다룬
성인교육의 실제에 미묘한 영향을 미치는지 탐구하게 된다.

맺음말

　개인 정체성의 유연성에 대한 생각은 희망의 원천인 동시에 절망적인 상황이다. 변화란 언제나 가능하다는 것을 의미하기 때문이고, 절망은 현실적이고 실제적이며 진실된 자아에 대한 믿음이 환상적인 방종에 불가하다는 것을 의미하기 때문이다.

　이 장에서 인용된 연구는 연구 과정에서 풍부하고 다양한 분야에서 표본을 추출하였다는 것을 나타낸다. 그것들은 성인 발달에 대한 이론과 연구의 결함을 보여 주기 위해 선정되었다. 원칙적으로, 성인교육에 관심이 있는 누구에게나 성인 발달은 밀접한 관계를 가진다. 그러나 너무 자주 확실한 의도를 가진 사람들은 명백하게 인생의 '시기'와 '단계'를 구별하고 정리하고, 발달의 과정과 종료점에 대한 분명한 설명을 진행시키는 동화이론에 이해할 것이다. 성인교육자들은 이러한 이론들이 유용할지라도, 방법론적으로 그리고 개념적으로 어려움이 있다는 것을 주의할 필요가 있다. 또한 교육자들은 성숙되고 건전한 성인이 무엇을 의미하는지에 대해 관습적으로 갖고 있는 관점을 형성하고 유지하는 데 갖는 영향에 대해 염두에 둘 필요가 있다.

CHAPTER **5**

1 2 3 4 5 6 7 8 9 10

지능과 인지 발달

서론

성인학습은 성인기 동안의 인지적 변화를 이해하려는 욕구를 늘 불러일으킨다. 이러한 욕구충족을 추구하는 데 있어서 성인교육자는 성숙한 이후 여러 인지발달모형을 우연히 직면하는 것 같다. 모형 중의 하나인 '안정화 모형(stability model)'은 성숙기 이후 성인의 인지는 근본적으로 안정적이라고 가정한다. 어린 시절 동안의 인지발달의 결과는 성인기 내내 적용되었던 추론과 사고의 성숙한 형태를 획득한다. 대조적으로, '감소 모형(decrement model)'은 개인들이 나이가 들어가면서, 추측건대 어떤 종류의 생물학적 감퇴의 결과로, 정보를 활용하고 조작하는 능력이 점진적으로 감퇴한다는 것을 상정한다.

결과적으로, '보상에 의한 감소 모형(decrement with compensation model)'은 생물학적 감퇴의 개념을 수용할 뿐 아니라 성인의 삶 동안 축적된 경험의 보상적인 영향 또한 강조한다(Labouvie-Vief, 1977).

'감소 모형' 그리고 '감소 더하기 보상 모형'은 지능을 검사하고 측정하는 것에 집중하는 심리학—정신력 측정 이론과 방법론—에서의 특별한 전통으로부터 유래된 연구에 기반하고 있다. 이 전통에서 가장 영향력 있는 이론 중의 하나는 Horn과 Cattell(1967, 1968)이 제안한 것이다. 그들은 지능을 '유동적' 그리고 '결정적' 지능으로 명명된 두 가지의 일반적 요인으로 분리한다. 유동적 지능은 복잡한 추론, 기억, 그리고 수적인 관계들의 검사에 의해서 측정되는데, 이것은 문화 박람회라고 불리며 보편적이고 생물학적인 발달과 연계된 검사이다. 결정적 지능은 정보 저장, 언어 이해 그리고 수적 추론에 관한 검사로 측정되는데, 일반적으로 경험과 사회화와 관련된 종류의 능력들이다. Horn과 Cattell의 연구는 십대 이후부터 유동적 지능은 감소하고 결정적 지능은 증가한다는 것을 밝혔다. 지적 기능은 연령에 맞추어 비교적 안정적으로 유지되었으며, 유동적 지능과 결정적 지능 간의 균형에 있어서는 변동이 있다는 것이 최종적인 결과이다.

정신력 측정 전통에서, 성인의 지적 능력에 관한 많은 논쟁들은 '유동적' 형태의 정신력 측정 검사에 관한 수행에서 나이에 따른 감퇴가 있다는 일관된 결과물을 어떻게 측정하고 혹은 어떻게 해석하는가가 중심이 되고 있다. 이것은 부분적으로 방법론적 문제이고 Schaie와 그의 동료들은 연령, Kohut(출생 연도), 그리고 측정 시간의 영향(검사가 실시되는 연도)을 통제하는 연구를 사용해서 이것을 다루고 있다.

여러 독립적 횡단연구로 구성되어 있는 21년의 연구에서, Schaie (1983b)는 지능이 생활연령에 따라 감소하지만, 인생에서 상대적으로 후반부가 되어서야 감소한다고 보고한다. 기본 정신 능력 검사 (Primary Mental Abilities test)에서 언어능력은 63세까지 증가하고, 공간능력은 46세에 정점에 이르고, 추론능력은 60세 이후 떨어지기만 한다. 게다가 감소가 발견되는 지점에서 그것은 훈련에 의해서 일반적으로 반전될 수 있다(Schaie and Willis, 1986). 그러한 연구 결과들이 성인 지적 능력에 더 낙관적인 시각을 제공하지만, Labouvie-Vief (1977, 1980)와 같은 논평가들은 우리가 '적응력'이라는 더 넓은 의미에서 지능이 의미하는 것을 재개념화할 필요가 있고, 여러 연령집단의 지능과 적응력을 측정하는 방법 간에는 차이가 없는 단일 양적 차원으로 지능을 생각하는 것은 실수라고 오랫동안 주장하고 있다.

이후 실용지능과 전문성의 발달, 혹은 나이가 들어가는 것에 대한 긍정적인 측면으로서의 지혜 등에 관한 많은 연구들이 등장했다. 예를 들면, Sternberg(1990b)는 성인 지능을 이해하는 주요한 단서로서 학문적 문제해결과 일상적인 문제해결 간의 차이를 지적한다. 일상적 문제해결은 문제를 인식하고 정의하는 능력을 요구하는데, 종종 한 가지 정답이 있을 수 없고 심지어 선택해야 한다. 이용 가능한 정보는 불완전하고 모호하거나 충돌을 일으키는 것일 수도 있다. 전체적 맥락이 고려되어야 하고, 수행에 대한 부분적 피드백만 있다. 이러한 환경들은 전형적인 지능 검사가 보유하고 있는 것과는 전혀 다르다. 그러나 그것들은 성인들이 직장, 가정, 그리고 공동체 생활에서 행동하는 조건들이다. Scribner(1986)는 우유 가공 공장에서 일하는 전문가와 초보자의 문제해결 전략의 연구에서 이러한 주장들의 일부를 확인했다. Chi 등(1988)은 전문가와 초보자를 비교하는 연구결과에 대해 유용한 요약을 제시하였다. 즉, 전문가와 연관된 공통요인을 살펴보면, 전문가들은 주로 자신의 영역에서 뛰어나고, 영역에서 많은 유의미한 패턴들을 인지하고, 더 빠르고 경제적이며, 기억력이 뛰어나 초보자에 비해 그들 영역에서 심도 있게 문제를 표상하며, 문제에 대한 질적 분석을 많이 하며, 자기점검 기술이 능하다. 전문지식에 관한 이 연구는 아주 중요한데 그 이유는 전문지식은 성인의 발달을 성인의 경험에서 찾을 수 있고, 그러므로 학습을 위해 경험이 어떻게 효과적으로 활용될 수 있을지에 관한 의문을 제기하기 때문이다. 그러나 그것도 어떤 전문지식이 획득되는 과정들을 충분히 설명하고 있지는 못하다. 전문가가 되는 과정이 일반적인가 혹은 영역 특수적인가? 사람이 학문적 환경(학교)에서 학습하는 법을 배우는 것과 동일한 방식으로 경험을 통해 학습하는 법을 배울 수 있을까?

Piaget 연구의 중요성이 분명해지는 것은 이 점에서이다. 그는 우리들에게 인지발달의 대안적 개념을 제공하고 있는데, 그것은 양적인 변화보다는 질적인 변화를 강조하고, 발달 과정뿐만 아니라 결과에도 중점을 둔다. 그래서 그는 아이들이 단순히 양적으로 축소된 어른이라는 시각에 도전한다. 아이들이 성숙한 성인의 사고로 발달하는 것처럼, 여러 유형의 사고를 통해서 발달한다고 그는 주장한다. 불행하게도, Piaget는 우리들에게 청소년기 이후의 인지발달에 대해 설명하지 않는다. 그럼에도 아동기 인지발달에 대한 그의 접근법은 성인기의 상황을 밝히기 위한 평가기준으로 감지하고 사용될 수 있다. 인지발달을 기술할 때, Piaget는 사람들이 변함없이 차례로 통과하며 발달하는 여러 단계들을 상정한다. 이러한 단계들은 양적으로 세상 지식을 이해하고 구성하는 다양한 방법을 제시한다. Piaget는 특히 특정 유형의 지식을 입증하는 데 관심이 있었다. 이 지식은 세상에서 작용하고, 우리 행동과 경험을 반영하는 데서 유발되는 것이다. 다음 일화는 Piaget가 염두해 두었던 것을 묘사한다.

> 위대한 수학자인 내 친구들 중 한 사람이 나에게 그가 어렸을 때 했던 경험을 이야기했다. 조약돌을 세면서, 그는 그것들을 한 줄로 정렬했고, 그것들을 왼쪽에서부터 오른쪽으로 세면서, 10개의 조약돌이 있다는 것을 알았다. 그는 그것들을 오른쪽에서부터 왼쪽으로 헤아려 보기로 결심했고 역시 10개의 조약돌이 있다는 것을 발견했다. 그는 놀랍고 흥분되어서 형태를 다시 변화시켰다. 그는 조약돌을 가지고 원을 만들었고 원형으로 세웠고, 역시 10개의 조약돌이 있다는 것을 알았…… 그것은 그에게 위대한 지적 경험이었다. 총합 10은 세는 순서와 독립적이라는 것을 발견하게 되었다. 그러나 그들의 무게와는 다르게, 그 합이나 순서는 조약돌의 특성은 아니었다. 합과 순서는 대상 자체의 행위에서 온 것이다. 그 순서를 소개한 것도 그였고, 세는 것도 그였다. 그래서 논리수학적 경험은 정보가 대상자 자신의 행동과 그 행동 간의 조정에서 유래한 경험이라는 것이다.
>
> (Piaget, 1977b: 6-7)

Piaget가 입증하고 순차적 단계의 순서를 정하고, 감각운동기(대략 0~2세), 전조작기(대략 2~6세), 구체적 조작기(대략 7~11세), 그리고 형식적 조작기(대략 12세 이상)로 명명했던 것은 사람들 사이에서 이런 유형의 지식, 즉 논리수학적 지식의 등장이다. 이런 단계들은 세상의 지식을 감지하고, 이해하고, 구성하는 여러 방식을 질적으로 나타낸다. 예를 들면, 가장 초기 단계는 유아가 세상에서 행동하면서 배우고 영향을 미치는 실용지식을 특징으로 한다. 잡고 빠는 것과 같은 타고난 반사능력은 유아들이 발달시키는 몇 가지 근본적인 행동 패턴들의 기본을 형성한다. 결과적으로, 이런 행동 패턴은 보이는 대상이 닿고, 잡고, 입에 가져와 빨 수 있도록 조정된다. 문자 그대로, 세상은 잡고 (입으로) 빨 수 있는 곳이다. 그것은 감지할 수 있는 세상이고 자신, 우연히 마주치는 물체, 그리고 이러한 물체들에 관한 사람의 행동 간에는 구별할 수 있는 차이가 없다. 정말로 세상과 그 물체들이 감지될 수만 있다면, 실제이다. 이 단계 동안, 이러한 차이들은 점차적으로 획득되고 유아들은 물체가 독립적인 존재라는 것을 이해하게 된다. 전조작기의 아이들은 사물과 사건들이 없을 때 사물과 사건들에 관해서 생각할 수 있다. 이런 표상적 사고능력은 지연된 모방(어떤 시간이 경과된 후에 개인의 행동을 모방하는 것), 가장하기(하는 척 하고 다양한 사물인 척하는 것), 언어를 위한 기초이다. 이러한 발달에도 불구하고, 그 단계는 다른 사람의 역할이나 관점을 취하지 못하는 것(자기중심), 추론 시 사물이나 사건의 한 면에만 집중하는 경향(centration)이 있고, 무생물에 인간적 특징을 부여하는 경향(애니미즘, animism)과 연계를 통해서만 생각과 사물을 연결시키는 경향(직관적 사고)과 같은 사고 과정에 한계가 있다는 것을 특징으로 한다. 구체적 조작기에서 아동은 계층과 그 관계를 이해하게 하는 더 일관되고 통합적인 인지체계를 갖는다. 개념의 이해(숫자, 길이, 수, 무게, 부피와 같은), 그리고 계급의 이해와 그들의 관계를 이해할 수 있다.

성숙한 성인의 사고가 시작되는 시기는 마지막 단계이다. 형식적 조작기 아동의 차별점은 가능한 것에 관해 가설적으로 생각할 수 있는 능력이다. 즉, 추상적 개념으로 사고할 수 있는 능력이다. 이것은 논리적이고 과학적인 사고의 기초가 될 뿐만 아니라, 사회적 질서에 기술되어 있는 추상적 원칙들을 이해하게 한다(예: 정의, 윤리, 도덕적 철학). 〈표 5-1〉에서 개관되는 두 가지 실험은 이러한 능력들의 몇 가지를 보여 준다.

평균대 실험에서 구체적 조작기의 아동은 거리가 무게를 어떻게 체계적으로 보상하고 무게가 거리를 어떻게 체계적으로 보상하는지 알 수 없다. 아동은 무게와 거리의 영향만 이해하고, 그 둘을 조정할 수는 없다. 화학 용액 실험에서 형식적 조작기의 아동은 모든 가능한

〈표 5-1〉 두 가지 과업에 대한 구체적 조작과 형식적 조작의 비교

물질	과업	구체적 조작	형식적 조작
평균대	균형 회복하기		
무색 무취의 액체로 가득한 화학 용액 1| 2| 3| 4| g|	노란색을 만들기 위해, g에 하나를 더하거나 1, 2, 3, 4를 조합하면 노란색이 나온다는 것을 앎	1 + g 2 + g 3 + g 그리고 무작위의 복합적 조합 예: 1 + 4 + g 2 + 3 + g	해답을 찾을 때까지 모든 가능한 조합들을 체계적으로 검사하기

출처: McCoy(1977)

조합들을 체계적으로 나열하여 해결책을 찾아낼 수 있다. 대조적으로, 구체적 조작기의 아동은 간단한 조합을 체계적으로 검사할 수 있지만 다른 추가적인 시도는 시행착오에 의존한다. 구체적 조작기의 아동의 수행은 아동의 인지 구조에 의해 제한된다.

성인교육자의 관심을 끄는 Piaget의 이론에는 몇 가지 전제가 있다. 첫째, 인지발달의 주요한 단계들은 즉각적으로 단계의 의미와 여러 단계들 간의 관계에 관한 몇 가지 의문을 제기한다. 이것은 추적할 만한 가치가 있는 연구인데 그 이유는 전체 발달단계에 대한 이론들과 관련성이 있기 때문이다. 둘째, 한 단계에서 다음 단계로의 발달을 설명하는 과정에 대한 그의 기술은 더 일반적으로 우리가 학습을 이해하는 데 영향을 미친다. 마지막으로, 그의 성숙한 성인의 사고에 대한 개념은 성인기 동안의 근본적인 인지 발달 과정에 대한 생각에 이의를 제기한다.

'단계'와 그 관계의 의미

Flavell(1971, 1972)은 일련의 단계에 관해 발달을 기술하면서 문제와 쟁점에 관한 철저한 분석을 끝냈다. 그러나 우선, Flavell과 Wohlwill은 '단계'를 명확히 정의했다.

가장 일반적으로, 단계 개념은 아동의 삶에서 행동 방식이나 패턴 혹은 유사행동을 (아동의 인생에서 특정 시기로 정의되는 것처럼 보이는 행동 성향)을 언급하는 것이며, 이 시기는 생활연령 측면이나 (발달속도에 있어서 개인차를 고려한 결과 생긴 어려움) 혹은 순서 상 시기의 위치라는 측면에서 구체화된다. '영아기'라는 표현은 전자의 예가 되고, 반면에 '기어다니기 단계'는 후자에 해당된다.

(Flavell and Wohlwill, 1969: 91)

행동 범위와 관련된 단계를 확인하는 데 있어서 첫 번째 쟁점들 중 하나를 포함시켜야 한다. '기어다니기 단계'에 대한 위의 정의는 아주 제한적이고 세부적이지만 '영아기'는 일반적이고 세부적이지 않다. 제한적으로 정의된, 전적으로 기술적 단계는 이론적으로 관심을 일으킬 수 없다는 단점이 있으며, 일반화 가능성이 높은 단계는 단순히 기술적 수준을 넘어 이론적 근거를 지니게 된다. 앞의 언급한 Freud의 단계는 공통적 특성이 많으므로 분리되고 관련성이 낮아 보이는 행동을 통합하도록 하는 데 기여한다. 실제 이런 통합된 면은 Piaget 이론의 특징이며 단계의 개념이 모든 면에서 의미가 있도록 되기 위해 반드시 필요한 조건이다. Flavell은 단계의 개념에 대한 네 가지 요소들을 다음과 같이 제시한다.

1. **질적인 변화:** "단계에서 다음 단계로의 발달은 사고에 있어서 양적인 변화보다는 질적인 변화를 수반한다." (Flavell, 1971: 423)

    발달에 있어서 많은 양적인 변화가 있지만, 그것들을 단계라고 명명하는 것은 바보스러운 것이다(예: '20까지 계산하는 단계'에 반하는 것으로서의 '10까지 계산하는 단계' 혹은 '2000단어 단계'에 반하는 것으로서 '100단어 단계'). 양적인 변화는 어떤 특정한 능력의 '더 적거나 많은 것'을 기술하는 데 반해 질적인 변화는 다른 유형의 능력으로 변화하는 것을 기술한다.

2. 급작스러운 변화: "개별 단계의 특정 능력의 발달은 점진적인 것보다는 급작스러운 것을 특징으로 한다."(Flavell, 1971: 425)

이 '급작스러운 변화'의 기준은 어느 특정 단계 내에서 능력의 기능적 성숙의 증가 여부에 대한 문제를 제기한다(즉, 초기 수준의 능력에서 보다 더 심화된 수준의 능력으로 발달되는가?). 이것은 중요한 쟁점인데 그 이유는 한 단계가 '상태'로서 이해되는지 아니면 '과정'으로 이해되는지를 결정하기 때문이다. 피아제에게 있어서 '단계'는 이 요소 모두를 갖고 있다. 그래서 "단계는 한편으로는 준비의 단계 그리고 다른 한편으로는 성취의 단계를 구성한다."(Piaget, 1955: 35, Flavell, 1971: 428 인용)

3. 동시성: "특정한 단계를 정의하는 능력들은 동시에 발달한다. 예를 들면, 서로 동시에 발달한다."(Flavell, 1971: 435)

동시성의 개념은 꽤 이해하기가 어려운데 그 이유는 능력의 습득이 확장된 과정으로 여겨지면 동시성이 의미하는 것을 아는 것이 어려워지기 때문이다. 그것은 두 능력이 동시에 시작되지만 다른 시기에 성숙된다는 것을 의미할 수 있다. 혹은 두 능력이 다른 시기에 시작했지만 동시에 성숙될 수 있다는 것을 의미할 수 있다.

어떤 경우든지 '동시성'을 측정하는 데 있어서 극복할 수 없는 문제가 있고, 존재하는 증거는 여러 능력이 동시에 발달한다는 생각을 지지하지 않는 것 같다. 게다가, Flavell은 동시성이 단계 개념에 필수적인 것이 아니라고 주장한다. "확실히 이러한 항목들은 지금 당신의 머릿속에서 기능적으로 서로 관계가 있다는 사실은 긴밀히 연관된 인지 구조를 구성하는 등, 결코 당신이 이런 능력들을 동시에 획득하는 것이 분명하다는 것은 의미하지 않는다." (1971: 442)

4. **구조**: "단계별 구체적인 능력은 인지 구조를 형성하기 위해 체계화되고 상호연관된다." (Flavell, 1971: 443)

가장 단순한 수준에서, 구조는 상호 연관된 2개 이상의 능력들로 구성될 것이다. 게다가, 이러한 능력들과 그들의 관계는 상대적으로 안정적이고 피상적으로 구별이 되는 행동 범위의 근본적인 기반을 형성한다(예: 우리가 문장을 구성하기 위해 사용하는 규칙들). Flavell(1971)은 인지 구조들의 존재를 비교하는 것은 어렵다고 주장한다. 즉, 인지능력은 전체 개념들을 형성하기 위해 다양한 방식으로 특징적으로 상호작용한다. 더 중요한 쟁점은 '인지 구조'가 존재하느냐 안 하느냐가 아니라 특정한 구조를 증명하거나 왜곡하는 방법이다.

우리가 한동안 '단계'와 단계 측정과 관련된 문제들과 쟁점들을 고려하지 않는다면, 여러 단계들 사이에 존재하는 관계의 종류를 구체화시킬 필요가 있다. 많은 발달 이론들은 단계의 순서를 상점한다. 그러나 특정 순서가 이론적으로 흥미롭기 위해서 관계는 단순히 일시적인 것 이상일 필요가 있을 것이다. 단계들이 관련되는 주요한 방법들은 무엇인가? Flavell(1972)은 다섯 가지 관계로 입증한다.

1. **첨가**: 즉, 이후 단계는 이전 단계들에 첨가된다.
2. **대체**: 즉, 이후 단계는 이전 단계들을 대체한다.

3. 변형: 즉, 이후 단계는 수정되거나 더 발전된 버전이다.

4. 포함: 즉, 이전 단계는 이후 단계의 부분집합을 형성한다. 그것
   들은 이후 단계의 논리적 전제들이다.

5. 중재: 즉, 이전 단계는 이후 단계의 발달을 위한 가교가 된다.

발달 과정

인지발달 과정을 설명함에 있어서 Piaget는 모든 단계에 공통적인
메커니즘을 제안한다. 이 메커니즘 혹은 Piaget가 말한 '기능적 불변
성'(Piaget, 1973: 62-3)은, 우리의 생물학적 기질에서 나온다. 그러한
기능적 불변성이 조직인데, 그 조직은 그러한 경험이 의미 있기 위해
서 사물의 경험을 체계화하고, 조정하거나 구성하는 경향이 있다. 그
러므로 '인지 구조'를 구성하는 것은 유기체의 기본적 성향이다. 다
른 '기능적 불변성'은 적응이고, 그것은 동화와 조절의 두 과정으로
구성된다.

동화는 우리가 우연히 마주치는 새로운 사물과 경험을 왜곡하거나
변경시켜 기존에 우리가 세상을 이해하는 방식에 적합하게 만든다
(즉, 우리의 인지 구조). 예를 들면, 유아의 파악 반사는 분별없이 다양
한 사물(크고, 작고, 두껍고, 무겁고, 부드럽고, 단단한 것)에 적용된다.
이것은 세상을 이해하는 기존의 방식으로 세상의 사물을 동화시키려
는 유아들의 시도를 나타낸다. 사실, 어떤 사물들은 물리적으로 그러
한 왜곡에 잘 따를 수 있지만(예: 공작용 점토) 대부분은 그렇지 않다.
세상은 우리에게 그 실제를 부과하는 방식을 가지고 있고 우리는 그

실제를 '조절'해야 한다. 조절은 우리의 인지 구조를 우리가 조우하는 사물에 맞추기 위해 변경하는 성향이다. 그래서 유아들은 여러 유형의 사물을 구별하기 시작하고, 처음의 원시적인 이해는 사물을 조작하면서 더 복잡하고 더 효과적인 것으로 대체될 것이다.

이 사례에서의 원칙은 사람의 더 '인지적인' 행동으로 여겨지는 것으로 확장된다. 예를 들면, 개념을 형성하고 규칙에 대한 이해를 발달시키거나 혹은 문제를 해결하기 위한 전략들을 구상하는 것이다. 지식의 증가는 동화와 조절, 그리고 세상에 작용하고 (세상을) 구성하는 사람과 사람에게 작용하는 세상 간의 상호작용에 기초한다는 것이 원칙이다. 이런 방식으로 인지 구조는 형성되고, 본질적으로 세상을 이해하는 데 사용되는 일관된 전략이나 규칙의 조합이다.

발달에 대한 Piaget의 설명에서, 이러한 인지 구조(이것은 논리수학적인 용어로 기술될 수 있다)는 상대적으로 안정되고 지속적인 것이다. 즉, 사람은 일관되고 모순 없이 세상을 이해하기 위해 인지 구조를 적용할 수 있다. 이것이 발생할 때 인지 구조는 평형상태에 있다고 말한다. 그러나 어떤 형태의 평형은 다른 것에 비해 '우등하다'고, 인지발달은 '덜' 적정한 평형에서 '더' 적정한 평형 상태로 진행된다고 Piaget는 주장한다. 이러한 평형 상태들은 이전에 기술한 인지발달의 '단계'를 구성한다.

이 점에서 Piaget는 어떻게 그리고 왜 아동들이 낮은 평형상태에서 보다 더 높은 평형상태로 이동하는지를 설명할 필요가 있다. 이를 위해 그는 발달에서 기초적인 동기적 요인을 반영하는 과정을 그의 체계로 통합시킨다. 동기적 측면에서 그것은 더 나은 평형을 추구하는 것이고, 그것은 모든 건강한 유기체에 내재해 있는 성향이다.

Rotman은 말한다.

> 이 균형에 대한 요구는 내생적으로 발생하고, 사회 근원이 아니
> 라 사회 내부에서 한 개인에게 부과된 것이며, 그 욕구충족은 유기
> 체의 건강과 웰빙에 없어서는 안 되는 생물학적 필수품이다. 정말
> 로, Piaget에게 오래 지속되는 불균형은 병적인 유기체 혹은 정신적
> 상태를 구성한다.
>
> (Rotman, 1977: 96)

그러므로 기능하기 위한 도식 혹은 인지 구조를 위한 내재적 요구
가 있을 뿐만 아니라 그들은 가능한 가장 높은 평형 수준에서 작용하
려고 한다. 더 낮은 수준의 평형 상태들은 정말로 일종의 불균형 상태
인데, 그것들은 제한된 적용 영역에 관해서만 '균형'이 이루어지기
때문이다. 적용 영역을 확장하려는 모든 시도는 하위 도식의 충돌과
경쟁을 가져올 것이다. 즉, 아이는 더 높은 수준의 인지 구조를 재조
직하여 궁극적으로 해결될 그의 경험에서 비일관성과 모순을 만날
것이다. 이것은 평형의 메커니즘이다. 더 낮은 수준의 평형 상태가 불
충분해서 모순이 발생하고 그런 다음 인지 발전이 뒤따라 일어날 것
이다.

Doise 등(1976)의 실험은 이 과정을 꽤 근사하게 설명한다. 그들은
길이 보전개념에 대한 Piaget의 표준화 검사를 사용했다.

> 길이의 보전개념을 이해하지 못하는 아동은 자 끝이 일치한다고
> 지각된 두 개의 자는 길이가 똑같다는 것을 인정한다. 그러나 그 자

들 중의 하나를 옮겨 놓아서 두 개의 자 끝이 동일선에 있지 않으면, 보존개념이 없는 아동은 한 자가 다른 자보다 더 길다고 생각한다.

(Doise et al., 1976: 245)

옮겨 놓은 후, 하나의 자가 다른 것보다 더 길다고 아동이 주장할 때, 전형적인 어른들은 "아니야, 제일 위에 있는 자는 여기에서는 멀지만, 제일 아래에 있는 자는 저기서부터는 멀어. 그러니 둘은 길이가 같아."라고 말하면서 고쳐 준다. 그러나 Doise 등은 더 효과적인 개입은 다른 자의 반대편 끝을 가리키며, '내 생각에는 이 자가 더 길어 보이지만, 저쪽 자는 멀리 있어서 거기까지 더 가야 해.'라고 말하는 것이라고 보여 준다. 이 실험의 독창성은 아동이 자신이 갖고 있는 것과 비슷한 추론모형을 제공받지만 그것이 다른 판단을 하게 만든다는 것이다. 추측컨대, 이것은 길이를 인식하는 그들의 무능력에 본래부터 내재하는 모순과 인지발달을 위한 도약판으로서 작용하는 이러한 모순의 인식을 강조한다. 그러므로 충돌과 모순은 인지발달의 중심에 자리하고 있다.

요약하면, 지식의 발달에 관한 Piaget의 시각은 근본적으로 변함없는 인지 과정들(조직화, 동화, 조절, 평형)이 질적으로 다른 평형 상태, 혹은 아동이 성인의 추론 형태로 발전할 때 거쳐 가는 '단계'를 계속해서 생산하는 것이다.

반복해서 말하면, Piaget의 연구에는 성인 학습과 발달의 이해에 관련된 여러 방법이 있다. 이런 면과 가장 관련된 그의 유산은 다음과 같다.

1. 인지에서 양적인 발달 변화보다는 질적인 발달 변화 강조(그리고 인지발달과 관련된 '구조주의적'인 접근법)
2. 지식을 구성하는 데 있어서 사람의 적극적인 역할에 부여된 중요성(활동을 통한 학습이 더 의미가 있다는 함의와 함께).
3. 성숙한 성인의 사고의 개념(즉, 형식적 조작들).

이런 각각의 유산은 Piaget의 연구를 청소년기 이후까지 확장을 시도한 연구와 이론에서 분명히 드러난다. 그리고/혹은 이것은 그의 접근법을 여러 발달 영역들(도덕 혹은 사회적 인지의 발달처럼)에 적용한다. 그러나 그것들은 또한 그의 연구들에 대해 비판적으로 평가하는 문헌에서 핵심으로 분명히 드러난다.

Piaget에 대한 비평

Piaget 이론은 개념적 그리고 방법론적 이유로 비판을 받고 있다. 그의 '실험들'은 심하게 통제되었고 불완전하게 보고되었다는 일반적인 비난이 있다. 즉, 그는 절차에 대한 정확하고 분명한 정보를 제공하지 못했고, 주제에 따라 절차를 변경하고, 주제들에 관한 근본적인 정보들을 생략하고, 단계를 분류하는 절차에 대한 안면 타당도와 신뢰도를 확인하는 것을 생략한다. 게다가 그는 자료들을 과장되게 해석하고 이론 구성과 경험적 발견들 간의 큰 격차를 남기는 경향이 있다고 한다. 그의 이론의 개념적인 어려움은 '단계'와 '순서'의 개념에 대해 앞서 언급한 분석에 암시되어 있다. 만약 불가능하지 않다면,

사실, 둘 이상의 인지적 습득이 개인의 삶에 있어서 특정한 연대기 순으로 나타난다는 것을 경험적으로 규명하기가 어렵다는 것은 이 분석에서 분명하다.

상기의 비판 모두 Piaget 이론의 틀 내에서 개념적이고 방법론적인 어려움을 다루고 있다. 그러나 두 가지 중요한 비판들은 그의 연구의 핵심을 공격한다. 이 중 첫 번째는 Piaget 이론의 두 가지 특징들—그의 구조주의와 구성주의—간의 갈등과 관련된다. 두 번째는 성숙한 성인의 사고에 대한 완벽한 설명으로 형식적 조작의 적절성과 관련된다.

Piaget의 '구조주의적' 접근법은 발달 경로에서 일련의 '안정적' 인지 구조의 기술로 예증된다. 그의 '구성주의적' 접근법은 인지 발달의 과정에 대한 설명에서 찾을 수 있는데, 그 과정은 안정보다는 변화를 설명한다. 환경과 상호작용함으로써 사람들은 동화와 조절 간의 상호작용을 통해서 지식을 구성한다. 이제 문제는 Piaget 연구에서 구조주의 혹은 구성주의 중 어느 것이 더 우세한가이다. 구조주의가 더 우세하다고 제안하는 두 가지 논법이 있다. 이 중의 하나는 Basseches가 다음과 같이 표현한다.

유아의 인지에 관한 Piaget의 기술에서 구성주의적 모형이 어떻게 작동하는지를 아는 것은 상대적으로 쉽지만, 발달 척도가 올라감에 따라 점점 더 어려워진다. 동화는 조절보다 점점 더 우위에 있는 것 같아서, 결국 우리는 청소년들이 형식적 조작 구조를 문제해결에 어떻게 적용하는지에 대한 분명한 설명과 사례를 제시하게 되었다. 그러나 청소년들이 새로운 경험으로 인해 어떻게 형식적 분석의 한계를 뛰어넘는 새로운 추론 형식을 구성하는지에 대한 설명과 사례를 우리는 가지고 있지 않다. 형식적 조작 체계는 너무 추상적이어서 조절 없이 그 어떤 종류의 문제에도 적용될 수 있다.

(Basseches, 1984: 52)

사물에 대한 Piaget의 도식에서 형식적 조작의 획득 후에 더 이상의 구조적 변화는 없다. 형식적 조작 사고는 그 어떤 경험도 동화할 수 있는 폐쇄적 체계 구조이다. Basseches에 따르면, 이것은 동화와 조절의 변증법적인 상호작용이 형식적 조작 사고로 끝난다는 것을 의미하는데, 이 형식적 조작 사고는 그와 다른 사람들(Riegel, 1973; Buck-Morss, 1975)이 거부했던 관점이다.

Piaget 접근은 청소년기 이후에도 적용되지만 연구는 주로 형식적 조작 사고가 일반화되고, 확장되고, 성인기에 유지되는지 혹은 어떻게 일반화되고, 확장되고, 유지되는지에 관해서 집중해 오고 있다(요약을 위해 Long, 1983 참조). 또 다른 탐구 방식은 성숙한 성인 사고를 기술하는 데 있어서 형식적 조작의 한계를 강조하고 있다. 이 탐구에서 일반적인 맥락은 성숙한 성인 인지는 추상적 사고를 구체적인 일상의 한계에 맞추는 능력에 의해서 특징지어진다는 것이다. Labouvie-Vief는 이 탐구의 정신을 포착한다.

젊은이에 대한 주제는 융통성인 반면, 성인기의 특징은 적응하게 하는 능력인 책무와 책임감이다. 경력이 시작되고, 친밀감이 형성되어야만 아이들은 성장한다. 간단하게 말해, 다수의 논리적 가능성의 세계에서 한 가지 행동 방침이 채택되어야 한다. 이런 의식적으로 한 가지 방침에만 전념하고, 의도적으로 타당한 선택을 무시하는 것은 성인 인지 성숙의 시작을 나타낼 수 있다.

물론 젊은이들의 순수한 논리는 지역의 혹은 일시적인 적응적 가
치에 도움이 될 수 있다. 그러므로 그것의 중요성은 무시되어서는 안
된다. 그것은 이후에 계속해서 실용적으로 사용될 조작적인 도식의
순환운동을 허용한다. 그래서 그것은 성숙한 성인 적응에 요구되는
융통성을 보장하는 데 도움이 된다. 이것이 우리가 처음 제안했던 결
론이다. 즉, 성인기는 구조적인 변화를 가져다주는데, 단지 논리의
완벽성에서가 아니라 실용적 필요성으로 재통합에서라는 것이다.

(Labouvie-Vief, 1980: 153)

실용적 필요성을 고려하는 이런 요구는 모순과 모호성을 견뎌 내
는 능력을 요구할 수 있는데, Riegel에 따르면, 이것은 성인 사고의
특징 중 하나이다.

성숙한 사람은 조작과 사고에 있어서 새로운 이해와 모순의 효과
적인 사용을 성취할 필요가 있다. 모순은 더 이상 형식적 사고에 의
해서 바로잡아야 할 결점이 아니라, 확정적인 방식에서, 모든 활동
의 가장 기본이 되는 것으로 간주되어야 한다. 특히, 그것들은 혁신
적이고 창의적인 작업을 위한 기초를 형성한다. 성인기와 장년기는
개인이 고의로 비모순적 사고와 같은 형식적 역할을 재평가하고 행
동과 사고('과학적 변증법')에서 모순을 받아들이기 위해 (마치 어
린 아이들이 자신도 모르게 그의 '원시적인 변증법'을 계승하는 것
처럼) 다시 계승할 수 있는 기간이다.

(Riegel, 1975: 101)

앞의 사례에서, 형식적 조작은 추상성과 일상적인 문제 제기와 해결의 제거로 인해 한정되는 것으로 생각된다. 아주 협소한 범위의 문제로 정확하게 적용되지만 성인의 삶에서 구체적인 문제를 해결하기 위한 노력으로 부수적인 역할을 할 수밖에 없는 추론의 형태이다.

성숙한 형식적 조작 사고를 이끄는 변함없는(그리고 보편적인) 단계의 순서에 대한 Piaget의 강조와 구조적 분석(느낌, 신념, 가치, 상상, 욕구)을 부인하는 심리적 현상에 대한 그의 분명한 무관심은 '이념' 비평의 폭주를 불러일으킨다. 이런 비평은 Piaget 이론에 관한 다섯 개의 원고 시리즈의 가장 최근 호에서 Broughton에 의해서 요약되고 평가되고 있다. 기본적으로, Piaget의 이론은 자유주의 이념의 결과물로 설명된다.

> Piaget 발달 이론은 사회의 현 조직과 정치적 계층화를 지지하고 개인의 성장은 자연스럽고, 준생물학적인 순서를 정확히 반영한다는 것을 보여줌으로써 현 사회 질서를 재생산하는 현재의 사회화 과정을 합리화하는 이념의 정당성 형태로서 비판받는다. 이 비판적 관점으로부터, 구조의 순서와 이론은 분명한 객관적 타당성 없이, 관습적 의미 체계만을 나타낸다. '발달'이란 개념은 19세기 진보 이념에서 파생된 역사의 실체라고 해설될 수 있다.
>
> (Broughton, 1981b: 387)

이것은 Piaget 프로젝트와 아주 다른 강력한 비판이다. 그럼에도 불구하고, 그러한 비판의 타당성과 적절성은 Piaget 이론을 '사회적 인지'에 차후 적용함으로써 설명될 수 있다. 그 사회적 인지는 사회 개넘, 도덕 개념, 정치 개념 등의 발달을 포함한다(예를 들면, Kohlberg, 1969, 1971, 1973 참조).

이런 인지 구조주의의 비평을 따라서, 일반적으로 심리학 발달과, 특별히 인지와 지능의 연구에서, 공통적인 주제는 지능과 인지 기능을 이해하기 위해 맥락의 복잡성을 고려할 필요성에 대한 인식이 증가해 왔다는 것이다. 그래서 세상의 유의미한 행동으로부터 분리된 추상적 이고 탈문맥화된 인지적이고 지적인 속성을 확인하는 데서 벗어나 일 상생활에서 작용하는 인지와 지능을 이해하는 방향으로 이동하고 있 다. 아마도 이러한 관심사의 가장 명확한 사례들은 다중 지능에 관한 Gardner(1993, 1999)의 연구, Sternberg와 Grigorenko(2003)의 연구 와 '실용 지능'에 관한 다른 사람들의 연구일 것이다.

상황 학습을 향하여

실용 지능에 관한 문헌(Chi et al., 1988; Tennant and Pogson, 1995; Sternberg and Grigorenko, 2003 참조)은 전통적인 지능검사의 추상적이 고 탈문맥화된 성질에 대한 반응으로 보일 수 있다. Robert Sternberg 가 설명하듯이 "실용 지능은 대부분의 사람들이 말하는 상식이다. 그것은 일상적인 환경에 적응하고, 형성하고, 선택하는 능력이다." (Sternberg et al., 2000: xi) 실용 혹은 비학문적 지능을 기술하는 데 사용되는 용어는 이론에 반대해서 실천, 지적 호기심을 반대해서 직 접적 유용성, 추상적 지식에 반대해서 절차적 유용성, 그리고 일상, 즉각적이고 가시적인 결과가 있는 일상의 행위나 생각을 강조한다.

최근, Sternberg(2004)는 다음과 같이 '성공 지능'이란 용어를 사용한다.

> 나는 성공 지능이란 용어를 학업수행의 지표로서뿐만 아니라 인생에서 성공의 지표로서 지능을 이해하는 것의 중요성을 강조하기 위해 사용한다. 이 이론은 성공 지능을 인생에서 성공하기 위해 필요한 기술과 지식으로 개인의 성공에 대한 정의에 따라서, 사회문화적 상황 안에서 정의한다.
>
> (Sternberg, 2004: 325-6)

관련되고 동일하게 영향력을 주는 발달이 '다중 지능'의 확인인데, Gardner(1993)는 처음으로 일곱 가지 지능을 만들었다.

- 언어 지능
- 논리-수학 지능
- 음악적 지능
- 신체-운동 지능
- 공간 지능
- 대인관계 지능
- 자기이해 지능

그 이후 그는 '자연주의자 기능(naturalist intelligence)'을 추가했다(1999). 우리의 목적을 위해 지능을 다차원적인 것으로, 더욱이 세상 속 행동과 연관된 것으로 본다는 것이 중요하다. Gardner의 지능은 각각 그 안에 내재된 실제적인 요소들을 가지고 있다. 그래서 음악 지능은 수행 요소를 포함하고 있고, 대인관계 지능은 다른 사람들과 함께 일하는 능력과 관련이 있고, 언어 지능은 표현을 위한 언어 사용을 포함하고 있다. Gardner는 개인의 마음에서 홀로 존재하는 것이 아니라 집단이나 공동체에 있는 것으로서 지능을 이해하는 방식으로서 분산 인지라는 개념에 특별한 표시를 한다(Hatch & Gardner, 1993 참조).

나는 상황 학습에 대한 더 상세한 분석을 위한 교두보 혹은 도약대를 제공하기 위해 실용 지능과 다중 지능 연구를 인용한 것이다. 성인교육과 평생교육에 관해 더 깊은 영향을 주는 것은 후자이고, 비록 상황 학습이 인지발달, 실용 지능과 다중 지능에 관한 문헌에서 직접적으로 흘러나온 것은 아니지만, 그것은 사람들이 학습하고 발달하기 위해 경험과 어떻게 연계되는지와 같은 핵심적인 쟁점을 확실히 다루고 있다. 이런 관점으로부터 상황 학습은 다른 주요 발달들과 연결되어 있는 것으로 보일 수 있다.

Lave와 Wenger(1991)는 '상황 학습'의 개념에서 지식의 발달과 학업의 이해에 대한 전통적 관점에서 급진적 전환을 시도하였다. 그들에게 학습에 필수적인 것은 실천 공동체에 참여하는 것이다. 처음에 이런 참여는 주변적인 것이지만(여기서는 '합법적인 주변 참여'라는 용어), 학습자가 공동체의 사회문화적 실천에 완전히 참여할 때까지 참여와 복잡성이 점진적으로 증가한다('신참'보다는 '고참'). 그들은 그들의 학습관을 견습의 다섯 가지 학습의 연구에 관해서 설명한다. 그 다섯 가지는 멕시코의 유카텍 마야인의 산파들 견습, 라이베리아의 Vai와 Gola 재봉사 견습, 미 해군 조타수 견습, 미국 슈퍼마켓의 정육점의 병참장교 견습, 그리고 알코올 중독자 협회에서 금주 알코올 중독자의 견습이다. 이것들은 진정으로 학습의 사회적 이론이고, 이것은 사람, 세상, 그들의 관계 그리고 학습을 사회적 실천으로 인식하는 방법에 대한 가정을 설명할 때 명백해진다.

Lave와 Wenger의 첫 번째 저서에서는 행동에 의한 학습, 경험에 대한 성찰, 그리고 교사에서 학습자로의 분산시키는 것을 강조하는 전통을 확고하게 자리매김하려고 한다. 그러나 그들은 그들 스스로를 이러한 전통으로부터 거리를 두는 것에 민감하고, 학습은 '사회적 실천의 통합적이고 불가분한 면'(p. 31)이라는 것을 강조한다. 상황에 대한 그들의 개념은 '행동에 의한 학습' 개념과는 확실히 다르다. '행동에 의한 학습' 개념은 종종 관습적인 교수 형태와 양립할 수 있는 학습의 접근으로서 종종 구성되는 데 반해 '상황'이란 것은 세상에서 완전한 문화 역사적인 참여자로서 관여하는 것을 의미하는데, 그곳에서는 "대리인, 활동, 그리고 세상이 서로 상호적으로 구성한다."(p. 33) Lave와 Wenger는 학습은 "살아 있는 세상에서 생산적인 사회적 실천의 통합적인 부분"(p. 35)이라는 것을 강조한다. 유사하게, 그들은 실천 혹은 행동에 관한 성찰이라는 아이디어는 잘못 해석된다고 주장하는데, 외부에서 실천에 관해 이야기하는 것과 내부에서 말하는 것 간에는 차이가 있기 때문이다.

실천 공동체에서, 도제를 목표로 하거나 질문-답-평가의 뚜렷한 교신수업 형태에 부합하는 완전한 참여를 향한 구심적인 운동에 중요한 특별한 담화 형태는 없다. 그래서 초보자의 목적은 합법적인 주변 참여를 위한 대체물로서 말로부터 배우는 것이 아니다. 그 목적은 협법적인 주변 참여의 비결로서 말하는 법을 배우는 것이다.

(Lave and Wenger, 1991: 108-9)

그러므로 다소 실천과는 거리가 멀거나 그것의 밖에 있는 것으로서 실천에 관한 담론의 개념은 그들의 분석과 맞지 않다. 담론 그 자체는 사회적이고 문화적인 실천이지, 실천에 대한 2차적 표현이 아니다. 마지막으로, Lave와 Wenger의 분석에서 학습자들을 향하거나 혹은 학습자들을 피하는 역설적인 변화가 있다. 학습자를 피하는 변화는 사회적 실천 구조에 중점을 두는 그들의 관심의 산물이고, 그래서 학습은 지식과 추론의 과정에 대해 개인이 숙달하는 문제가 아니라, 실천 공동체에 참여한 공동 참여자의 문제이다. 그래서 초점은 개인보다는 공동체이다. 사람을 중요시하지 않는 것이 아니라 공동체에 있는 사람은 고립된 개인이 아니라 사회문화적 공동체의 일원인 '전인적 인간'인 세상 속에 있는 사람이다. 그들의 주장은 사람과 학습의 관계적 관점이다.

학습자에 대한 이 관점은 학습자들이 세상을 이해하는 구조나 도식을 획득한다는 개념에 반대하는 것과 관련되어 있다. 그것은 구조가 있는 참여 체제이지 개인의 정신적 표상이 아니다. 학습자들은 실천 공동체에서 참여하는 역할들에 더 많이 접근하는 것을 특징으로 한다.

숙련된 학습자는 마치 다양한 참여 분야에서 다양한 역할을 하는 능력 같은 것을 습득한다. 이것은 도식과는 다른 것들이다. 즉, 예견하는 능력, 지정된 맥락 안에서 실현 가능한 것이 일어나는 것을

감지하는 것······ 복잡한 상황에 대해 미리 성찰해서 파악하는
것······ 변화하는 환경과 관련된 행동의 타이밍 감지, 즉흥적으로
처리하는 능력.

(Lave & Wenger, 1991: 20)

실천 공동체 참여는 근본적으로 정체성의 발달과 관련되어 있지만
지식의 내면화나 실천의 사회문화적 세계라고 말하는 것은 적절하지
않다. "내면화로서 학습과 비교하면, 실천 공동체에서 참여를 증가시
키는 학습은 세상에서 행동하는 전인적인 사람과 관련 있다."(Lave
and Wenger, 1991: 49) 사람은 실천 공동체 내에서 그들의 관계로 정
의되고, 내면화에 대한 전통적인 관점이 실천 공동체에서 계속적으
로 진화하고 새로워지는 관계를 탐색할 여지가 없다고 주장한다.

Lave와 Wenger가 지식은 어떤 면으로는 일반적이고, 추상적이거
나 탈문맥적일 수 있다는 생각에 반대하는 것을 발견하는 것은 놀라
운 일이 아니다. 그들은 다음과 같이 주장한다.

소위 일반적인 지식만이 구체적인 상황에서 힘이 있다······ 추상
적인 표현은 즉시 그 상황을 구체적으로 만들 수 없다면 의미가 없
다······ 일반적인 규칙을 아는 것만으로 규칙이 전달하는 어떤 일반
성이 관련된 구체적인 상황에서 가능한 것을 결코 보장할 수 없다.
이러한 의미에서 '추상적 개념의 힘'은 사람의 삶과 그것이 가능한
문화에 철저하게 위치하게 된다.

(Lave and Wenger, 1991: 33-34)

가르치는 것은 최소한 어느 정도의 추상화, 탈문맥화, 그리고 일반성을 전제로 하는 것이라고 한다면, Lave와 Wenger의 분석은 가르치는 것과 형식적 교육이 어떻게 인식되어야 하는가에 대한 의미를 담고 있다. 그들은 그런 논쟁을 예견하지만 개입하지는 않는다. 교수와 학습의 관계에 문제가 있다거나 목적이 분리되어 있다고 말하는 것을 제외하고, 현재 그들이 교수 분석과 관계없다고 언급하는 것에 만족한다. 전문성에 대한 접근은 도제 관계나 숙달된 교사와 비대칭적 용어라고 볼 수 없으며, 지역사회의 학습 자원을 구축하는 것에 초점을 두는 것이다.

Lave와 Wenger는 실천 공동체에서 학습을 왜곡하거나 향상시키는 조건들을 명확히 하는 것에 관심을 갖고 있다. 예를 들면, 실천학습의 성공 가능성은 초보자와 숙련가, 상사, 혹은 관리자 간에 갈등이 있는 곳에서 감소한다. 유사하게, 강한 비대칭적 숙련가-도제 관계가 있을 때 학습은 왜곡된다. 합법적인 주변 참여자들은 성숙한 실천의 무대에 폭넓은 접근을 필요로 하고 그들은 완전 참여자들보다 시간, 노력 그리고 일에 대한 책임감이 거의 요구되지 않는다. 마지막으로, 실천의 사회-정치적 조직은 '투명할' 필요가 있으며, 이 방식에서만 학습자들은 완전한 참여자로서 발달할 수 있다.

> 실천 공동체의 완전한 구성원이 되기 위해서는 광범위한 진행활동, 고참, 다른 공동체 구성원, 그리고 정보, 자원, 참가기회에 접근해야 한다.
>
> (Lave and Wenger, 1991: 101)

이후의 연구에서, Lave(1993)는 상황 학습을 전통적인 인지발달이론의 한계로 나타난 것과 대조한다. 여기에 네 가지가 있다.

1. 학습과 다른 활동 간의 가정된 분열

여기서 문제가 되는 두 가지 이론적 주장들이 있다. 하나는 활동 중인 지식과 활동자의 관계가 정적이고 특정한 학습이나 발달시기를 제외하고는 변화하지 않는다. 다른 하나는 지식을 심어 주기 위한 제도적 배열은 일상의 실천과는 별개로 학습을 위해 필요한 특별한 환경들이다.

(Lave, 1993: 12)

2. 새로운 지식의 실천에 대한 고심 없이 새로운 지식의 전달에 집중

전달이나 전이 혹은 내면화는 사회에서 지식의 순환을 위한 적절한 기술이라는 단순한 가정은 그것들이 지식의 일관성을 나타내기 어렵다는 것에 직면한다. 그들은 주어진 경우나 혹은 다양한 관련된 사건들에 관한 '앎'을 구성하는 것에 관해 이해당사자들, 다양한 활동들 그리고 여러 목표와 환경에 대한 근본적인 각인을 인정하지 않는다.

(Lave, 1993: 13)

3. 학습, 학습자, 그리고 지식의 동질성에 대한 가정

대조적으로, 상황 학습은 이질성을 가정한다. 상황 활동의 이질 적이고 다초점적인 특징은 갈등은 인간존재의 측면이라는 것을 나 타낸다. 이것은 사람들이 똑같은 상황에 있다는 것을 우리가 가정 한다는 것을 따르며, '상황'을 함께 구성하기 위해 돕고 있는 사람 들은 다양한 일들을 알고, 다양한 사회적 위치로부터 다양한 관심 과 경험을 가지고 있다는 결론이 나온다.

(Lave, 1993: 15)

4. 개인의 학습 불능이나 거부로 인한 '실패'의 표현

이질적 세계에서 잘못되거나 잘못 알고 있는 이해는 "활동적인 보통의 사회적 지위와 실천"으로서 새로운 의미를 얻게 된다(Lave, 1993: 16). 실수가 어떻게 그리고 언제 확인되는지는 "어떤 사회적 위치에 있는 사람의 관점이 채택되는지, 그리고 잘못된 행동이나 신 념이 역사적으로 그리고 사회적으로 어떤 개념에 놓여 있는지에 달 려 있다."

(Lave, 1993: 16)

Lave와 다른 사람들의 상황 학습에 관한 연구의 가치는 다음과 같 다. 그들은 지식과 학습을 맥락 속에서 이해하고, 새로운 지식이 어떻 게 실제로 만들어지는지, 그리고 실천 공동체 참여를 통해서 학습이 어떻게 일어나는지에 주목했다. 그들의 프로젝트를 추구하는데 있어서, 그들은 확실히 이의가 제기될 수 있는 여러 주장을 했다. 예를 들면, 전통적인 인지이론에서는 학습과 일상 활동 간에 차이가 있다는 주장은 적어도 활동이 지식의 근원이라고 주장하는 인지 구조주의 관점에서는 인정될 수 없다. 비슷하게도, 오로지 지식의 전이에만 관심이 있는 것으로 인지 구조주의를 기술하는 것은 강력한 변증법적 근거를 무시하는 것이고, 내면화는 갈등 없는 일종의 동질적 세계를 가정하는 것이라고 주장하는 것은 내면화의 개념이 구체적으로 갈등의 문제를 다루는 방식을 무시하는 것이다. 그러나 이러한 비판들이 상황 학습 프로젝트에 대한 중요한 신뢰를 떨어뜨리지 않는데 그것은 적어도 두 가지 주장에 달려 있다. 첫째, 탈맥락화되고, 추상적이거나 일반적인 지식을 이야기하는 것은 아무런 의미가 없고, 둘째, 새로운 지식과 학습은 실천 공동체 안에 위치하는 것으로서 적절하게 여겨진다. 이러한 두 가지 요구들은 다음에서 검증된다.

Lave(1993)는 '맥락적/탈맥락적' 이원론은 무엇인가를 담는 용기로서 맥락의 관점에 기반한다고 주장한다. 그래서 우리는 일반적인 규칙은 맥락 자체의 탐색보다는 일반적인 규칙의 실례로서 더 적용하는 '맥락'에 관해서 말한다. 이렇게 말하는 방식은 탈맥락적 지식에 더 큰 가치를 두고, 그것은 전체 다양한 맥락에 적용될 수 있는 추상적이고 일반적인 것이다(즉, 어떤 의미에서 맥락은 중요하지 않거나 혹은 사소한 것일 수 있다). 특별하고 실제적인 것에 대해 일반적이고 추상적인 것이 갖는 이런 특권은 서구 문화의 역사에 만연한 주제이고 현대에는 우리가 학교에서 성취측정 방식, 즉 지능과 적성 검사를 통해 성취 가능성을 측정하는 방식에서 표현되고 있다는 것을 발견한다. '상황 학습'의 탐색은 당연히 이런 불균형을 바로잡으려 하고, 심리학 문헌에 있는 실용 지능, 전문지식, 암묵적 지식에 대한 병행연구를 수반하게 된다. 그러나 Lave와 다른 사람들은 지식과 학습이 탈맥락화될 수 있다는 생각에는 여지를 남겨 두지 않고, 그들은 '맥락적/탈맥락적' 이원론을 거부한다. 이 극단적 입장은 아마도 구별되어야만 하는 것을 구별하는 데 실패한 결과이다. 첫째, Lave와 Wenger는 탈맥락적인 것과 추상적이거나 일반적인 것을 구별하지 않는다. 많은 경우에서 학습동기는 다른 시간과 공간으로 이동되고, 삶의 '위치귀속성(situatedness)'에서 벗어나고, 이전에 알려지지 않은 상상할 수 없었던 세계로 들어가는 것이다. Camus는 그의 사실상의 자서전인 『The First Man』에서 이런 형태의 학습 정신을 담아 내고 있다. 여기서 그는 (Jacques Cormery라는 이름으로) 자신과 어린시절 친구가 일상의 가난과는 아주 대조적으로 도서관 책들을 어떻게 탐독했는지에 관해 썼다.

사실, 이 책들의 내용은 거의 중요하지 않다. 중요한 것은 그들이 도서관으로 들어갔을 때 그들이 처음으로 느낀 것이다. 거기서 그들은 검은 책으로 빼곡한 벽이 아니라 문지방을 넘자마자 갑갑한 이웃의 삶에서 그들을 벗어나게 해 주는 넓어지는 지평선과 평야를 본 것이고…… 각각의 책은 그것 고유의 향을 가지고 있었다…… 그리고 책을 읽기 전부터, 이 향들은 Jacques를 약속으로 가득찬 또 다른 세계로 보내 줄 것이다…… 이제 그가 있던 방을 안 보이게 하고 이웃, 소음, 도시, 그리고 모든 세상을 제거하기 시작한다.

(Camus, 1995: 193-4)

요지는 맥락이나 삶의 상황과 무관해 보이는 학습이 발생한다는 것이며, 앞의 사례에서 이것은 정확히 학습욕구가 위치된 곳이다. 또한 언급된 학습은 반드시 더 일반적이거나 추상적이지 않고, 그것은 단지 다른 것이고 Camus의 세상에 대한 즉각적인 경험 밖에 있다.

둘째, Lave와 Wenger는 지식이 탈맥락적이고, 일반적이고 추상적일 수 있다는 믿음은 반드시 탈맥락적이고 일반적이고 추상적인 것으로서 학습 과정을 보는 결과를 가져온다고 가정하는 것 같다. 그러나 이 점에 관한 그들의 입장은 조금 확실하지 않다.

> 추상성의 힘은 사람들의 삶과 그것을 가능케 하는 문화 속에 철저히 놓여 있다. 반면에, 세상은 자신의 구조를 지니고 있어서 구체성은 항상 일반성을 나타낸다.
>
> (Lave and Wenger, 1991: 34).

역설적으로, 이 마지막 문장은 인지 구조주의의 정신을 아주 훌륭하게 표현한다. 예를 들면, 수의 개념을 학습하는 데 있어서 아동은 사물들을 철저하게 (특정 상황에) '놓여 있는' 방식으로 조작하고 행동한다. 그들은 이러한 물건을 계산하는 법을 배울 수 있다. 하지만 계산하는 능력은 숫자의 개념을 습득하는 것으로 여겨지지는 않는다. 이것을 위해서 아동은 물건의 수는 그들이 공간에서 어떻게 형성되는지, 혹은 정말로 사물이 실제로 무엇인지에 따라 변하지 않는다는 것을 인식할 필요가 있다. 이런 시나리오에서 숫자에 대한 추상적인 개념은 이 세상에서 행동으로 나타나고, 이 개념이 획득되면 그것은 일반적으로 전체 맥락에 적용될 수 있다는 것이 사실이다. 적어도 수 개넘에 관해서, 사물의 본성과 형태는 관련이 없다. 사물의 본성과 그들의 형태는 다양한 상황에서 다양한 의미를 가질 수 있다. 그러나 수는 변하지 않을 것이다.

위에서 언급한 두 번째 주요한 주장은 실천 공동체에서 학습의 본성과 관련이 있다. 비록 Lave와 Wenger는 실천 공동체를 낭만적으로 표현하는 위험을 자각했지만, 많은 점에서 그들은 이것을 그들의 분석에서 다양한 질문과 쟁점을 생략하는 방법으로 이를 해 오고 있다. 검사, 형식적 교육 그리고 공식적 승인을 폭로하기 위한 그들의 열망으로 그들은 그들의 생략이 권력관계, 접근, 대중 지식 그리고 공적 책무성에 영향을 미치는 방법을 분석하지 않는다. 공식적 교육과 승인은 틀림없이 신참 지망자(특히, 단일 성별, 인종, 민족공동체, 연령집단이 우세한 실천 공동체)에게 거부되는 접근 지점을 제공하고, 이 접근은 신참과 고참 사이의 갈등을 통해 발생하는 것 이외에 실천 공동체에 변화를 강요한다. 지리적으로 다른 실천 공동체에 접근이 보장된다는 의미에서 그들은 역시 간편성을 제공한다. 보기에는 학문과 전문성 간의 힘의 균형이 사회질서 재생산으로 인해 비판받을 수도 있지만, 그것은 주변 참여로부터만 획득될 수 있는 실천의 '비밀'을 그 내부에 갖고 있는 실천의 세계보다 더 '세계에 개방적'이다. 또한 실천 공동체가 사회적 그리고 기술적 변화에 어떻게 반응하는지에 대한 분석은 존재하지 않는다. 예를 들면, 초보자들은 전통적인 실천방법들을 대체할 수 있는 지식이 있고, 새로운 기술에 접근할 수 있다. 더욱이, 정규교육에 대한 암묵적인 비평에서 많은 실천 공동체가 학교교육을 '실천' 부분으로 생각한다는 것과 주변 참여의 조건은 통과의례(시험)를 거치는 것이라는 인식이 전혀 없다. 이런 통과 의례에는 언어가 참여하는 부분이 있는데 학습자는 말로부터 배운다기보다는 말하는 법을 배운다(공통적인 자격을 요구하는 실천 공동체에서 초보자의 언어를 일상적으로 관찰하면 이것을 확실해질 것이다).

상기 논평은 독자들이 상황 학습 개념에 관여하지 못하게 하고, Lave 등의 분석은 완전하고 무비판적으로 수용하는 것은 정당하지 않다는 것을 경고하려는 것이다. 분명히, 극단적인 '상황' 학습 입장을 채택하는 것에는 어느 정도 문제가 있고, 학습은 실천 공동체 참여를 통해서만 일어날 수 있다는 전제로부터 문제는 유래한다. 첫째, 이 연구는 학습의 중요한 국면으로서 맥락이나 상황을 강조하는 것을 정당화시켰지만, 그것은 추상적이고 탈맥락화된 학습을 무가치한 것으로 각하시킬 근거를 제공하지 못한다. 둘째, 그들의 설명에는 실습 공동체 밖에서의 교수에 대한 그 어떤 역할도 존재하지 않는 것처럼 보인다. 말하자면, 어느 정도 거리를 두고 학습자가 실천하도록 준비를 시킨다. 예를 들면, 그것은 보기에는 '진정한' 상황 혹은 사실상의 '실천 공동체'를 탄생시킬 의미가 없을 것이다. 그 이유는 그들은 가공의 공동체가 아닌 실제 공동체가 되어야 하기 때문이다. 마지막으로, 실천 공동체에는 비평과 변화를 위한 여지가 없는 것 같다. 왜냐하면 체제 밖에 서서 공동체에 대한 가정을 당연한 것으로 여기고 있기 때문이다.

Billett(1996)의 상황 학습 접근은 인지적 시각과 사회문화적 시각을 화해시킨 최고의 시도이다. 그것에 의해서 지금까지 논의된 연구와 이론의 단점과 한계의 일부를 극복하게 된다. Billett에게 있어서 그것은 지식을 구성하기 위한 수단을 제공하는 특정한 상황에서 목표 지향적 문제해결이다. "개인이 목표 지향 활동에 관여하면서, 그들은

인지 구조에 접근하고, 조작하고, 변형시킨다."(Billett, 1996: 271)

    Billett은 다양한 형태의 사회적 실천이 여러 방식의 지식의 책정과 구조화를 가져온다는 것을 인정하는 인지 전통으로부터 출발한다. 이런 생각을 가진 그의 연구활동은 꽤 정교하다. 그러나 기본적으로 실천 공동체에는 다양한 지식의 근원들이 있고(다른 활동자, 힌트들, 암시들, 설명들, 관찰들, 듣는 것, 진짜 문제들을 다루는 것, 개인의 역사와 같은), 지식이 책정되고 구조화되는 방식에 영향을 미친다고 그는 말하고 있다. Billett(1994)은 채굴과 부산물 처리 공장에서 현장 학습을 조사했다. 그는 15명의 교대근무자 면접을 진행했고, 참가자들이 공장에서 구조화된 학습 방식과 매일의 업무 실습으로 인한 비구조화된 학습 결과들과 어떻게 상호작용하는지에 관한 자료를 수집했다. 그는 지각된 다양한 학습 자원의 유용성을 입증했는데, 그것은 학습지침, 컴퓨터 기반의 학습, 비디오, 멘토들, 직접교수, 관찰하고 듣기, 다른 직원들, 인지 활동, 근무 환경이었다. 그는 운영자가 학습 체계의 비공식적 요소를 현장 업무와 문제해결을 돕는 데 가장 가치가 있다는 것을 발견했다. 이 연구의 흥미로운 점은 다른 유형의 지식(명제적 지식, 절차적 지식, 기질적 지식)의 발달을 위해 다양한 학습 자원들의 유용성에 대한 평가이다. 획득된 자료는 세 가지 형태의 지식 근원으로서 '일상 활동' '관찰하기와 듣기' '다른 직원들'의 인지된 효력을 지지한다. 그러나 Billett는 비공식적 학습은 더 높은 수준의 절차적 지식의 발달을 확실하게 지지하지만, 근무자들은 비공식적 수단을 통해서만 개념적(명제적) 지식을 발달시키는 가능성에 대해 우려를 표현한다고 경고한다. 그러므로 숙련된 직원의 암묵적 이해를 더 명백하게 할 영역이 존재하고, 그것은 형식적 교육기간을 의미할 수 있다.

최근에 Billett(2003)은 '과도하게 사회화된' 학습 개념에 대해 경고한다. 그는 개인들이 사회적 실천으로 이끄는 독특한 생활사에 관심을 갖게 했다.

개인들의 학습과 그 학습에 대한 사회적 그리고 문화적 기여 간의 상호 독립을 이해하는 것은 사회학과 철학 내에서처럼, 심리학 연구 안에서 경쟁하는 연구계획이다. 이런 상호 독립에 대한 나의 관심은 업무 수행을 형성하는 것으로서 밝혀진 직장규범, 관행과 가치의 유산을 양산하는 미용사 지식의 표현에 기원한다. 그러나 특정 직장(미용사)을 뛰어넘는 기여는 개인의 직업적 관행을 형성하는 것으로 밝혀졌고, 그 때문에 말하고 현재 일을 통해 학습하는 방법에 영향을 미친다.
단지 특이한 것 이상으로, 이러한 기여는 미용사의 생활 속에서 유래한다. 그래서 즉각적인 사회 경험 이외에, 차례로 선 조정된 경험(이전에 발생한 경험)은 후 조정된 경험(나중에 발생한 경험)을 형성한다. 이런 선 조정된 경험은 개인 인지의 사회적 기원을 고려할 때 설명되어야 한다. 이것은 실천 공동체, 활동 체계 그리고 분산 인지와 같은 한 가지 상황적 기여에 특혜를 주기보다는 학습의 사회적 기반에 대해 더 포괄적으로 설명할 것을 제안한다.

(Billett, 2003: 2)

Billett의 접근은 '실용 지능'의 발달을 강조하는 과정을 구체화할 필요가 있는 연구를 사례로 제시한다. 그 이유는 근로자들이 몇 가지 일반적인 적용 가능성이 있는 종류의 학습을 위해 그들의 경험들(그

들에게 이용 가능한 자원들)을 활용하는 방법을 입증했기 때문이다. 그
와 다른 학자들 모두 실천 공동체에서 학습의 본질을 이해하는 것의
중요성과 실천을 통해서 새로운 지식이 생성되는 방법을 강조한다.
적절히 개선된 기존의 교수와 학습은 상황 학습의 핵심 개념을 축적
하고 여러 면에서 상황 학습을 가장 잘 실천하게 하는 것은 바로 성인
교육이다.

CHAPTER **6**
1 2 3 4 5 **6** 7 8 9 10

학습 양식

서론

'인지 양식(cognitive style)' '학습 양식(learning style)' '지각 양식 (conceptual style)'은 정보를 조직하고 처리하는 개인의 특징적이고 일관된 접근을 말하는 용어이다. 사람들은 다양한 학습 양식을 갖고 있다는 생각이 성인교육자들을 부추기고 있다. 첫째, 학습 양식은 (교수기술보다는) 학습 과정의 중요성을 강조하고, 교사들과 학생들 사이에 권력과 통제의 이상적인 분배에 관련되는 의문을 제기한다. 둘째, 학습 양식은 평등주의적 개념이다. 그 이유는 학습 양식이 사람들의 강점과 약점에 집중해서 학습자들을 기술하는 조작적인 용어가 '나쁜' '못하는' '평균의' '잘하는' '매우 잘하는' 것보다 '다른' 것이 되기 때문이다.

　인지 혹은 학습 양식이 다른 기본 방식들을 분류하고 조작하려는 수많은 시도들이 있어 왔다(Curry, 2000; Grogorenko and Sternberg, 1995; Rayner, 2000; Riding and Cheema, 1991 참조). Cassidy(2004)는 인지와 학습 양식의 23가지 접근법을 표로 만들었는데, 각 양식은 다양한 연구와 이론적인 논문들에 의해서 지지되고 있다. 무심코 보기에도, 인지와 학습 양식은 하나의 영역에서 정반대의 개념으로 표현된다. 그래서 사람이 장 의존형인지 장 독립형인지, 반응적인지 충동적인지, 연속론자인지 전체론자인지, 수렴형인지 발산형인지, 수평적인지 수직적인지, 언어적인지 시각적인지 등의 영역으로 기술된다(30개의 양극단의 영역에 이르는 보다 광범위한 목록을 원한다면 Coffield et al., 2004: 136 참조). 인지 양식에 대한 이러한 다양한 접근들은 상호 배타적으로 비춰져서는 안 된다. 대신에 그 접근들은 사람들이 여러 면에서 그들의 학습 양식이 다르다는 합리적인 기대를 지지한다. 이것 때문에 성인교육자들이 학생들의 학습 양식의 요구를 충족시켜 주는 과정을 체계적으로 설계하고 전달할 수 있다고 기대하는 것은 세련되지 않을 수 있다. 이 장에서는 성인 교실에서 학습 양식 정보가 어떻게 사용되어야 되는지에 대한 문제들이 다루어진다. 그러나 여기에서는 인지 양식을 범주화하는 데 있어서 주요한 두 가지 접근을 기술하고 평가하는 맥락 내에서 이루어질 것이다. 인지 유형에서 장 독립 또는 장 의존 차원은 Witkin이 확인한 것이고 학습 양식 목록은 Kolb와 Fry가 개발한 것이다. 논쟁의 여지는 있지만, 이들은 이 영역에서 가장 영향력 있는 이론가들이다. 즉, Desmedt와 Valcke(2004)는 1972년부터 2004년까지의 학습 및 인지 양식 문헌의 인용률에 관한 연구에서, Witkin, Kolb와 Fry가 가장 인용이 많이 된 연구가들이라는 것을 발견했다. 학습 양식 모형과 도구들에 대한 포괄적인 논의는 Cassidy(2004)와 Coffield 등(2004)에서 찾아볼 수 있다.

장 의존과 장 독립

장 의존과 장 독립이라는 용어는 단순한 지각 판단을 하는 데 있어서 상황의 영향력에서의 개인차에 관한 것으로 Witkin의 세미나 보고에 의해 촉발된 연구 프로그램과 관련이 있다. 어떤 사람들의 지각 판단은 일관되게 상황에 의해서 영향을 받는 데 반해 어떤 사람들은 그 상황이 거의 영향을 미치지 않거나 영향이 없다는 것을 그는 알게 되었다. 초기 실험에서 그는 완전히 캄캄한 방을 사용했다. 실험 대상자들이 볼 수 있는 것들은 빛나는 사각 테두리 안에서 빛나는 막대기뿐이었다. 막대와 사각 테두리는 일반적인 초점의 방향이 시계 방향으로 혹은 시계 반대 방향으로 독립적으로 기울어질 수 있다. 실험 대

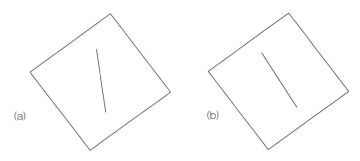

(a)   (b)

[그림 6-1] 전적으로 장 독립(a)과 장 의존(b) 실험이 Witkin(1950)의 막대와 사각 테두리 검사에서 보인다.

상자들은 막대를 조정하여, 기울어진 막대를 둘러싸고 있고 사각 테두리 안에서 막대를 수직으로 보이게 한다. 어떤 사람들은 주위를 둘러싸고 있는 테두리의 기울어진 것에 관계없이 꽤 정확하게 막대를 수직으로 맞출 수 있었다(장 독립의 사람들). 다른 사람들은 막대를 둘러싸고 있는 테두리에 정렬시킴으로써 막대를 수직으로 맞추었다. 심지어 테두리가 대략 30도 정도나 기울어져 있을 때도 그렇게 했다(장 의존 사람들).

이 검사의 다른 버전에서, 앉아 있는 실험 대상자들에게 기울어진 방에서 몸을 똑바로 세우도록 요구했다. 비슷한 결과가 나타났다. 어떤 실험 대상자는 그들이 똑바로 앉았다고 보고했는데, 그때는 사실 30도 정도 기울어져 있었다. 반면에, 다른 실험 대상자는 기울어진 방에 영향받지 않고 정확하게 똑바로 몸을 세워 앉았다.

Witkin은 이러한 검사들, 그리고 이와 유사한 검사들이 공통적인 요인들을 측정한다고 주장했다. 그것은 상황으로부터 형상을 구별해 내는 능력이다. 그는 결국에는 지필 검사지를 개발했고, 잠입도형검사(embeded figure test)라고 불렀으며, 이러한 일반적인 능력을 측정하도록 설계했다. 다시 한 번, 어떤 사람들은 이러한 과제가 쉽고 빨리 해낼 수 있는 일이라는 것을 발견했고(장 독립), 반면에 다른 사람들에게는 그것이 어렵고 그 검사를 완수하는 데 오랜 시간이 걸린다는 것을 발견했다(장 의존). Witkin은 막대와 테두리에 관한 실험과 신체 적응 검사 간에 상관관계가 있다는 것을 발견했다. 그가 여러 인지 양식의 존재에 대해 논쟁하는 것은 이러한 것들과 상관이 있다.

이런 모든 과제 수행에서 있어서 개인적 차이를 강조하는 공통

분모는 사람이 전체로서의 장과 별도로 장의 한 부분을 다룰 수 있
는 정도, 혹은 조직된 상황으로부터 항목들을 분리할 수 있는 정도
이다. 즉, 일상적인 언어로 표현하기 위해 분석하는 범위가 있다.
수행 범위의 한 극단에서, 인지는 우세한 장에 의해서 아주 강력하
게 지배를 받는다. 우리는 인지의 이러한 형태를 장 의존이라고 말
한다. 다른 극단에서, 한 항목의 인지는 주위를 둘러싸고 있는 장과
는 상대적으로 독립적이고, 그리고 우리는 인지의 이러한 형태를
장 독립이라고 말한다.

(Witkin, 1978: 42)

　어떤 사람들은 Witkin의 실험은 일반적인 지능의 한 면을 측정해
서 우리가 인지능력을 이해하는 데 그 어떤 것도 보탤 수 없다고 반대
할 수 있다. 이러한 점에서 어떤 과제에 대해 상대적으로 장 의존적인
사람이 더 정확하게 수행한다는 관찰에서 보이는 것처럼, 장 독립/장
의존은 '더 잘한다'에서 '더 못한다'라는 연속체로 표현되지 않는다
는 점에 주목하는 것이 중요하다. 그러나 장 독립은 인지적 과제에 대
해 장 의존보다 성과가 좋다는 증거가 끊임없는 도출되고 있기 때문
에 이러한 주장도 어느 정도 중요하다. 그러므로 Witkin의 인지 양식
영역은 적어도 일반적인 지능의 요소이다. 그러나 장 독립/장 의존이
사람들의 특징, 사회적 상호작용 형태, 그리고 삶의 선택들과 서로 관
련 있다는 것을 보여 주는 수많은 연구에서 증명된 것처럼 지능보다
훨씬 더 의의가 있다고 봐야 한다. 이러한 연구들의 영향은 인지 양식
의 개념이 인지능력에 대한 편협한 기술에서 세상을 아는 다양한 방
식에 대한 더 포괄적인 기술로 확장되어 온 것이다. 예를 들면, 장 의

존자들은 그들의 신념, 태도와 감정, 그리고 자부심을 형성하는 사회적 준거 틀에 얼마나 의존하는지, 그들이 발화에서 자기 자신을 더 적게 언급하고, 그들의 발화 비율을 의사소통하는 사람들의 비율에 적응하고, 사회적 단서들에 더 민감하고, 사람들과 함께 있는 것을 좋아하고, 더 좋아하는 대상이 되고, 다른 사람들과 신체적으로 더 가까워지는 것을 선호하는 것 등을 보고하는 연구들이 있다.

개념에서 교육자의 관심을 설명하는 것은 인지 양식과 관련이 있다. Witkin 등(1977)은 인지 양식의 교육적 영향에 대한 처음이자 가장 광범위한 분석을 제공했다. 나는 이것을 채택해서 〈표 6-1〉에서 이러한 분석을 표로 만들었다. 〈표 6-1〉은 인지 양식과 교육적인 면을 연결하는 연구결과들을 정리하고 있는데, 학생들이 어떻게 배우는지, 교사들이 어떻게 가르치는지, 학생과 교사 간의 상호작용, 그리고 진로와 교육적 계획을 보여 주고 있다. 이런 각 측면에서 장 독립/장 의존의 전략, 선택, 그리고 결과들 간에는 차이가 있다. 예를 들면, 표는 근본적으로 다른 인지 양식을 가진 사람들에 따라서 학습 과정이 얼마나 다른지를 보여 주고 있다. 그러므로 장 의존은 외적인 강화에 반응하고, 그것들은 외적으로 제공되는 구조에 의존한다. 그들은 개념을 확인할 때 명확한 단서들에 집중하고, 사회적 자료를 학습하고 기억하는 것을 더 잘한다. 표에서 보이는 연구결과 표본은 교사 훈련, 교육적 지침, 그리고 상담, 학습자 소개, 학습자 유발, 학생들의 능력별 학급편성이나 집단분류, 그리고 직업적인 준비 등에 대한 함의가 있다. 그러나 그 함의들은 분명하지 않으며 그것들은 효용성과 가치의 판단에 의존한다. 표를 지침서로 사용해서, 나는 교육적 실천과 인지 양식을 연계한 몇 가지 사안을 다룰 것이다.

〈표 6-1〉 인지 양식의 교육적 함의

	장 의존	장 독립
학생들은 어떻게 학습하는가		
1. 강화의 효과	외적 강화를 더욱 두드러지게 한다.	내재된 동기의 조건 아래에서 더 잘 학습한다.
2. 학습에서 매개물 사용	외적으로 제공된 구조를 의존한다. 그래서 조직되지 않은 자료에는 도움이 필요하다.	모호한 자료들을 더 구조화하는 것 같다.
3. 개념의 학습	잘 드러나는 단서들에만 집중하는 경향이 있다. 그러나 그들의 전략은 교육에 따라 변경될 수 있다.	전체 다수의 단서를 표본조사하는 경향이 있다(전제-테스팅 접근)
4. 사회적 자료 학습하기	사회적 자료들을 학습하고 기억하는 것을 더 잘한다.	사회적 자료에 집중하는 지원이 필요하다.
교사는 어떻게 가르치나		
1. 방법	토론방법과 학생들과 상호작용하는 상황을 더 선호한다.	강의와 발견법, 더 비인격적이고 인지적인 상황을 더 선호한다.
2. 기법	부정적인 피드백과 평가를 회피한다.	실수를 교정하는 필요성을 강조하고 적절한 부정적인 평가를 제공한다.
3. 환경을 가르치기	라포(Rapport), 참여, 따뜻하고 개인적인 환경을 선호한다.	조직과 학생 학습지침에서 강점을 보여 준다.
교육과 진로 기획		
1. 교육적/직업적 관심, 선택, 그리고 성취	초등학교 교수법, 사회과학, 재활상담, 복지 같은 사회적 기술을 요구하는 대인관계 영역들	물리학과 생물학, 수학, 공학, 기술/기계 활동 같은 분석적이고 비개인적인 영역
2. 교육적/직업적 영역 안에서의 관심과 선택	'사람'을 강조하는 것을 특히 선호한다. 예를 들면, 임상 심리학, 정신과 간호, 사회교과 교사	비개인적으로 한정된 것을 선호하고 인지적 기술을 요구한다. 예를 들면, 실험 심리학, 외과 간호, 자연과학 가르치기

3. 선택하기와 영역 바꾸기	직업 선택을 더 결정하지 못하고 자신의 선택에 덜 전념한다. 학과 전공을 옮긴다.	직업 계획에 관련해서 더 특화된 직업적 관심이 있다. 대학을 옮긴다.
	비개인적이고 인지적인 영역으로부터 회피	개인적/사회적 범위를 떠나서 전공을 정함
학생–교사 상호작용	교사와 학생이 잘 어울릴 때는 다음과 같다. • 그들이 서로를 더욱 긍정적으로 볼 때 • 교사들이 학생들의 수행과 지적 능력을 더 높게 평가할 때 • 상호작용의 목표가 좀 더 성취될 것 같을 때 조화의 긍정적 양극은 공유된 관심, 공유된 성격적 특징들, 그리고 공유된 의사소통 형태의 결과이다. 교사들은 그들의 교수 전략을 서로 다른 학생들의 요구에 맞춰 조정할 필요가 있다.	

인지 양식의 유연성

인지 양식이 변경될 수 없고 인지 양식과 학습 전략 간에 고정된 관계만 있다면, 학습자들이 그들의 인지 양식의 한계를 극복하도록 도울 여지는 거의 없을 것이다. 다행히도, 첫 번째 조사에서, 이것이 그런 경우로 보이지는 않는다. Witkin 등(1977)은 적어도 행동적으로 관련이 있는 인지 양식이 수정될 수 있다는 다양한 연구들을 재검토했다. 예를 들면, 연구들은 사회적 상황을 가진 자료를 배우고 기억하는 데 있어서 장 의존의 상대적 우월성은 원칙적으로 이 자료에 대한 그들의 선택적 관심에 기인하고 장 독립은 그들의 관심이 그러한 자료에 집중될 때만 잘 작동된다고 알려 준다. 비슷한 방식으로 개념학습에서 가설–검증 절차들을 사용하는 데 있어서 장 의존의 상대적 열등감은 그들에게 일부의 이 접근을 어떻게 사용할지에 관한 단순한 지시를 제공함으로써 극복될 수 있다. 이 같은 연구들은 학습에 관한 인지 양식의 영향이 수정될 수 있다는 것을 밝혀냈다. 교사들에 대한 함의는 그들은 학습자의 인지 양식을 알고 적절한 곳에서 교정적 개입을 적용해야 한다는 것이다.

Witkin과 그의 동료들은 장 의존/장 독립에서 개인차는 주로 사회화에 기인한다고 주장한다. 적어도 원칙적으로, 그 차이들은 교육이나 훈련을 통해서 수정될 수 있다는 것을 시사한다. 그러나 초기 종단연구(Witkin et al., 1967)는 특히 17세와 24세 사이 기간 동안의 인지 양식의 안정성을 분명히 보여 준다. Chickering은 다음과 같이 되어야 하는 것에 대해 의구심을 갖고 있다.

> 대학을 다니는 동안 장 의존 영역에서 변화가 일어나지 않는다는 것과 그러한 변화는 대학에서의 경험과 활동에 있어서 차이와 관련이 없다는 것을 나는 믿기가 어렵다. 만약 장 의존에서 그 어떤 변화도 일어나지 않고 교육적인 경험과 활동들의 관계가 발견되지 않는다면, 장 의존 대 장 독립의 특징은 몇 가지 다른 비슷한 변수들에 의해 공유되지 않는 청년들 간에 안정성을 갖고 있다는 것을 의미할 것이다.
>
> (Chickering, 1978: 81)

인지 양식의 수정 가능성에 대한 이런 문제는 계속해서 되풀이되고 있는 것 같은데, 그 이유는 그것이 학습자들에게 조언과 지침을 가장 잘 제공해 주는 법에 대해 함의하고 있기 때문이다. 만약 인지 양식이 안정적이고 고정되어 있다면, 교수 개입은 미봉책만 될 것이다.

그런 상황에서는 학습자의 자연스런 성향에 맞추는 것이 가장 좋은 것이다(예를 들면, 가르치는 것과 배우는 형식을 조화시키려는 시도, 여러 양식을 가진 사람들을 위한 대체 가능한 학습 활동을 개발하는 것, 자신에게 적합한 선택을 하도록 지도하는 것). 그러나 만약 인지 양식이 아주 유연하다면, 개입은 더 적극적인 형태를 취할 수 있다(학생들이 그들의 학습 전략을 다양화하도록 지원하고, 학생들의 주도적인 양식 이외에 다른 선택을 할 수 있도록 격려한다).

양극단 차원으로서의 인지 양식

인지 양식 접근의 한 가지 매력은 학생들의 잠재력을 지능 같이 '더 좋은 것'에서 '더 나쁜 것'까지 어느 정도 양적인 차원으로 등급화할 수 있는 대안들을 제공한다는 것이다. 지능은 한 사람이 '더 많이' 혹은 '더 적게' 가지고 있는 것이지만, 이것은 인지 양식에는 적용되지 않는다.

분명한 '높음'과 '낮음'이 없다는 의미에서 장 의존/장 독립 차원은 단계에 관해서는 양극단이다. 각각의 극은 특정한 상황에 적용될 수 있는 특징을 가지고 있다는 의미에서 양극성은 그 차원을 가치중립으로 만든다.

(Witkin and Goodenough, 1981: 59)

'특정한 상황에서 적용될 수 있는'이라는 표현은 여기서 중요하다.

그것은 우리들에게 '인지 양식'은 동일한 종류의 지식을 습득하는 다양한 방식으로 해석되지 않는다고 경고한다. 다양한 유형의 지식은 다양한 인지 양식을 가진 사람들에게 '더 많이' 혹은 '더 적게' 접근할 수 있다고 연구는 보여 준다. 〈표 6-1〉은 장 의존/장 독립과 연관된 교육적이고 직업적인 성취 유형에서의 차이를 보여 준다. 장 독립은 물리와 생물학, 수학, 공학, 기술/기계 활동 같은 분석적이고 비개인적인 영역들을 가장 잘한다. 그리고 장 의존은 초등학교에서 가르치기, 사회과학과 복지 같은 사회적 기술을 요구하는 대인관계 영역과 관련된 일을 가장 잘한다. 그러나 이런 다양한 영역과 업무와 관련된 지식에서 신분의 차이가 존재하는가? 나는 신분 차이가 있고, 현 체제제상에서 장 독립은 장 의존보다 더 높이 평가받는다. 장 독립은 추상적이고 분석적인 사고와 관련이 있고, 그것은 높은 지위의 지식을 위한 중요한 기준이다. 그것은 지능검사와 다른 인지검사에 관한 더 좋은 성적과 연결된다. 장 독립은 모호한 자료들을 더욱 효과적으로 구조화하고 개념을 더 순조롭게 확인하고 형성한다. 요약하면, 장 독립과 관련된 기술과 자질은 대체적으로 사회가 더 높게 평가하는 기술과 자질인 것 같다(이런 점에서 적어도 여성이 아주 조금 더 장 독립적이라는 것을 기억하는 것은 중요하다). 심지어 성인교육의 장에서도, 장 독립은 장 의존보다 더 호의적으로 평가받고 있다. 그들은 명확한 방향성의 결여를 더 잘 다룰 수 있고(자기 주도성) 그들은 Knowles가 주장하듯이 어린 학습자들과 반대되는 성인의 특징인 본래부터 갖고 있는 수정 가능성의 조건하에서 더욱더 잘 배운다.

그러므로 인지 양식의 개념은 장 의존/장 독립 형태에서 가치 있는 지식과 가치 있는 능력에 관한 가치 판단으로부터 학습자들을 자유롭게 하지 못한다. 이 입장은 장 의존/장 독립이 모든 학습자를 간단히 분류될 수 있는 상호 배타적이고 철저한 범주인 것처럼 얘기하는 경향으로 인해 악화되고 있다. 이 경향은 이해될 수 있는데, 그 이유는 그 지배적인 연구 기법이 양 영역의 극단을 비교하게 함으로써 두 가지 인지 양식 간의 차이의 한계를 증명할 수 있기 때문이다. 그러나 Witkin은 장 독립/장 의존 검사에 대한 텍스트들은 연속분포를 형성한다는 것을 보여 준다. 만약 이 분포가 정상이라면, 우리들은 대부분의 사람들이 장 의존과 장 독립 모두를 반영하는 양식을 가지고 있다고 예상할 수 있다. 이를 고려해 볼 때 어떤 상황에서 사람이 장 의존이 되고, 다른 상황에서는 장 독립이 될 수 있다는 것을 인정하는 것으로 조금 다가간 것이다. 다음은 Wapner에 의해서 진전된 논의이다.

> 나는 인지 양식이 조작되고 정의되지 않는 상황에서 독립적이지 않다고 주장한다. 예를 들면, 공격적인 교사의 존재 앞에서 더 장 의존적인 학생이 있을 수 있고 순응적인 교사의 존재 앞에서 상대적으로 덜 장 의존적인 학생이 있을 수 있다. 특별한 환경적 상황에 의존적인 그들의 명확한 행동으로, 장 의존 대 장 독립 영역의 범위로 사람들을 특징짓는 것은 중요한 재개념화를 포함한다.
>
> (Wapner, 1978: 75-6)

이것은 대부분의 학습자들에게 적절하고 인지 양식을 이상적인 유형분류체계로 형성하는 위험을 피하기 때문에 포용할 만한 가치가 있는 개념화이다.

양식의 일치와 불일치

〈표 6-1〉은 교사와 학생의 양식을 일치시키는 긍정적인 측면을 보여 주고 있다. 그러나 Wapner(1978)는 인지 양식의 일치에 대한 교육적 혜택에 이의를 제기하였다.

> 인지 양식이 일치되면 학생과 교사 간에 서로 더 끌리게 되고, 비슷한 의사소통 방식을 통해 더 많이 의사소통하고, 더 많이 이해하고, 학습을 위해 더 좋은 분위기가 만들어진다. 그러나 이것이 학습을 위한 최적의 환경인가? 학생들의 기대와 일치하면 최적의 환경인가? 학생과 교사가 비슷한 관점을 공유하기 때문에 그들이 서로를 이해한다면 그것이 최적의 환경인가? 개인의 발달과 창의성을 위해서는 반대, 모순 그리고 장애물이 필수 조건이라는 강력한 논쟁이 있을 수 있다.
>
> (Wapner, 1978: 77-8)

Wapner의 지적은 갈등이 발전을 위한 중요한 계기가 된다는 인지 발달 심리학자들의 견해에 의해 지지되었다. 이 주장은 한 사람의 관점의 한계가 반대 관점이 등장할 때 분명해진다는 것이다. 정말로, 학습과 발달은 처음에는 생경한 경험이나 모순되는 관찰이 사람 안에서 변화를 통해 이해되는 과정으로 간주될 수 있다. 물론 그러한 관점에 관해서 많은 주장과 반대 주장이 있지만, 대부분의 전문가들은 적어도 정해지지 않은 경험이 효과적인 학습을 위한 좋은 재료라는 것에 동의할 것이다. 물론 이것은 왜 '일치'에 대한 실증적 연구가 그렇게 모호한지를 설명할 수 있다. 예를 들면, 그러한 연구의 논평에서 Smith 등(2002, Coffield et al., 2004: 121 인용)은 "교수 양식과 학습 양식을 일치시키는 원칙을 지지하는 연구를 위해, 일치 가설을 반대하는 연구가 있다."(2002: 411)는 것을 발견하였다. 이러한 고찰만으로도 인지 양식을 엄격히 일치시키는 것을 방지하는 데 충분하지만, 거기에는 두 가지 가치 있는 언급이 있다. 첫째, 어떤 보편적인 의미에서 인지 양식을 일치시키는 것이 가능한지에 대한 의문이 있다. 나는 바로 앞 장에서 장 독립/장 의존 차원은 연속 분포를 형성하고 대부분의 사람들은 그 분포에서 일정 영역을 차지한다고 주장했다. 이것에 대한 결과는 교사와 학생 집단 간에 인지 양식을 일치시키려고하는 노력이 의미가 없다는 것이다. 집단 내에서, 그리고 학습자들을 위한 과제 간의 변화는 이것을 미연에 방지할 것이다. 둘째, 교육은 사람의 폭을 반드시 넓히는 것인지에 대한 일반적인 질문이 있다. 학습자들이 자신의 기술과 능력의 범위에서 벗어나 새로운 영역을 탐구하는 것을 교육자들은 어느 정도까지 요구해야 하는가? 여기서의 주장은 여러 방식으로 다양한 것을 배우는 능력이 있는 사람은 변화된 상황에 훨씬 잘 적응할 수 있다. 그 이유는 그들이 학습하는 방법을 배웠기 때문이다. 이것은 종종 교육적 경험의 가장 소중한 결과물이라고 주장한다.

인지 양식과 성인학습

Clickering(1978)은 계약 학습과 프로그램 학습(전통적 교수에 대한 대안인 동시에 성인교육과 연관된 것)이 인지 양식과 관련하여 어떻게 목표를 놓치는지 설명한다. 두 가지 모두 하나의 양식 또는 또 다른 양식에 적합하지 않다. 예를 들면, 계약 학습은 상호작용 기회(장 의존에게 적합)를 제공하지만, 학습의 출발점이 자신(장 의존 성향이 어려움을 제기하는)이라는 의미에서 대부분 자기참조적이다. 유사한 방식으로 프로그램 학습은 비인격적인 분석적 기술(장 독립에게 적합)을 강조한다. 하지만 프로그램 학습의 비타협적인 자세는 개인적 목표를 명확하게 정의하는 사람들에게는 어려움이 있다(장 독립처럼). 이런 주장을 하면서, Chickering은 다음과 같이 이상적인 해결책을 제시한다.

> 계약 학습에 대한 해결책은 장 의존 학생과 장 독립 학생을 구분할 수 있고 그것에 따라서 교수 행동들을 변경할 수 있는 교사를 고용하는 것에 달려 있다…… 프로그램 수업에서 나타나는 문제는 쉽게 해결될 수 있다. 답은 복잡하고 포괄적인 다양한 단계들에서 작은 교과목 단위들의 방향에 있다.
>
> (Chickering, 1978: 87-8)

그러면 이상적인 성인 교사는 학습 양식을 진단하고, 문장학의 기술과 기법 학습을 향상시킬 수 있는 적절한 전략을 다양한 기술(skills)

과 기법에서부터 선택할 수 있는 사람이다. (계약 학습과 같이) 특정한 인지 양식에 특정한 교수방법을 선호하는 것은 잘못된 것이다. 각각의 방법은 학습자의 양식과 일치하거나 일치하지 않는 다양한 방법으로 실행될 수 있다.

앞서 논의한 '진단'이라는 용어는 성인 교수자의 역할을 기술하는데에 적절하지 않은 것으로 보인다. 이것은 환상에 불과한 (환상이어야만 하는) 특권을 가진 지위를 나타낸다. 이상적으로 학습 양식은 성인 교수자의 도구로서가 아니라 토론과 상호 간 철저히 검토하는 것으로서 모든 성인학습 집단의 안건 위에 있어야 한다.

학습 양식과 경험학습모형

Kolb와 Fry(1975) 그리고 Kolb(1981, 1984)는 Witkin과 그의 동료들의 학습 양식과 다른 학습 양식을 분류하는 접근방법을 개발해 왔다. 가장 중요한 차이점은 그들이 밝힌 학습 양식(〈표 6-2〉)은 학습과정 모형과 아주 밀접한 관련이 있고, 이것은 [그림 6-2]에 제시되어 있다.

이 모형에서, 학습은 네 단계의 주기로 구상되었다. 그 네 단계 주기는 즉각적인 구체적 경험, 경험에 대한 관찰과 성찰, 가설이나 이론의 형성, 그리고 실제 행동을 통한 이론의 검증이다. 그들은 어떤 학습에서든 적어도 두 가지 차원에서의 양극단 사이에 갈등이나 긴장이 있다고 주장한다. 첫 번째 차원은 한쪽 극단에는 구체적인 즉각적 경험이 있고 다른 극단에는 추상적 개념화가 있는 것이다. 두 번째 차원

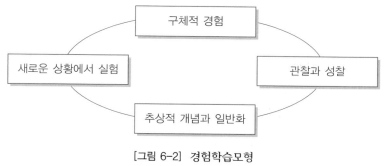

[그림 6-2] 경험학습모형

출처: Kolb and Fry (1975: 33).

은 한쪽 극단에는 실제 행동과 실험이 있고 또 다른 극단에는 분리된 성찰적인 관찰이 있다. 이상적인 학습자는 두 차원의 양극단에서 조작하는 능력을 가지고 있다.

학습자가 성공하기 위해서는 네 가지 다른 종류의 능력이 필요하다. 구체적 경험 능력(Concrete Experience: CE), 성찰적 관찰 능력(Reflective Observation: RO), 추상적 개념화 능력(Abstract Concepualisation: AC), 그리고 능동적 실험 능력(Active Experimentation: AE)이 있다. 즉, 학습자는 스스로를 충분히 새로운 경험에 솔직하고 편견 없이 온전하게 참여할 수 있어야 하고(CE), 여러 관점에서 이러한 경험들을 관찰하고 성찰할 수 있어야 하며(RO), 자신의 관찰을 논리적으로 탄탄한 이론으로 통합하는 개념을 창조할 수 있어야 하며(AC), 결정하고 문제를 해결하기 위해 이러한 이론들을 사용할 수 있어야 한다(AE)(Kolb and Fry, 1975: 35-6).

밝혀진 것처럼 이상적 학습자들은 거의 없으며, 우리들의 대부분은 각 차원의 한 극단에서 선호나 강점을 발달시킨다. Kolb와 Fry는 학습 양식 목록(Kolb, 1976)을 개발했고, 이것은 '구체적 경험' 대 '추상적 개념화'와 '능동적 실험' 대 '성찰적 관찰' 차원에 대한 사람들의 상대적 위치를 측정하기 위해 설계되었다. 이 목록은 응답자가 자신의 학습 양식을 가장 잘 기술하는 방법에 따라 순위를 매기도록 하는 낱말들로 구성되어 있다. 예를 들면, 어떤 사람이 '수용적인' '감정적인' '순응적인' '직관적인' '현실적인' '경험적인'이라는 단어보다 '분석적인' '사고적인' '논리적인' '개념화' '이성적인'이라는 단어를 고른다면 구체적 경험보다는 추상적 개념화를 더 선호하는 것으로 나타날 것이다. 이러한 절차를 사용하여 Kolb와 Fry는 네 가지 기본적인 학습 양식을 규정하였고 이것은 〈표 6-2〉와 같다.

많은 연구결과, 질문, 그리고 문제들은 〈표 6-2〉에 기술된 학습 양식과 관련이 있다. 이러한 학습 양식을 직업 선택, 전문적 사회화, 대학원 전공의 선택, 그리고 다양한 교수방법의 선호와 연결시키는 연구들이 있어 왔다. 개인의 주도적인 양식을 가장 잘 바꾸는 방법, 교수 양식과 학습 양식을 일치시킬 것인지 혹은 불일치시킬 것인지, 그리고 상황이 개인의 양식에 영향을 미치는 방법과 같은 그러한 문제들은 장 독립/장 의존 논의에서와 같은 방식으로 관련이 있고, 문헌에서 현재 진행 중인 토론을 계속해서 조장한다. 예를 들면, Loo (2004)는 학습 양식은 학습 선호의 주된 결정요인이 아니기에 교사는 학습 양식에 교수방법을 연관시키려 하지 말아야 한다고 주장한다. 반면에, Denig(2004)는 교수방법을 학습 양식과 다중 지능 유형에 맞추어야 한다고 주장하였다. 반복을 피하기 위해, 나는 현재의 상황에서 그 어떤 설명도 상세히 하지 않을 것이다. 대신에, 나는 Kolb와 Fry 접근의 독특한 면에 대해서는 논의할 것이다.

Witkin과 그의 동료들처럼, Kolb와 Fry는 학습 잠재력은 지능과 같이 한 가지 차원으로 축소될 수 있다는 생각에 이의를 제기하였다. Witkin은 세상을 이해하는 두 가지의 다르지만, (표면적으로는) 동일

〈표 6-2〉 Kolb와 Fry의 학습 양식

학습 양식	학습 성격	설명
수렴자	추상적 개념화 + 능동적 실험	• 개념의 실제적인 적용에 강함 • 하나의 정답이 있을 때 잘 수행(예: IQ 검사) • 특정한 문제에 대해 가설−연역적 추론에 집중 • 감정을 드러내지 않고, 사람보다는 사물을 다루는 것 선호 • 한정된 관심과 자연과학에 전문적이 되기 위해 선택 • 많은 기술자들의 특징
발산자	구체적 경험 + 성찰적 관찰	• 상상력에 강함 • 개념을 일반화하고 다른 관점에서 관찰하는 것에 능함 • 사람에 관심 있음 • 폭넓은 문화적 관심 • 예술에 특별함 • 인문학과 교양과정의 배경을 가진 사람들의 특징
동화자	추상적 개념화 + 성찰적 관찰	• 이론적 모형을 만드는 능력이 강함 • 귀납적 추론에 뛰어남 • 사람보다 추상적 개념에 관심. 이론의 실제 사용에는 관심이 적음 • 순수과학과 수학에 매력을 느낌 • 연구와 기획 분야에서 활동
조절자	구체적 경험 + 능동적 실험	• 실제로 행동하는 데 가장 강함 • 위험을 감수하는 사람들 • 당면한 상황에 빨리 적응하도록 요구될 때 잘 수행 • 직관적으로 문제해결 • 정보를 위해 다른 사람에 의존함 • 마케팅과 세일즈 같은 행동 중심의 직업에서 종종 발견

출처: Kolb and Fry (1975)에서 채택.

하게 타당한 방법이 있다는 것을 보여 주었다. 유사하게, Kolb와 Fry는 일반적으로 받아들여지는 의견에 반하여 '구체화'하는 능력보다 '추상적으로 생각하는 능력'이 더 '우세하지 않다'고 주장하였다. 그러나 Kolb와 Fry는 각각의 학습 양식이 강점과 약점을 가지고 있고 한 가지 양식에 배타적으로 닫혀 있는 사람은 불완전한 학습자라고 인정하면서 Witkin보다 한걸음 더 나아갔다. '완전한' 학습자가 되는 것은 각 학습 양식의 양극단 차원을 통합시키고 어떠한 학습 양식에서도 편안하게 조작하는 것을 수반한다. 그들은 '완전한' 학습자의 개념을 인간 발달 모형과 연결하여 발전시켰고, 그렇게 함으로써 오랜 시간 동안 강조해 오던 개인의 주도적인 학습 양식(교육적인 경험과 직업 선택 때문에)은 통합(이것의 이유는 명확하지 않다)을 위한 능력으로 대체되었다. 이것은 그렇게 심각하게 받아들여지지 않았는데, 그 이유는 그것이 세부적으로 작동하는 모형이 아니고, 그것을 지지하는 증거가 없기 때문이다. 나는 '완전한 학습자'를 심리적 발달의 이상적인 개념으로 연결하는 또 다른 시도로 그것을 설명하는 정도로만 언급한다.

나는 Kolb와 Fry가 학습 양식에 부여하는 의미가 너무 과장되었다고 생각한다. 네 가지 학습 양식이 학습순환 모형에 상응하는 차원으로 근사하게 구조화되었지만, 그 모형은 아직까지 타당화되지 않았다. 분명한 것은 그 모형이 모든 학습 환경에 일반화되지 않는다는 것이고, 다른 학습 환경은 다른 학습 양식을 요구하고(Kolb와 Fry는 이 증거를 인용한다), 그것은 달라야 한다는 그 어떤 제안도 없다. 그러면 '완전한' 학습자란 무엇을 의미하는가? 누가 어떤 학습 환경에도 자신의 학습 양식을 최적화할 수 있을 것인가? 혹은 누가 모든 학습 환경에 대해 '통합된' 학습 전략을 일관되게 적용할 수 있을 것인가? Kolb와 Fry는 '완전한 학습자'에 대해서 후자를 선택한다.

> 완전한 학습자란 세상과 자신의 경험을 다루는 데 있어서 복잡성과 상대주의를 증가시키고 네 가지 기본적인 적응 방식(구체적 경험, 성찰적 관찰, 추상적 개념화, 능동적 실험) 간의 변증법적인 갈등의 고차원적인 통합으로 표현된다.
>
> (Kolb & Fry, 1975: 41)

그들은 분명히 그 경우에 적합한 적응 방식이 무엇이든 간에, 단순히 사용하는 능력보다 더 원대한 것을 생각하고 있었다. 완전한 학습자는 네 가지 적응 방식 사이의 변증법적인 긴장을 통합할 수 있다. 이러한 방식으로 경험학습모형은 완전한 학습자의 모델이 되는 것이다.

나는 두 가지 이유에서 이 해석을 받아들이는 것이 어렵다고 생각한다. 첫째는 사람이 스스로 변화에 대해 토론할 때나 세상에 어떻게 적용되는지와 같이 매우 일반적이고 추상적인 면에서는 타당한 것 같다. 앞서 언급했듯이 경험학습모형은 우리가 당면하는 모든 구체적 학습 상황에 적용할 수 없다. 즉, 모든 학습 상황이 구체적 경험, 성찰적 관찰, 추상적 개념화, 그리고 능동적 실험의 균형 잡힌 통합을 요구하는 것은 아니다. 그러나 학습 상황은 대부분 하나 이상의 이런 '적응 방식'으로 설명될 수 있다. 그래서 경험학습모형이 학습모형 로서보다 분류체계로서 가장 잘 구안되는 것이다. 둘째는 이 모형의 실증적인 지지가 약하다는 것이다. 학습 양식 목록(Learning Style

Inventory: LSI) 검사는 학습 양식의 통합 정도를 측정하는 능력이 없다. 게다가, 그것은 단지 학습 양식을 기술하는 데 있어서 다른 단어보다 그 단어를 상대적으로 선호하는지를 측정할 뿐이다. 이것은 분명히 학습 양식 역량을 측정하는 것이 아니다. 이것은 단지 선호를 측정하는 것일 뿐이다. 그래서 수렴자로서 'A'라는 사람은 발산자로서 B라는 사람보다 확산적 사고를 더 잘할 것이라고 생각할 수 있다. 학습 양식 목록 검사(LSI)의 이러한 한계는 경험학습모형을 지지하기 위해 사용될 수 있는 정도를 제한한다. 마지막으로, 다른 문화에 대한 모형의 적용 가능성은 분명하지 않다. 예를 들면, Anderson(1988)은 Kolb와 Fry의 유형 분류체계에 반대한 것처럼, 다른 문화에 기반한 인지와 의사소통 양식, 특히 서양과 비서양의 양식 차이를 인정해야 한다고 강조한다.

이러한 반대는 성인교육 실행을 알리는 데 경험학습모형의 사용 가능성을 배제하지 않는다. 경험으로 보건대, 이 모형은 교수 활동과 학습 활동을 계획하는 데 탁월한 틀을 제공하고, 학습의 어려움을 이해하고, 직업적인 상담, 학문적인 조언 등을 위한 지침으로 유용하게 사용될 수 있다. 그러나 신중할 필요가 있고, 모형을 전적으로 수용하는 것은 피해야 하는데 그 이유는 학습자에 대한 수많은 오해를 야기할 수 있기 때문이다. 예를 들면, 이러한 오해는 학습자로서 그들의 능력을 한정짓는 학습 양식을 가지고 있다거나 어떤 학습자는 심리 발달에서 낮은 단계에 있기 때문에 지식을 통합하는 능력이 없다는 등의 오해를 포함한다. 마지막으로, 두 계층의 학습자가 있는데 (지식을 통합할 수 있는) 특권 계층과 (통합을 할 수 없는) 특권이 적은 계층이다.

마무리

장 의존/장 독립에 관한 내용을 마치면서, 나는 학습 양식 정보가 학습자들과 공유되어야 한다는 것을 언급했다. 이러한 관점은 Dixon (1985)에 의해서도 지지되었다. Dixon은 우리들은 '교수자가 통제하는' 학습 양식 정보의 실행모형을 포기해야 한다고 주장했다. 그럼에도 불구하고, 그녀는 교수자의 역할을 명시했고, 교수자의 책임은 다음과 같다.

1. 개인이 학습자로서 자기 자신을 이해하도록 돕는 것(예: 학습 양식 목록 검사지의 비판적인 적용과 성찰을 통해)
2. 개인이 그들의 학습 양식을 확장하도록 격려해 주는 것(예: 학생들과 학습 전략을 토론함으로써)
3. 다양한 교수적 접근들을 사용하는 것(그래서 학습자들이 다양한 학습 방법을 경험할 수 있도록)
4. 다양성이 번창할 수 있는 환경을 조성하는 것(예: 학습계약의 창조적인 사용을 통해)
5. 협력할 수 있는 분위기를 조성하는 것(예: 자원으로서 다른 사람들을 이용하는 것)

이와 유사하지만 더 포괄적이고 비판적인 접근을 한 학자가 Coffield 등(2004)이며, 그들은 교수 및 학습 전략에서 학습 양식 문헌의 영향을 비판적으로 조사했다. 그 평가된 전제들은 다음과 같다.

1. 자아인식과 초인지를 배양하라. 학습 양식에 대한 지식은 학습자
   로서 강점과 약점에 대해서 학생들과 교수자의 자아인식을 증가
   시키는 데 사용될 수 있다.
2. 대화 학습을 위한 어휘. 학습 양식은 학습자들에게 더 많이 요구
   되는 '학습 어휘'를 제공할 수 있다. 학습 어휘는 학습에 대해 토
   론할 때 사용하는 언어이다.
3. 진로 상담. 학생들은 자신의 학습 양식의 강점을 활용하여 자신
   의 진로를 선택하거나 형성할 수 있다.
4. 일치. 학생들은 교수 양식과 학습 양식을 일치시키는 것으로부터
   혜택을 받을 수 있다.
5. 의도적인 불일치. 학습 양식과 교수 양식의 갈등은 더 효과적인
   학습을 이끌 수 있다.

(Coffield et al., 2004: 119-23)

내 관점으로는 Coffield 등(2004)의 분석과 함께 Dixon(1985)의 원
칙들은 학습 양식 정보를 성인교육 실행에 어떻게 적용할 것인지에
대해 현재까지 최고의 방식을 만들었다.

행동주의

배경

여러 심리학 이론들에 대한 사람들의 초기 반응을 측정하는 것은 매우 유익할 수 있다. 예를 들어, 정신분석학은 종종 독단적으로 상식적인 지식에 대한 모욕, 즉 일반적으로 심화된 탐구로 희석된 반응으로서 묵살된다. 이와는 대조적으로, 행동주의의 용어(조건화, 보상, 처벌, 자극, 반응)는 보통 공감되어 받아들여진다. 왜냐하면 행동주의 용어는 우리가 우연히 인간행동에 대해 관찰하는 것과 일치하기 때문이다. 이 행동주의 용어의 기원이 명시적으로 된 경우에만, 우리는 망설이며 입장을 재검토한다. 이 장은 그러한 재검토의 산물일 뿐이다.

1913년 '행동주의자 관점으로서의 심리학'을 발표한 John Watson 이 행동주의를 처음으로 시작했다라고 여기는 것이 일반적이다. 이후의 사람들이 했던 것처럼, 그는 심리학이 행동에 대한 연구로서 재정의 되어야하고 접근 불가능하며 관찰할 수 없는 정신적 일들은 포기해야 한다고 주장하였다. 이러한 방법으로 '객관성'이란 과학적 의무가 실현된다. Watson은 우리의 행동 대부분은 학습을 통해 습득된다고 가정하였는데, 이것은 우리의 행동이 생물학적 영향이라기보다 환경적 영향의 결과라고 말하는 것이다. 그러므로 학습과 학습이 발생하는 조건을 연구하는 것이 행동주의의 핵심 프로젝트가 되었다. 당연히, 행동주의자의 관심을 끄는 학습의 유형은 전형적인 반응의 습득(예: 종이 울릴 때 침을 흘리는 파블로프의 개)과 관찰가능하고 정량화할 수 있는 기술과 지식의 습득(예: 논리적이지 않은 음절들을 기억하는 것)이었다. 또한 학습에 대한 환경적 영향을 확인하기 위해서 신중하게 통제된 환경에서 실험을 시행하는 것이 필수적이었다. 이러한 접근의 논리는 자연스러운 상황에서 인간을 조사하는 것을 배제하고, 법(또는 직업윤리)은 실험실에서 인간을 조사하는 것을 배제하였기에, 학습 연구의 대상은 자연스럽게 실험용 동물, 보통 흰 고양이, 개, 비둘기, 혹은 붉은 털 원숭이였다.

학습의 원칙을 발견하기 위해 실험실에서 동물을 사용하는 것은 행동주의 방법의 특징이다. 가장 널리 알려진 '고전' 실험들을 한 학자로는 개가 종소리에 침을 흘리도록 '조건화'시켰던 러시아의 생리학자 Pavlov(1927)와, 'Skinner 상자'라고 알려진 장치에서 쥐와 비둘기가 먹이를 얻기 위해 레버를 누르거나 쪼도록 유인한 미국의 심리학자인 Skinner(1938)가 있다. 이 목적을 위해 Skinner의 실험을 행동주의자의 패러다임을 대표하는 것으로 여길 것이다. 그 이유는 먼저 그가 가장 극단적인 또는 급진적인 행동주의의 형태를 구현하였고, 두 번째로 그의 관점이 교육 이론과 교수 실행에 직접적인 영향을 주었기 때문이다.

Skinner는 단순히 유기체들이 그들의 결과에 의해 점차적으로 형성되는 반응을 표출한다고 주장한다. 반응(행동의 일부)은 보상(강화)받는 결과를 가질 때, 그 반응이 다시 반복해서 나타날 가능성이 있다. 그리고 보상이 주어지지 않을 경우, 다시 발생할 가능성이 낮다. 이런 방식으로 우리는 말 그대로 환경이 형성한 행동의 레퍼토리를 습득한다. 이 과정은 무엇보다도 Skinner의 동물을 이용한 초기 연구를 고려한 전형적인 예가 된다.

전형적인 실험은 배고픈 비둘기를 고립된 방음 상자에 배치시키는 것인데, 그 방음 상자에는 눈에 띄는 버튼이 있고, 그 버튼을 비둘기가 쪼았을 때, 음식 사료가 접시에 떨어지도록 되어 있다. 비둘기는 보통의 비둘기처럼 방해받지 않고 마음껏 돌아다니며 여기저기를 쪼아 볼 수 있다. 이러한 상황에서 비둘기는 결과적으로 버튼을 쪼아 볼 수 있고 음식 사료를 받을 수 있게 된다. 몇 차례의 성공을 통해 비둘기는 무작위로 쪼는 행동을 포기하고 그 대신 음식 접시 앞에서 버튼을 쪼고 곡식을 먹으면서 서 있을 가능성이 높아진다. 결과적으로 Skinner는 강화 결과(음식 사료)를 특정 행동(버튼을 쪼는 것)을 통한 조건부로 만들고 결과를 관찰하였다. 이러한 실험 환경에서 그는 비둘기의 행동 결과를 완벽하게 통제할 수 있다. 그의 용어로, 그는 강화의 조건들을 바꿀 수 있고 초래되는 행동을 관찰할 수 있다. 이렇게 함으로써, Skinner는 행동과 강화 사이의 관계를 구성할 수 있고, 이러한 관계들을 표현하는 용어를 발달시킬 수 있다. 몇몇의 예시들은 다음과 같다.

1. 버튼을 쪼아도 음식이 제공되지 않도록 장치를 재조정하면, 비둘기는 버튼을 쪼는 것을 멈출 것이다(즉, 소거가 나타난다).

2. 음식을 제공할 때마다 버튼에 불빛이 켜진다면, 불빛만 켜지고 음식이 제공되지 않을 때도, 비둘기는 계속해서 버튼을 쫀다. 이때 불빛 자체가 강화시키는 것이고, 이 불빛은 본래의 학습을 책임지는 **일차적 강화**와 구분하기 위해서 **이차적 강화**라고 불린다.

3. 우리가 수동으로 음식 지급기를 통제하는 경우, 비둘기가 버튼에 접근할 때마다 음식 사료를 제공할 수 있다. 연속적으로 버튼에 더 가까이 접근하는 것을 강화시킴으로써 우리는 버튼을 쪼는 바람직한 반응으로 비둘기의 행동을 '바꾸거나 형성할' 수 있다. 이를 **조형**이라고 부른다.

4. 강화 패턴은 변화될 수 있고, 이것이 학습 및 소거에 미치는 영향은 관찰될 수 있다. 강화 패턴은 100%(버튼을 쫄 때마다 강화되어짐)부터 0%(버튼을 쪼는 것이 강화되지 않음)까지의 연속 범위에 따라 달라질 수 있다. 예를 들어, 열 번 쪼을 때마다 강화되도록 기계가 설정되거나, 한 번 쪼아서 음식 지급기가 작동하기 전에 약간의 시간 간격이 요구될 수도 있다. 또한 음식 지급기를 작동시키기 위해 요구되는 쪼기의 수가 시행마다 달라질 수도 있고 심지어는 규칙적인 패턴을 식별할 수 없도록 완전히 무작위화될 수도 있다. 시간의 간격은 유사하게 변화될 수 있다. 이러한 것들은 모두 **부분강화**의 예시들이다. 부분강화가 사용되면, 학습

은 더디게 나타나지만 강화가 중단된 뒤 더 오래 지속된다. 극단적인 경우에 강화가 무작위로 나타날 때, 적어도 실험자가 상자에서 비둘기를 꺼냄으로써 비둘기를 곤경에서 구조할 때까지, 반응은 무기한 계속될 수 있다.

앞에 나오는 시나리오에서, Skinner는 강화와 행동 사이의 실증적 관계를 밝히려 한다. 그러한 그의 접근법은 비이론적이기 때문이고, 또 다양한 조건화 유형들과 그것들이 조작되는 원칙을 확인하는 것에서 그에겐 학습에 대한 연구가 끝나기 때문이다.

Skinner가 이끄는 비판은 주로 그가 폭넓은 인간행동에 실험실에서 사용하는 기술적 어휘를 적용한 거 때문이었다. 그는 우리가 필요, 욕구, 소망, 생각, 의지, 목적, 의도 등과 같은 애매한 '심리주의' 용어들을 없애고, 언어의 강화와 강화 수반성(contingency)으로 그 용어들을 재해석해야 한다고 주장한다. 그의 실험의 중요성을 가장 읽기 쉽게 설명해 놓은 『Beyond Freedom and Dignity』(1973)에서 Skinner는 그가 생각한 것의 표본을 우리에게 제공한다. 여기에서 그는 여러 어려움들을 경험하는 사람을 기술한다.

그는 확신이 부족하거나 안전하지 못하다고 느끼거나 그 자신에 대한 확신이 없다 (그의 행동은 나약하고 부적절하다). 그는 거의 강화되지 않고 결과적으로 그의 행동은 소거를 겪는다. 그는 좌절한다. (소거는 감정적 반응을 동반한다.) 그는 불안함과 걱정을 느낀다. (그의 행동은 빈번하게 피할 수 없는 혐오스러운 결과를 낳는데, 이는 감정에 영향을 준다.) 그가 하고 싶어 하거나 잘하며 즐기는 것이 아무것도 없고, 그는 장인정신을 느끼지 못하고 목적이 이끄는 삶에 대한 감각이 없고, 성취감이 없다. (무언가를 하기 위한 강화가 거의 되지 않는다.) 그는 죄책감과 수치심을 느낀다. (그는 이전에 게으름과 실패에 대해 벌을 받아 왔고 그것은 이제 정서적 반응을 일으킨다.) 그는 그 자신에게 실망하거나 그 자신을 역겹게 생각한다. (그는 더 이상 다른 사람의 칭찬으로 강화되지 않으며, 그 이후 나타나는 소거에 감정적 영향을 받는다.)

(Skinner, 1973: 144)

같은 책 다음 부분에서 그는 행동의 창시자로서의 '자신'에 대한 생각은 오도되었고, '정체성'은 다음과 같이 축소될 수 있다고 주장했다.

정체성이란 주어진 수반성에 적절한 행동의 레퍼토리이다. 과학적 분석으로부터 나타난 그림은 안에 사람을 갖고 있는 몸이 아니라 한 사람의 복잡한 행동 레퍼토리를 보여 주는 관점에서 사람의 몸에 대한 것이다.

(Skinner, 1973: 194-5)

그러므로 Skinner에게 그의 연구 범위는 제한이 없고 그의 분석을 피할 수 있는 인간의 조건은 없다. 그가 덜 분명하고 덜 영향을 미쳤다면, 그는 당연히 무시당했을 것이다. 그것대로 그의 관점은 격렬한 비판을 불러일으킨다. 두 가지 가장 중요한 비판은 그의 실험 패러다임의 단점과 그의 기술적 어휘의 제한된 설명력에 초점이 맞춰져 있다.

실험 패러다임에서의 결핍

Braginsky와 Braginsky는 Skinner가 사용한 실험실 실험과 관계된 두 가지 반대 입장을 서술하고 있다.

> 이런 환경에서, 행동은 행동하는 유기체의 관점(예: 하고 있는 것에 대해서 어떻게 느낄지, 혹은 자신의 행동을 어떻게 해석할지) 으로 조사되지 않았거나 혹은 그 유기체가 상호작용하는 사회적 맥락(예: 실험자와 피실험자 사이의 상호작용에서 나타나는 사회적 힘)으로 조사되지 않았다.
>
> (Braginsky & Braginsky, 1974: 46-7)

실용적 이유만으로 동물 실험을 할 때, 이러한 고려사항들을 묵살했다. 그러나 문제의 핵심은 Skinner가 실험실에서 얻은 결과를 기초로 인간을 일반화하는 것이 타당하다고 생각한 것이다. 이것을 반대하는 것은 인간이 동물과 다르다는 것이 아니라 인위적이고 엄격하게 통제된 실험실 속 환경이 인간이 경험하는 일상생활과는 다르다는 것이다. 일상생활의 중요한 면은 사람들 사이에서 상호작용이 일어나는 것이고 이 상호작용들을 이해하기 위해서 우리는 상호작용들이 발생하는 사회적 맥락과 관계 당사자들의 인식에 대해 알아야 할 필요가 있다.

심지어 Skinner는 자신도 모르게 그의 실험실 연구의 상황에 대해 추정했다. 막상 삐뚤어진 방법(만화가가 그러는 것처럼)으로 그의 관찰을 재해석하지 않도록 하고, 실험자의 행동을 접시를 쪼는 비둘기에 의해 조건화된 것으로서 해석하는 Skinner의 논리에는 아무것도 없다.

그러나 우리는 실험자를 강화하고 진행을 통제하는 수행인이라고 인식하기 때문에 이것을 하지 않는다. Skinner의 동물들은 실험자처럼 항상 다른 유기체에 의해서가 아닌, '세상의 이치'의 결과처럼 보이는 위치에 있었다. 그러나 Martin이 관찰한 바로는 동물이나 사람은 다른 수행자나 사람을 고통이나 기쁨의 원인이라고 인식할 때, 그들의 행동은 어느 정도 급격하게 변화하였다.

> 만약 당신이 강아지용 과자가 나오는 기계를 마련하고 나서 당신의 강아지가 작동법을 학습한다면, 그 강아지는 방법적으로 조건화되었다는 것을 주장하는 것이 정당화될 수 있다. 그러나 당신이 사건의 수행자로서 보이기 위해 항상 그의 과자를 직접 제공한다면, 그 강아지는 음식 지급기를 다룬 방법과는 다르게 당신에게 굽실거리게 될 것이다. 그러므로 기술적 의미와 보상과 벌 간에 조건화되는 것 간에 차이가 생긴다. 왜냐하면 보상과 벌의 경우에서는 인간 혹은 수행자로서 고통이나 기쁨에 대한 책임감은 조작되는 유기체에 대해 인식하기 시작한다.
>
> (Martin, 1980: 113)

Skinner는 '보상'과 '벌'과 같은 부정확한 용어를 피하기 위해 신중하였다. 왜냐하면 그 단어들은 수행자와 수행자의 지각과 관련된 정신적 관념의 모든 방식을 암시하기 때문이다. 그러나 Martin은 꽤 정확하게 강화는 음식을 주는 지각된 수행자가 없는 예를 기술하는 것으로 제한되어야 한다고 주장한다. 이것은 Skinner 상자에서는 적절할지라도 그 상황 외에서는 거의 일반화할 수 없다.

설명력

Skinner 접근법의 설명력에 대해 우리에게 의문을 던지는 세 가지 일반적인 고려사항이 있다. 첫 번째, 조건화의 설명에 반대하는 다양한 현상들이 있다. 예를 들면, 언어의 사용처럼 기술이 매우 유연한 방식으로 사용되는 예들이다. 무형의 보상만 주는 사람의 경우이다. 그리고 그들 자신의 행동의 결과에 반응하기보다는 다른 사람의 행동을 관찰함으로써, 수동적으로 학습하는 것처럼 보이는 사람들의 경우도 있다.

Skinner의 이런 설명에 만족하지 못했지만, 특히 마지막에 언급된 것은 학습이론들 사이에서 그의 접근을 상당히 수정하도록 만들었다. 예를 들어, Bandura(1969)는 관찰 학습을 설명하기 위해서 내적 인지 변인의 중요성을 반드시 인정해야 한다는 것을 발견하였다. 관찰 학습은 다른 사람의 행동 결과를 관찰하면서 발생하는 학습이다. 일반적으로 관찰자는 다른 사람의 행동을 모방해야 한다면 그들에게 올 보상과 벌의 패턴을 눈치로 알게 된다. 이것은 우리에게 행동주의의 설명력에 관한 두 번째 일반적인 고려사항을 제공한다. 그것은 다른 설명이 다양한 '조건화'의 실험자를 위해 제공될 수 있는지에 대한 여부이다.

Martin 본인은 다양한 강화 패턴에 관련된 소거에 대한 여러 저항 정도에 대한 대안적인 설명을 구축하였다. 그는 유기체를 패턴 지각자로 간주하였다.

> 가장 쉽게 식별되는 사건의 패턴은 버튼을 쫄 때마다 강화가 뒤따르는 것이다(100%의 강화). 쪼는 것과 곡물이 나오는 것은 언제나 시간으로 연결되는 두 가지 사건으로 보인다. 그 후에 우리가 완전히 강화를 막는다면 이후의 버튼을 각각 쪼는 것은 부정적인 결과가 나타난 (새의 입장에서) 실험으로 간주될 수 있다. 이러한 조건에서는 소거는 빨리 이루어지고, 우리는 매번 쪼았던 것이 환경의 새로운 상태에 대해 많은 정보를 만들었기 때문이라고 가정할 것이다. 이후에 일어나는 학습 상황에서 소거를 시도하는 것에 대해, 말하자면 25%의 강화로 학습시킨 다음 소거했을 때 동일한 양의 정보를 습득하기 위해 반드시 네 번을 쪼아야 했을 것이다.
>
> (Martin, 1980: 114)

이 추론은 모든 가능한 부분적 강화의 조합이 소거에 미치는 영향을 설명하는 데에 적용될 수 있다. 이것은 유기체가 세계에서 발견한 패턴에 따라 자신의 행동을 지도하는 것을 전제로 하기 때문에 Skinner 에겐 용납될 수 없는 설명이다. 그러나 이는 특히 다른 사람을 관찰함으로써 학습하는 인간의 능력과 같이 이전에 인용된 인간행동의 몇몇 양상에서는 타당한 전제이다. 그리고 이것은 벌을 경험하지 않고도 수용될 수 없는 행동을 자제하거나 이전에 경험한 적 없는 보상을 얻기 위해 노력하도록 이끈다. 누군가는 앞과 같은 예시들을 증가시킬 수 있겠지만, 이미 Skinner 상자 안에서 동물들의 행동이 '조건화'라는 용어에 의존하지 않고 설명될 수 있다는 것과 또한 자연스러운 상황에서 인간의 행동 또한 그렇다는 것이 일반적인 관점이다.

행동주의의 설명력을 평가하는 세 번째 고려사항은 기술적인 어휘의 지위다. Skinner가 일상에서 사용하는 용어를 행동주의 용어로 번역하는 것을 옹호했다는 것은 일찍이 주목받았다. 행동주의에 대한 담론은 무익하고 기계적인 것처럼 보이지만, 만일 그것이 우리의 이해를 돕는다면 허용될 수 있을지도 모른다. 하지만 그러한가? 이러한 의문에 대답하는 유용한 접근은 강화라는 기본적인 개념과 이것이 '조건화의 법칙'으로 나타나는 원칙하에서 사용되는 방법을 더 면밀히 검토하는 것이다. 조건화의 법칙을 다른 말로 바꾸어 표현하면, "강화 자극이 있은 후에 행동이 발생한다면, 행동의 강도가 증가된다."(Skinner, 1938: 21)는 것이다.

그러나 동일한 간행물 어디에서나 Skinner는 반응강도에서 이런 변화를 만드는 힘으로 강화자극을 정의한다. 이러한 정의가 이른바 동어반복의 '법칙'을 만든다. Chomsky는 이렇게 평가한다.

> 'X는 Y(강화, 사건의 상태, 사건 등)에 의해 강화된다.'라는 말은 'X가 Y를 원한다.' 'X가 Y를 좋아한다.' 'X는 Y가 그러기를 바란다.' 등과 같은 용어로 사용될 수 있다. '강화'라는 용어를 적용하는 것은 아무런 설명력이 없으며, 이렇게 다른 말로 바꾸어 표현하는 것이 소망, 선호 등을 묘사하는 데에 새로운 명확성이나 객관성을 나타낸다는 생각은 심각한 망상이다.
>
> (Chomsky, 1959: 38)

행동주의자 특유의 '자극' '반응' '조건화'와 같은 다른 용어들도 같은 비판을 받지만, 그럼에도 불구하고, '조건화'는 여전히 종종 인간행동을 설명하기 위해 쓰이고, 특히 교육자들이나 행동조절에 관심을 가진 사람들 사이에서 선호된다. 예를 들어, 행동주의를 계속 교수 기술에서 혁신과 연관시키고 있다. 교수 기술로는 프로그램화된 학습과 '교수 기계'의 현대적 버전이 있으며 이 둘 모두 Skinner 실험의 음식 지급기와 유사하게 작동된다. 성인교육에서 이것의 영향은 이 장의 나머지의 주제인 행동목표에 대한 글에서 명확하게 나타난다.

행동목표

학습을 시작할 때 교사와 학습자 모두 의도가 분명해야 한다는 명제는 매우 강력하다. 분명한 의도는 학습 활동을 개발하고 진도와 성취를 측정하기 위해 사용되는 목적이나 목표를 암시한다. 더욱이 학습자에게 계속 알려 주는 것은 (혹은 목표설정과 관련해서는 더욱더) 물론 개방적이고 정직하고 민주적인 것이다. 대조적으로, 권위주의적인 접근은 학습의 의도를 모호하게 한다. 교사는 기분에 따라 기본 규칙을 자유롭게 변경하고 학습자는 '교사 입장에서 실제로 학습자가 배우길 원하는 것'에 대한 복잡한 추측 게임에 빠져서 무력감을 느끼게 된다. 이를 고려해 볼 때, 일부 논평가들이 성인교육 최고의 전통과 양립할 수 없기 때문에 학습목표를 반대하는 것은 이상해 보인다 (Huberman, 1974; MacDonald-Ross; 1975; Robinson and Taylor,

1983). 이러한 반대가 명확할 때, 그것은 일반적으로 특별한 유형의 학습목표인 '행동목표'로 표현된다.

행동목표의 어휘는 행동주의자의 전통과 매우 잘 어울리며, 비슷한 기능을 한다. 그것은 Gronlund의 다음 말에서 상세히 설명된다.

> 당신이 **수행**과 **비수행**이라는 용어의 차이를 확실히 구분할 수 있는지 다른 두 문장으로 시도해 보자. 어느 것이 학생의 수행을 명확하게 나타내는가?
>
> 1. 실험의 성과를 예측한다(predict).
> 2. 실험의 가치를 안다(see).
>
> 이번에는 첫 번째 문장을 정답이라고 선택하는 데에 어려움이 없었어야 한다. '안다'라는 용어는 교육에서 흔하게 사용되고(예: 나는 요점을 안다), 이 단어의 친근함은 당신을 오해하게 만들지도 모른다. 그러나 '안다'라는 것은 내적인 상태를 말한다는 것에 주목하다. 학생들이 실험의 가치를 알았을 때 무엇을 할 것인가? 그들은 실험의 유용성을 기술할 것인가? 아니면 이론적 함의를 지적하거나 결과의 사회적 영향을 측정할 것인가? 우리는 '안다'는 용어의 모호하고 분명히 규정되지 않고, 직접 관찰할 수 없는 반응을 기술하기 때문에 구분할 수 없을 뿐이다.
>
> (Gronlund, 1995: 20)

행동주의자처럼 어휘에서 내적인 상태를 나타내는 용어를 없애자고 주장한다. 그 이유는 그런 용어들은 직접적으로 관찰할 수 없어서 학습목표가 성취되는 중인지 아닌지를 구별하는 것이 불가능하기 때문이다. 이러한 주장은 학습의 성과가 학습자의 행동의 변화 면에서 가장 잘 기술될 수 있다는 것이다. 그때 요구되는 것은 교사와 학습자에게 그들의 학습 의도를 명확하게 서술하는 것을 도와주는 지침이다. 목표를 명백하게 서술하는 방법은 관찰 가능한 행동만을 나타내는 동사를 사용하는 것이다. 우리는 누군가가 무언가를 '인식하는 것' 혹은 '아는 것'을 관찰할 수 없다. 그러나 우리는 그들이 무언가를 '확인하는 것' 혹은 '서술하는 것'은 관찰할 수 있기에 후자의 용어들이 선호된다. '적용하다' '이해하다' '안다'와 같은 모호한 용어 사용이 허용되지만 그 용어들이 행동 유형 목록으로 심화시켜 정의된다면, 학생들은 목표가 성취되었을 때 증명해야만 한다. 그러므로 다음과 같다.

구체적인 학습 결과에 대해 기억해야 할 몇 가지가 있다…… 먼저, 일반 목표처럼 각 서술은 동사로 시작한다. 그러나 여기서 동사들은 구체적이고 분명히 관찰 가능한 반응을 나타낸다. 이 반응은 외부 관찰자가 보고 평가할 수 있다. 여기서 다음에 쓰인 동사들은 관찰 가능한 학생의 수행결과에 관해서 구체적인 학습 결과를 진술하는 것의 의미를 보여 주기 위한 것이다.

- 묘사하다
- 확인하다
- 서술하다

- 구별하다
- 설명하다

　이와 같은 용어들은 학생들이 자신의 이해를 증명하기 위해 할
것을 명확히 한다. 깨닫다, 보다, 믿다와 같은 모호한 용어들은 목표
를 정의하는 데에는 덜 유용하다. 왜냐하면 여러 다양한 유형의 명
시적 행동으로 표현될 수 있는 내적인 상태를 기술하기 때문이다.

(Gronlund and Linn, 1990: 37)

　행동주의와의 또 다른 접점은 행동목표가 생각할 수 있는 학습의
모든 유형에 적절한 것처럼 보인다는 것이다. 이런 예로 Gronlund는
'창의적 행동' '극적 행동' '음악적 행동' '복잡한, 논리적인, 판단적
인 행동' '사회적 행동' 등에 대해 구체적인 학습 결과를 서술하기 위
한 철저한 설명적 동사 목록을 우리에게 제공한 것이다. 또 다른 예는
Bloom(1956)의 유명한 『교육목표 분류학(Taxonomy of Educational
objectives)』인데, 여러 해에 걸쳐 연속적으로 출간된 개정판에서 이
러한 분류를 찾을 수 있다. 지식의 '영역(domain)'과 '단계(level)'의
'행렬(matrix)' 속에서 가능한 모든 학습 결과를 범주화하려는 시도를
나타낸다. 오히려 이러한 교육목표의 분류가 행동목표의 역할에 대
한 야심찬 주장보다 더 비판을 촉구시켰다(그 주장은 성인교육자를 위
한 훈련 프로그램에서 공감을 얻고 있다).

　행동목표에 대해 공통적으로 표현되는 의구심은 행동목표가 학습
을 "완성된 수행의 나무들 때문에 숙련된 능력의 숲을 보지 못하는"
(Bruner, 1971: 113) 편협하게 구성된 행동 범주로 분해한다는 것이

다. 수행과 능력 사이의 구분은 여기서 중요하다. 행동목표의 충실한 추종자들은 측정되는 학습 결과가 학습자의 기저 능력을 반영해야 한다고 주장한다. (이러한 측면에서 그들은 행동주의자 반대파들과는 다르다.) 그러나 행동목표는 우리에게 능력을 측정하기 위한 최적의 방법을 제공하는가? 그렇지 않다고 믿는 것에 대한 여러 가지 이유들이 있다.

첫 번째 이유는 능력의 모든 행동 지표는 거의 사전에 결정되지 않는다. 사람들은 어떤 분야에서든 창의적인 예측 불가능한 방법으로 그들의 능력을 표현한다. 반대로, 그들은 명백하게 사소한 이유로 그들의 능력을 입증하지 못할 수 있다. 예를 들어, 우리가 학습자의 논리적 추론능력을 측정하고자 한다면, 우리는 행동목표를 '상응하는 전제에서 파생된 "결론"의 타당성이나 타당하지 못한 점을 식별하는 것(오류가 없고 검사 조건에서)'과 같은 행동목표를 구체화시킬 것이다. 그리고 우리는 다음 주장의 타당성을 식별하도록 학습자에게 요구할 수도 있다.

만약 신이 존재한다면, 그는 어디에나 있다.
신은 어디에도 없다.
그러므로 신은 존재하지 않는다.

종교를 가진 사람들은 앞선 결론의 타당성을 올바르게 식별하는 것에 어려움을 느낀다. 그들이 논리적으로 추론할 수 없기 때문이 아니라 그들이 결론의 허위에 강한 신념을 가지고 있기 때문이다. 그들은 종교적 내용이 없다면, 일반적으로 삼단 논법을 더 잘 수행한다

(Feather, 1964). 이러한 예로부터 가져올 수 있는 두 가지 중요한 점이 있다. 첫 번째, 우리는 행동이 발생한 맥락을 고려하지 않고 '행동'에서 '능력'까지 일반화할 수 없으며, 모든 맥락을 통제하거나 예측하는 것은 불가능하다(예: 학습자의 동기, 과거 경험, 검사하는 상황과 관련된 변수). 두 번째, 상황이 예측될 수 없기 때문에, 우리는 능력에 대한 행동 지표가 타당한지에 대해 미리 계획한 개념으로 자신을 제한해서는 안 된다.

두 번째 이유는 학기말 학습 결과를 강조하면서 학습 과정의 중요성을 과소평가한다는 것이다. 교수의 최종점에 집착하는 것은 어느 정도 '가능하게 하는' 목표라고 불리는, 학습 경로를 따라서 평가할 수 있는 기준점을 말하는 목표에 의해 어느 정도 완화된다. 이것의 어려움은 사람들이 다른 속도로 학습하고 다양한 학습 양식을 가지고 있다는 것이다. 그래서 미리 결정하고, 획일적으로 진도를 감독하는 것은 누군가에겐 이익이 될 수 있고 누군가에겐 방해가 될 수 있다. 단순히 이런 시험이 부당한 것이 아니라 관찰 가능한 학습에 집중하기 때문에 그들은 학습의 복잡성을 제대로 다루지 못한다. 예를 들어, 피아노를 치는 것과 같이 복잡한 기술을 습득할 때 학습은 자세, 손의 위치, 음표, 페달의 사용, 음계 훈련, 코드 진행 등등 여러 차원에 따라 진행된다. 그러나 이 모든 차원이 교수 목적과 분리될 수 있는 것은 아니다. 이런 경우라 할지라도, 최종 목표를 향한 진행 지표로서 개별 차원에 따라 진도를 측정하는 것은 잘못된 것이다. 이것은 복잡한 기술의 학습에서 가장 중요한 것은 다양한 차원이 통합된 전체를 형성하기 위해 합쳐지는 방법이기 때문이다. 정확히 이런 유형의 성과가 행동분석을 반대한다. 학습을 조력하고 진도를 측정하기 위해 소위 '부정확한' 그리고 '애매한' 용어를 사용하는 것이 필수적이다.

　세 번째 이유는 모든 학습 결과가 행동주의 용어에서 구체적일 수 없다는 것이다. Bruner는 그의 대표적인 에세이 『The Process of Education』에서 학습이 미래에 우리에게 제공하는 두 가지 방법에 대해 언급한다.

　한 가지 방법은 우리가 원래 수행하는 방법을 학습한 것들과 매우 유사한 과제에 대한 구체적인 적용 가능성을 통해 이루어진다. 심리학자들은 이 현상을 훈련의 세부적 전이(specific transfer)라고 한다. 아마도 이것은 습관이나 연합의 연장이라고 불려야 한다. 그 유용성은 우리가 일반적으로 기술이라고 말하는 것에 주로 제한되는 것 같다. 못에 망치질하는 방법을 배우면서, 우리는 압정을 망치질하거나 나무를 쪼개는 방법을 나중에 배울 수 있다. 학교에서 학습하는 것은 의심할 여지없이 이후 학교를 다닐 때나 혹은 졸업한 후에 마주할 활동으로 전이되는 종류의 기술을 만들어 낸다. 이전의 학습이 이후의 학습을 보다 효율적으로 만드는 두 번째 방법은 편의상 비세부적 전이(non-specific transfer), 혹은 더 정확하게 태도와 원칙의 전이라고 불리는 것을 통해 이루어지는 것이다. 본질적으로 이것은 처음에는 기술이 아닌 일반적 개념을 학습하는 것으로 구성되고, 그런 후 이런 일반적인 개념은 원래 숙달했던 개념의 특별한 사례로 이후에 나타나는 문제를 인식하기 위한 기초로 사용된다.

(Bruner, 1966: 17)

행동목표는 오로지 학습의 구체적이고 관찰 가능한 특정 결과와 관련되어 있기 때문에, 위에 언급된 기초적이고 일반적인 개념의 습득을 적절히 설명할 수 없다.

이러한 아이디어는 일반적이고 추상적인 단계의 담론 면에서만 의미가 있기 때문이다. 예를 들어, 산업 훈련가 사이에서 가치 있는 학습 결과는 '안전 의식'이다. 이것은 무엇을 의미하는 것일까? 우리는 '긴급 상황에서 따라야 할 절차를 기술한 것'이나 '워크숍의 안전규칙 목록'과 같이 명확한 수행 지표로 축소시킬 수 있는가? 나는 이것이 의심스럽다. 아무리 우리의 수행 지표 목록이 철저하고 가치 있을지라도, 그들은 절대 총체적으로 안전 의식 정신을 담아 낼 수 없다. 우리가 '안전 의식'이 의미하는 바를 표현하기 위해 우리는 '가치' '인정' '느낌' '이해'와 같은 용어들에 의지해야 한다. 정말로, 우리는 사람들의 행동을 관찰하여 그것을 평가할 수 있지만, 이 행동이 무엇인지를 명시할 수 없다. 추상적 용어로 그 행동이 따라야만 하는 원칙을 기술하는 것 이상이어야 할 것이다.

또 다른 논쟁은 대부분의 정의에 의하면, 목표들은 '자아 개념의 발달'과 같은 주관적인 결과에 대해 파생되지 않는다는 것이다(Robinson and Taylor, 1983). 향상된 자아개념의 수행 지표는 무엇인가? 그것에 대한 우리의 판단은 복잡한 일련의 관찰, 그것의 연결성, 그리고 그것을 가지고 우리가 한 추론에서 파생된다. 개념을 조작하려고 우리는 시도하지만 이것은 우리에게 가능한 관찰들의 무한한 다양성으로부터 몇 가지 핵심 수행 지표를 선정하도록 요구한다. 그런 일은 인위적이고 헛될 수 있으며, '자아개념'이 의미하는 복잡성을 제대로 다루지 못할 것이다.

네 번째 이유는 측정되지 않는 학습이 발생할 수도 있다는 것이다. 여러 측면에서, 행동목표는 우리의 학습 노력의 이점에 대한 평가를 제한한다. 이것은 만약 우리가 목표 성취에 실패한다면, 학습 노력이 낭비되었다는 것을 암시하거나, 그렇지 않으면 우리가 성취한 목표가 학습 노력에서 가장 중요한 결과라는 것을 암시한다. 이것은 계획되지 않았거나 우연적인 학습의 중요성 모두를 인정하지 않는다. 그 문제에 대해서 교사나 학습자는 학습하고 있는 것을 완전히 통제하지 못한다. 가치 있는 학습은 원래의 의도 밖에서 발생할 수도 있고 종종 발생하기도 한다. 이러한 학습 유형은 학습 경험을 평가할 때 인정받아야 한다. 그러나 행동목표가 성공을 위한 기준점으로 사용될 때 보통 간과된다.

Robinson과 Taylor(1983)는 행동목표가 합리적으로 계획된 학습모형을 암시하는 방법에 관심을 가졌다. 학습 체계를 고안하는 단계를 설명한 Gagne 등(1992)은 이 모델을 예로 들었다(〈표 7-1〉 참조).

〈표 7-1〉 수업 체계 고안

1. 수업의 목표를 언급하고 욕구 분석을 시행하라.
2. 수업의 분석-목표에 도달하는 것을 포함시키는 기술을 결정하라.
3. 학습자의 행동과 학습자의 특성을 확인하라.
4. 욕구와 목표를 수행목표로 인식하라.
5. 시험 항목을 나타내는 기준을 개발하라.
6. 수업 전략을 계획하라.
7. 수업 매체를 고안하거나 찾아라.
8. 형태가 있고 총괄적인 평가를 시행하라.

출처: Gagne et al. (1992: 20-31)에서 채택.

앞선 내용에 의하면, 학습은 논리적이고 질서정연한 방법으로 진행될 수 있고 진행되어야 한다. Robinson과 Taylor(1983)는 이러한 접근 유형이 많은 이유로 성인교육의 정신과 양립될 수 없다고 주장한다.

1. 어떠한 설명도 학생중심 학습의 예측 불가능성을 고려하지 않았는데, 학생중심 학습은 학습 가능성을 조사하는 반면에 목표를 거듭하여 재정의하는 것을 특징으로 한다.
2. 학습자가 자신의 목표를 끌어내도록 요구받을 때, 그들이 정확하게 무엇을 어떻게 배우고 싶은지에 대해 알고 있고, 그들의 의도를 분명히 표현할 수 있다는 가정이 존재한다.
3. 목표가 학습자를 위해 명시될 때, 목표는 제도적 통제의 도구가 되고, 학습자 사이에 의존성을 지원한다.
4. 목표는 실패가 학습자의 결함의 결과일 뿐이라는 통제된 학습 과정의 일부라는 의미에서, 교사에 대한 권위주의적인 지원의 기능을 한다.
5. 행동목표는 성인교육의 전문성을 정당화하는 데 도움을 주는 교육적 도구이다. 이것은 책무성 문화, 결과에 대한 보상, 비용 효과성, 그리고 학생 수행의 '보장된 산물'과 밀접하게 관련된다.

위의 요지는 학습의 합리적 모형의 구성요소로서, 행동목표는 대답해야 할 논리가 있다는 것을 성립시킨다. 합리적 모형은 실제로 '참여적인' '민주적인' 그리고 '자유로운' 성인교육과는 반대되는 것처럼 보인다. 하지만 Robinson과 Taylor의 논평은 항상 행동목표의 접근을 엄격히 적용하는 것을 목표로 해야 한다고 말한다. 이 부분의 이전 논평 또한 같은 내용이다. Robinson과 Taylor는 실행자가 목표를 지침으로만 사용할 수 있다는 가능성과, 목표는 학습의 추구에서 수정되거나, 도전받거나, 다시 작업되거나, 심지어는 포기될 수 있다는 가능성을 부인하였다. "당신은 '대략' 모형을 가질 수 없다. 그리고 이것의 신뢰성은 내재적인 논리의 내적 일관성에 달려 있다. 간단히 말해서, 프로그램은 객관적인 모형일 수도 있고 아닐 수도 있다"(Robinson and Taylor, 1983: 358). 역설적으로, 이것은 그들이 합리적 학습모형에 대해 비판하겠다고 공언한 엄격한 수요의 유형이다. 목표의 유연하고 잠정적인 적용에 대해 어떠한 여지도 허용하지 않음으로써 비평가들은 비평을 멈추었다. 이것은 적법한 일이지만 '논리적으로' 필수적이라는 것은 시행할 때 필수적이라고 가정할 수 있는 위험이 항상 존재한다. 시행에서 특정 방법으로 적용된 행동목표는 어쩌면 우리가 좋은 성인교육 실행이라고 판단한 것에 완전히 일치할지도 모른다. 앞서 말한 주장들은 현재 이용 가능한 문헌에 있는 지침을 엄격히 따라 실천할 때, 이것이 발생할 것 같지 않다는 것을 나타낸다.

비슷한 주장은 교육을 기반으로 한 역량의 본질과 관련하여 선행되어 왔지만 Jarvis와 Parker(2004)가 관찰한 것처럼 계속 통용되고 있다.

여러 해에 걸쳐서, 많은 자유주의 성인교육자들로부터의 끈질긴 비평에도 불구하고, 역량의 개념은 교육에서 중요성이 커졌다. 동시에, 역량이 정량화될 수 있고 측정 가능하다는 생각은 훨씬 더 큰 문제가 된다. 이것은 많은 교육과 학습 이론의 행동주의적 뿌리를 반영한다. 이것은 마치 통계만이 타당한 증거 형태인 것처럼 통계 처리하려는 정책 입안가들의 지속적인 요구를 반영한다. 그러나 작업 기반 역량을 측정하는 것은 교육의 성장산업 중 하나가 되고 있다.

(Jarvis and Parker, 2004: 123)

그 증거는 모든 회원국이 핵심 역량의 발달을 지지하도록 요청하는 **역량의 정의와 선택**(DeSeCo)이라는 대규모 OECD 프로그램(2002)이다. 역량은 생산성, 세계시장의 경쟁력, 혁신, 더 적응성 있고 자격 있는 노동력으로의 향상과 관련된 것으로 보인다. 역량은 또한 사회적 연대성, 정의, 민주적 참여, 개인의 권리와 자주성의 강화의 핵심으로서 보일 수 있다(Rychen and Salganik, 2003 참조).

앞의 과장된 주장에도 불구하고, 지나친 기술주의, 기계주의, 환원주의가 되고 비이론적인 것으로 역량 운동을 비판하는 저명한 교육자들(예: Collins, 1991; Eraut, 1993; Newman, 1994)의 역사가 있다. 예를 들어 Lawy와 Bloomer(2003)는 그들이 영국의 '기술적이며 합리적인' 교과 과정의 개혁이라고 칭한 것을 한탄하였는데, 핵심기능은 역량을 평가할 수 있는 단위로 분류한 방식으로 공인된 역량 표현을 기반으로 하는 국가 직업 자격 체계이다.

우선, 학습이 개인적 지식이라기보다는 객관적이거나 보편적인 지식에 기반해야 한다는 가정 위에 설립되며, 생산된 것과 반대로 소비되는 것이다. 평가된 수업 내용과 개인의 프로젝트 작업의 발

생률 감소와 표준화된 단원평가와 학기말 시험의 발생률 증가가 이
것의 징후이다. 두 번째로, 학습 도식이 효율적으로 소통되고 학습
이 효율적으로 지휘되고 학습 '결과'가 제대로 평가되기 위해서,
지식은 '관리할 수 있는' 비율로 분해되어야 한다는 만연한 가정이
있다.

(Lawy and Bloomer, 2003: 27)

이러한 주장은 역량의 특정 관점이 적용된다면 힘을 갖는다. 즉, 역
량은 특정 직업과 관련된 명확하게 정의된 업무에 착수하는 능력으
로 구성되어 있다는 관점이다. 그러나 다른 이들(Gonczi et al., 1993;
Hager and Beckett, 1995; Gonczi, 2004)은 역량이 그렇게 제한된 의미
로 정의될 필요가 없다고 주장해 왔다. 개인의 근본적인 속성(지식, 기
술, 태도, 가치)의 특정한 상황 속에 응용하여 더 통합적이고 전체적인
방법으로 역량을 바라보는 것이 가능하다. 그렇게 역량은 상관적인
것으로 여겨진다. 역량은 개인의 속성과 그 속성이 실현되는 상황을
합친 것이다. 만약 행동하도록 요구되는 상황에 적합한 방법으로 지
식, 가치, 태도와 기술의 복잡한 조합이 합쳐진다면, 그 사람은 유능
하다고 간주될 것이다. 그러므로 행동주의 교육과정과 대조적으로,
역량기반 교육과정은 역량이나 숙달되어야 할 업무의 범위를 명시하
지는 않는다. 대신 교육과정의 배경을 형성하는 역량기준이 개발된
다. 또한 역량에 대한 개념은 이론과 실행을 합쳐야 하고, 직장에서
의 학습과 경험학습의 중요한 역할을 인정해야 한다고 주장할 수 있
다. 그러므로 역량은 선행학습에 대해 인식하고, 직장에서의 학습과
비형식 교육을 형식적 부문으로 표현하게 한다. 나는 역량기반 운동

을 지지하기 위해서가 아니라 논쟁에는 심각하게 참여하지 않고, 필연적으로 성인교육의 더 폭넓은 가치에 반대하는 것으로 행동목표와 역량기반 교육과정에 반대하는 위험을 강조하기 위해 이를 언급하는 것이다.

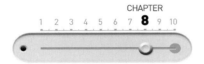

집단 역학과 집단 촉진자

    사회심리학에서 조사 분야로서의 집단 역학은 사람과 사회 사이의 '타협점'을 차지한다. 이는 분석의 단위가 소집단이기 때문이다. 다시 말해서 어떻게 사람이 집단을 구성하고, 사회환경에 의해 집단이 구성되는지의 비밀을 밝히는 데 소집단이 역할을 하게 된다. 집단 역학의 기본 전제는 집단은 개개인들의 단순한 집합 이상이라는 것, 즉 집단이 개인들이 구성하는 것과는 꽤나 독자적인 자체적인 역학을 가지고 있다는 것이다. 많은 이론적 관점들과 연구 기법들이 집단 연구에 적용되었다. 집단 현상을 이해하기 위한 접근법과 선행된 설명들은 일반적으로 심리학에서만큼 집단 역학 분야 내에서도 다양하다. 하지만 나는 이미 거론된 것들을 여러 번 반복하게 되는 이 다양한 관점들에 관해 길게 설명하고 싶지 않다. 이런 이유로 이 장에서는 성인교육자를 위한 집단의 의의와, 집단 역학 개념이 실천을 위한 기초로서 이용되어 온(혹은 됐을 수 있는) 방법을 탐구하는 쪽으로 접근할 것이다.

성인교육에서의 개인과 집단

현대 성인교육에서는 개인주의 윤리와 집단주의 정신 사이에 긴장이 있다. 개인주의는 인문학적 접근에서 가장 명백하다. 이는 앞서 다루어졌지만 여기서 더 확장시킬 필요가 있다. 개인주의 윤리의 핵심적인 생각은 Lukes에 의해 서술된다. 첫째, "최고의 내적 가치의 궁극적인 도덕 원칙, 혹은 개별적인 인간으로서의 존엄이 존재한다." (Lukes, 1973: 45) 이는 개인을 두며 '집단'을 부차적인 것으로 격하시키는 가치 체계의 가운데에 개인을 두게 하는 도덕 이치를 담고 있다. 둘째, "개인의 생각과 행동은 그 자신만의 것이며 그의 통제 밖에 있는 원인에 의해 결정되지 않음에 따른 자주성 혹은 자기 주도성의 개념이 있다."(Lukes, 1973: 51) 그리고 마지막으로 낭만적인 전통에 초점을 맞춘 자기개발의 개념이 있다.

개인의 삶을 위한 이상을 명시하였다. 이상은 순수한 이기주의에서부터 강력한 공산사회주의까지 이어지는 연속체에서 자아에 대한 다양한 생각에 따라 그 내용이 다양하다. 이는 개인이 사회에서 동떨어지고 사회에 대해 반감을 품는 반사회적이거나, 개인이 자신만의 길을 따르며 사회적 압박으로부터 자유로운 초(超)사회

적 혹은 자기개발이 타인과의 공동체를 통해서 이루어지는 극(極)
사회적인 것이다.

(Lukes, 1973: 71)

이러한 개인주의의 세 가지 특성, 인간 존엄성, 자주성과 자기 주
도성, 그리고 자기개발은 인본적인 성인교육에 내포된 가치 체계의
기저를 이룬다. 역설적이게도, 이 가치 체계는 집단에 대한 이해와 집
단 작업에 대한 전념을 주장하는 성인교육자들 사이에서도 널리 퍼져
있다. '개인주의자'들에게 집단이란 목적을 달성하기 위한 수단으로
서의 집단 작업의 개념이다. 이러한 주장은 집단 학습이 자료의 통합
을 격려하고, 집단에 대한 믿음을 형성하며, 참가자들이 자신의 관점
을 표현하게 하고, 그들의 생각을 명확히 하는 것을 돕는 등의 이유로
강의 형태보다 낫다고 이야기한다. 성인교육자의 과제는 다양한 집
단교수법, 집단 작업의 위험에 대한 민감도, 그리고 집단 과정에 있어
서 적절히 개입할 수 있는 능력 등을 개발하는 것이다. 궁극적인 목표
는 결합하고 원활하게 기능하면서 화합하는 집단을 만드는 것이며,
그 집단 안에서 개인은 함께 일하고 생산적으로 학습할 수 있다. 집단
역학 문헌은 순응, 집단 응집성, 리더십, 의사소통 구조, 규범의 발
현, 집단 개발, 집단 의사결정, 그리고 개인 대 집단 수행 등에 대한
풍부한 지원 자료를 제공한다. 이 모든 것은 개인이 어떻게 집단에 의
해 영향을 받는지 혹은 어떻게 특정 개인(조력자)이 집단의 삶에 영향
을 끼칠 수 있는지를 이해하는 데 사용될 수 있다.

집산주의자(collectivist) 정신은 Freire(1972), Lovett(1988), Lovett
등(1983), Gelpi(1979), Griffin(1987), 그리고 Allman(2001)과 같은

'급진적인' 성인교육자들의 글에서 잘 나타난다. 개인의 발전에 반대하면서 그들은 어떻게 성인교육이 급진적인 사회 변화에 공헌하고 어떻게 집단의 발전을 이룰 수 있는지에 관해 흥미 있어 한다. 집단 성인교육모형으로서 종종 인용되는 역사적인 전례로는 Tennessee 주의 Highlander Folk School, Nova Scotia 주의 Antigonish 운동, 미국의 Labour Colleges, Scandinavian Study Circles, 그리고 덴마크 협업체들이 있다. 집산주의자 정신은 사회에서 노동계급, 소작농, 여성, 그리고 인종, 토착민, 종교 소수자와 같은 특정 집단의 권한 부여를 옹호한다는 의미에서 명백히 정치적이다. 또한 이는 개인의 발전만을 위한 수단으로서 사용되며 끝에는 '영리한 악당'만을 생산하는 성인교육 계획에 반대한다. 이러한 집단에 대한 전념은 민주적인 리더십의 중요성과 의사결정 참여, 협업 활동과 자기관리를 강조하는 정치적 이념에서 비롯된다. 이는 사회 심리학이나 집단 역학보다도 정치적 그리고 사회적 이론에 기초한다. 집단 자기 결정에 대한 개념은 정치적, 도덕적 의무이며 집단 작업의 목적은 집단 응집성의 촉진이나 일정 수준의 의견 일치에 도달하는 것이라기보다는 민주적인 토론과 의사결정을 위한 장을 제공하는 것이다.

집단에 대한 '개인주의적' 또는 '집단적' 접근법은 각각 현실의 성인교육자가 취할 수 있는 태도의 정반대쪽 끝이라고 알려져 있다. 모든 것을 고려했을 때, 집단 역학에 대한 문헌은 여기서 '개인주의적' 쪽에 더 치우쳐져 있다. 이는 Olmsted와 Hare가 집단에 대해 '내적' 접근이라고 언급한 것과도 일치한다.

집단 연구에 관한 두 번째 접근은 사회로서 집단에 대한 '내적'

초점으로서 언급될 것이다. 이는 더욱 새롭고 실험적인 전통이며 사회학보다는 심리학에서 유래한다. 집단은 개개인의 행동 환경과 관련이 있기 때문에 연구될 만한 주제로 여겨진다. 집단은 사회적인 상호작용과 사회 속에서 개개인의 역할이 관찰되고 검사될 수 있는 하위 사회다.

(Olmsted and Hare, 1978: 9)

이 집단에 대한 '내적' 접근(더 큰 사회적 독립체에서 어떻게 집단이 기능을 하는지에 대해 관심이 있는 '외적' 접근과는 반대되는)은 방대한 양의 조사 자료와 다양한 범위의 이론적 설명을 산출했다. 현재는 상대적으로 이 분야에 대해 일관성 있는 '고전' 글(예: Cartwright and Zander, 1968; Hare, 1976; Shaw, 1981; Forsyth, 1999), 그리고 명확하게 집단 역할을 성인학습과 연결하는 글들이 있다(예: McLeish et al., 1973; Cooper (ed.), 1975; Jaques, 1992; Exley, 2004). 최근 50년간 이 분야의 연구 리뷰는 소집단들을 대상으로 한 실험에서 발견된 아홉 가지의 일반적인 이론적 관점을 규명한다(Poole et al., 2004). 각각의 관점들은 집단에 대한 다양한 가정과 서로 다른 주안점들을 갖고 있다. 예를 들면, 정신분석적 관점은 깊은 정신 역학이 집단행동 표면의 밑바탕에 깔려 있다고 가정하기 때문에 집단의 정서적, 감정적 면에 초점을 맞춘다. 기능적 관점은 집단은 목표 지향적이라는 점이라는 가정에서 출발하기 때문에 효과적인 수행을 향상시키는 집단행동에 초점을 맞춘다. 시간적 관점은 집단은 시간에 따라 변화하고 발전한다고 생각하기 때문에 발달단계와 변화를 촉진시키는 요인에 대해 초점을 맞춘다.

집단 역학에서 성인교육의 관심은 집단 학습을 통해서 성인교육에 대한 많은 인식들이 이루어진다는 믿음에서 유래한다. 집단은 공유된 지원과 상호 간의 피드백으로 자기이해를 발달시킨다. 학습을 위한 경험적 기반을 만들고 상호작용과 자기결정성, 신뢰를 격려한다. 집단이야말로 선생님과 제자 간의 전통적인 관계에 도전하고 계획에서의 동등한 투입을 주장한다. 결국 집단을 통해서만 '학습방법 익히기'가 성취될 수 있다. 이런 신념을 고려해 볼 때 문헌은 간단히 살펴보아도 이런 신념들이 도전받고 있다는 것이 밝혀지겠지만, 성인교육자 훈련에서 집단 역학을 최우선으로 하는 것은 이해할 만하다.

집단 역학과 관련이 있을 때 성인학습에 관한 글들은 다음과 같이 성인교육자들을 도울 자료를 선택하는 경향이 있다.

1. 집단 관찰(예: Bales의 상호작용 절차 분석, Moreno의 사회측정법);
2. 관찰 해석(예: 집단 발달의 단계, 집단 영향력 사례 혹은 역할 차별화의 지표);
3. 집단 과정 개입(예: Heron의 6가지 범주의 개입 분석, 무수한 집단 교수 기법들, 명목집단기법)

이 장의 나머지 부분은 상기 목적들의 마지막에 초점을 맞추고 몇몇의 공통 집단 촉진 기법들과 이로 인해 제기되는 일반적인 질문들에 대해 논할 것이다.

집단 영향력과 경험 기법들

집단 역학 연구는 전통적으로 집단이 개인의 행동, 인식, 판단, 그리고 믿음에 관해 강력한 영향을 끼친다는 것을 뒷받침한다. 이 문헌에는 경험적 집단의 본질을 논하기 전에 간단히 재론할 가치가 있는 몇몇 대표적인 연구들이 있다.

이 전통에서 고전적인 실험은 Sherif(1935)에 의해 행해졌다. 피실험자들에게는 어두운 방에 앉아 빛의 움직임을 따라가도록 지시한다. 사실, 빛은 고정되어 있으며 그것의 가현운동(apparent movement)은 자동운동효과로 알려진 시각적 착시에 의한 것이다(고정된 작은 빛 반점은 보통 50~150mm 사이에서 움직이는 것처럼 보인다). 혼자 있을 때, 개인은 점차적으로 범위(75~125mm 정도)와 표준(100mm 정도)을 세운다. 이런 범위와 표준을 세운 사람들을 다 같이 집단으로 묶었을 때, 그들의 범위와 표준은 하나의 집단 표준으로서 모이게 된다. 이 집단 표준은 개인에게 다시 한 번 판단하도록 요구했을 시에도 지속된다. 이 실험의 의의는 집단 표준이 개인 표준보다 더 구속력이 있다는 것을 보여 주는 데에 있다.

후에 그만큼 유명한 연구가 Asch(1956)에 의해 발표되었다. 그의 실험에서 피실험자들은 세 개의 수직선(15.5cm, 20cm, 17cm) 중에서 표준 수직선(20cm)과 길이가 같은 것이 어떤 것인지 판단한다. 피실험자들이 혼자 판단했을 시에는 정답률이 100%로 정확했다. 하지만 집단 안에서 판단을 하는 상황에서 다른 사람들이 만장일치로 오답을 냈을 시에는(이 사람들은 실험자와 공모 관계에 있다), 약 3분의 1이 적어도 절반의 실험에서 자신의 인식과는 반대로 다수의 판단을 따랐다. 순응의 정도는 다수의 판단에 반대하고 정확한 판단을 주장하는 '아군'이 있을 시에 눈에 띄게 줄어든다. 현재까지 순응 수준에 대해 만족스러운 설명은 나오지 않았다. 당시 Asch는 세 가지 유형의 순응이 분명히 존재한다고 이야기했다.

1. 왜곡된 인식을 갖고 있으며 다수의 추측이 정확하다고 인식한 사람들
2. 집단의 판단이 정확하다고 받아들이지만 일부분은 다르게 인식했음을 깨닫는 사람들
3. 자신의 판단이 옳다고 여기지만 다르게 보이는 것을 피하기 위해 다수의 결정을 따라간 사람들

이러한 차이점들은 개인이 집단의 가치를 받아들이는 내면화와 개인이 집단과 같이 되기를 원하는 동일시, 그리고 개인이 배제되는 것을 피하기 위해 집단의 규범에 '순종'하는 규범 준수와 같이 집단이 영향을 끼치는 과정을 분류하기 위해 행해진 시도들에 부합한다(Douglas, 1989). 앞서 행해진 연구들은 그 한계에도 불구하고(예: 연구된 집단들이 엄밀한 의미에서는 진정한 '집단'이 아니었다), 집단 영향력에 관련해서 유력한 설명들로 남아 있다.

집단 영향력에 관한 많은 연구에서 속임수는 중요한 연구 기법이다. 극단적인(몇몇은 '비윤리적'이라고 말하는) 수준의 속임수를 사용한 선구자적 연구자는 Milgram(1965)이다. 그는 사람들이 타인의 명령을 이행하는지 이행하지 않는지에 따른 조건에 대해 관심이 있었다.

연구의 필수 요인은 Milgram에 의해 다음과 같이 설명된다.

　　이 연구는 피실험자가 '피해자'에게 점차적으로 강력한 처벌을 가하도록 실험자로부터 명령 받았을 때 타인에게 가할 수 있는 전기 충격의 양에 관한 것이다. 충격을 가하는 행동은 학습 실험의 맥락에서 이루어지지만, 표면상으로는 처벌이 기억력에 미치는 효과를 연구하기 위한 것이다. 실험자를 제외하고, 한 명의 순진한 피실험자와 한 명의 공범이 각 회차마다 실험을 수행한다. 도착하자마자 각각의 피실험자들은 4.50달러를 받는다. 얼마나 적은 수의 과학자들이 처벌의 효과를 아는지와 같은 전반적인 이야기 후에, 피실험자들은 두 명으로 팀을 짜서 한 명은 선생님 역할을, 다른 한 명은 학습자 역할을 할 것이라는 것을 알게 된다. 순진한 피실험자는 언제나 선생님이 되고, 공범은 학습자가 되도록 추첨을 한다. 학습자는 근처 방에서 '전기의자'에 묶인다.

　　순진한 피실험자는 학습자에게 숫자, 단어, 그림 등의 짝을 지어서 연상에 의해 기억해 내는 쌍연상 학습방식을 가르치고 테스트하고, 학습자가 문제를 맞히지 못할 때마다 벌을 주라는 지시를 받는다. 처벌은 전기 충격의 형태로 가해지며, 피실험자가 조정하는 전기 충격 발전기를 통해 학습자에게 전달된다. 선생님 역할을 맡은 사람은 오답마다 전기 충격의 강도를 높이도록 지시받는다. 학습자 역할을 맡은 사람은 사전 계획에 따라 많은 오답을 내서, 오래 지나지 않아 순진한 피실험자가 가장 강력한 전기 충격을 그에게 가하도록 한다. 전기 충격의 정도가 강해지면 통증이 심해지기 때문에 학습자는 갈수록 실험을 끝내 달라고 간청한다. (이는 속임수로,

'학습자'는 사실 어떠한 전기 충격도 받지 않는다.) 피해자의 반응은 테이프에 표준화되어 있으며 각각의 저항은 전기 충격 발전기의 특정 전압 수준에 따라 이루어진다. 75볼트로 시작하며 학습자는 끙끙 앓고 신음하기 시작한다. 150볼트에서 그는 실험에서 꺼내 달라고 요구하며, 180볼트에서는 더 이상 이 고통을 참을 수 없다고 울부짖는다. 300볼트가 되면 그는 더 이상 기억력 검사에 대한 어떠한 대답도 하기를 거부하면서, 자신은 더 이상 이 실험에 참가자가 아니며 풀어 주기를 주장한다. 그의 최후 작전에 대해 실험자는 순진한 피실험자에게 무응답 역시 오답으로 간주하며 주어진 충격 절차를 따르도록 지시한다. 실험자는 자신의 요구를 이러한 말을 통해 강요한다. "당신은 다른 선택이 없습니다. 계속하십시오!"(이 명령문은 순진한 피실험자가 실험을 중단하려고 할 때마다 사용된다.) 피실험자가 차후에 더 높은 수준의 전기 충격을 가하기를 거부한다면 실험은 종료되는 것으로 간주한다.

(Milgram, 1965: 59-60)

이 절차를 통해 Milgram은 60% 이상의 피실험자가 실험자가 중지하기 전까지 전기 충격을 가하기를 (상당히 고통스러워하고 일정 수준의 저항을 하면서도) 순순히 계속했다고 보고했다. 이 실험에서 가장 인상적인 점은 (순진한 피실험자의 고통에 대한 Milgram의 명백한 무관심을 제외하고) 자신들의 행동이 타인에게 엄청난 고통을 주고 있다고 믿으면서도 많은 사람들이 기꺼이 실험자의 지시를 계속해서 따랐다는 것이다. 기본적인 실험 설계의 변이는 (전기 충격을 받는) 학습자의 물리적 근접성이 감소하고 (계속하도록 명령하는) 실험자의 물리적 근접성이 감소할 때, 복종심이 증가한다는 것을 밝혀냈다. 집단 영향력의 관점에서 볼 때에 이 기본 틀의 가장 중요한 변이는 집단의 사용을 포함한다. Milgram이 피실험자가 있는 곳에 실험자의 권위에 저항하고 불복종하는 집단을 배치했을 시, 90%의 피실험자가 그 뒤를 따랐으며 또한 실험자에게 저항했다(순종적인 집단은 피실험자의 복종심을 아주 약간만 증가시켰다).

마지막 실험은 합의된 행동 절차에 대한 집단의 의사가 구성원의 차후 행동에 미치는 영향에 관한 것이다. 2차 세계대전 중 미국 정부는 가금류와 내장 고기 소비에 관한 자국민의 식습관을 바꾸고 싶었다. Lewin(1958)은 규범이 집단 수준에서 나타난다고 주장하며, 식습관의 변화를 집단 토론을 통해 바꿀 것을 제안했다. 그리고 나서 집단 토론의 효과를 강의를 통해 얻어지는 효과와의 비교를 통해 증명했다. 한 피실험자 집단(모든 피실험자들은 적십자 자원봉사자 주부로 기술된다)은 식단 변화의 바람직함과 매력적인 조리법에 대해 잘 준비된 강의를 수강한다. 두 번째 피실험자 집단은 가정 내 식단과 전쟁물자와의 관련성에 대해 토론하도록 했고, 내장 고기에 대한 생각과 의견을 교환했으며, 새로운 식단을 시도할 것인지에 대해 투표했다. 1주뒤에 실행된 면접에서 집단 의사의 효과는 명확하게 나타난다. 집단 토론 구성원의 32%가 실제로 추천된 식사를 했으며 이는 강의를 받은 피실험자 중 3%만이 그런 것과 비교된다.

앞서 언급된 각각의 네 가지 실험 중에서, 하나는 연구 활동을 추적할 수 있으며, 여전히 토론 중에 있다. 수많은 사회 심리학 실험들처럼, 이 실험들은 우화와 같은 역할을 한다. 또한 현재 사회 심리학 역사에 명시되어 있으며 어떻게 개인의 선택과 독립적인 행동들이 집단에 의해 형성되고 제한되는지를 상기시키는 역할로서 이용된다.

여기서 집단 단위에서의 노동 및 학습과 관련이 있는 초기 주제로 돌아오자. 성인교육에서 집단 촉진자는 집단 응집성의 매력도를 종종 말하는데, 이는 일반적으로 어떤 집단 구성원이 집단에 매료되는 정도를 의미한다. 집단 응집성의 긍정적인 결과는 실험 집단, 학습 집단 그리고 노동 집단에서 잘 뒷받침되며 집단 응집력은 종종 집단이 성숙하게 성장하는 데에 있어서 중요한 단계로 여겨진다. 이를 고려했을 때, 집단 응집력 향상을 주요 목적으로 하는 집단 훈련이 등장하는 것은 당연하다. 응집력이 정서적이고 비기계적인 집단의 행동들로 표현되는 것을 고려한다면, 왜 이러한 집단 훈련이 감정적인 긴장 상태를 풀어 주고, 학습에 대한 저항을 잠재우며, 집단 구성원들 간의 상호작용 향상 등에 초점을 맞추는지 쉽게 이해할 수 있다. 이와 같은 목적을 위해 노력하는 것은 의심할 여지없이 가치 있는 일이다. 하지만 연수 매뉴얼에서 추천되고 수많은 연수들과 성인교육 워크숍에서 행해지는 것들 중 몇몇의 훈련과 기법의 가치는 그렇지 않다. 예를 들면, '아이스 브레이커(ice breaker)'는 성인교육과 관련 있는 대부분의 사람에게 친숙한 경험일 것이다. 성인교육에 관한 다양한 경험 집단 기법들처럼, 경험 집단 기법의 기원은 인간의 잠재력 회복 운동, 그리고 'T-집단'과 '대면' 집단과 같은 기법들로 거슬러 올라갈 수 있다(최근 리뷰를 위해 Weigel, 2002; McCleod와 Kettner-Polley, 2004 참조). 일부 이 운동의 과잉은 이전에 일반적으로 쓰이는 훈련들의 세 가지 주요 특징들을 깨달은 Malcolm(1975)에 의해 기록되었다.

1. 참가자들의 즉각적인 '지금-여기(hear-and-now)' 경험에 초점
2. 개인의 변화는 집단에서 더 순조롭게 일어난다는 믿음
3. 열려 있고 진솔한 피드백과 자아개방 가치에 대한 믿음

이 (배타적으로) 경험 훈련에 대한 Malcolm의 반대는, 본인의 향상과는 상관없이 개인은 집단의 뜻에 굴복해야 한다는 것이다. 체계가 잡혀 있지 않고 본질적으로 리더가 없는 대표적인 'T-집단'은 나 자신과 타인에 대한 더 깊은 이해를 목적으로 하며, 반대에 대한 부인에도 불구하고 참가자들의 행동을 통제하는 규칙이 사전에 잘 알려져 있다. Malcolm의 설명에 의하면, 이러한 규칙들은 꽤 많이 개인에 반하여 이행된다. 예를 들면, 개인의 지식과 전문성이 언제나 자연스러운 감정 표출에 대한 방어로서 설명되는 집단에서, '지금-여기'에 집중해야 하는 필요성은 공격적인 반주지주의적 태도로서 전형적으로 나타난다. 장려되는 그런 행동들은 정상적인 사회 교류, 적어도 성인 인구에서 금지된 것들이다. '진술'하고 '열린' 피드백을 받아들이지 못하는 것은 개인의 진실한 감정을 '고백'하지 못하거나 혹은 더 심각하게 집단 활동에 참여하는 것을 동의하지 않는 것이기 때문에 비정상적인 것으로 간주된다.

Malcolm은 인간의 잠재적 운동의 극단적인 요소들이 조작적이고 모욕적이며 효과적임과 동시에 꽤 위험한 기법들을 사용한다는 흥미로운 사례를 조사했다. 그의 사례는 또한 경험적 기법에도 적용될 수 있는데, 이 기법은 몇몇의 성인교육자에 의해 채택되었으며, 특히 '아이스 브레이커'와 같이 집단 응집성을 확립하기 위한 지름길로서 사용된다. 전형적인 아이스 브레이커는 인간의 잠재적인 '경험적' 훈

련을 위한 모든 '재료'들을 가지고 있다. 또한 종종 유치한 게임 같은 것들도 포함하고 있으며 언제나 감정 수준에서의 집단의 상호작용을 요구한다. 또한 일종의 자아개방을 요구하기도 한다. 다음은 집단의 의사소통, 다문화 혹은 대인관계를 위한 집단 작업의 도입부에서 장려되는 활동으로 '갑작스러운 통찰(Insight by Surprise)'이라고 불린다(Luft, 2000: 137). 이는 사람들이 타인을 새로운 시각에서 보고 편견에 대한 인식을 깨우치는 것을 돕기 위해 활용된다. 이것은 서로 모르는 사람들로 이루어진 집단으로 시작한다. 우선, 사람들을 동그랗게 세운다. 한 사람이 촉진자에 의해 선택되는데, 이 사람은 두 번째 집단을 만들기 위해 또 다른 사람을 선택해야 한다. 그러면 이번에는 두 사람이 그들에게 합류할 또 다른 사람을 뽑는데 이는 또 다른 집단이 같은 크기가 될 때까지 계속된다. 이 집단은 내부 원을 만드는데 내부와 외부의 원들은 이제 서로를 마주본다.

> 내부 집단에 있는 사람은 외부 집단에 있는 각각의 사람들을 유심히 지나가면서 쳐다보기 위해 둥그렇게 돌면서 천천히 조용하게 움직인다…… 그리고 나서 내부 원에 있는 사람들은 자기 생각에 모든 면에서 자신과 다른 사람을 외부 원에 있는 사람들 중에서 선택한다…… 그러면 나는 그들에게 앞으로 나와서 자신과 다르다고 생각했던 사람 앞에 서도록 요청한다.
>
> (Luft, 2000: 137)

일부 다른 부가 설명이 있지만 요지는 같다. 이 훈련은 의도적으로 애매한 성격을 띠고 있으며 꽤 직설적일 수도 있는 훈련이다. 추천할 만한 토론 질문은 "어떻게 진행되었을까?" 이다. 이 훈련의 진행은 훈련이 어떻게 소개되었는가와 소개 전에 리더의 '분위기 조성'에 달려 있다. 하지만 이것은 위험한 훈련이며 온갖 종류의 형편없는 결과를 상상할 수도 있다. 예를 들면, 이 활동은 한 집단에게만(내부 원) 통찰력을 제공하고 '밖'에 남겨진 사람들은 단순히 평가의 대상으로서만 존재한다. 왜 그들은 내부 원에 들어갈 수 있도록 선택받지 못했을까? 무엇을 바탕으로 그들이 다르다고 기술될까? 자신들이 갖고 있는 차이점이 강조되고 또 그것이 타인들에 의해 자신의 추측을 탐구하도록 이용되는 것에 대해 그들은 어떻게 생각할까?

대부분의 아이스브레이커는 남의 기분을 상하게 하지 않은 게임들이지만 최악의 경우 참가자들의 지능이나 사교능력에 따라 다소 모욕적으로 받아들여질 수 있다. 하지만 그럼에도 불구하고, 이러한 훈련을 집단의 초반에서 활용하는 것에 대한 위험은 인지해야 한다. 이 시기에 개인들은 더 순응적이며 특히 불참하는 것을 어려워하는 듯하다. 하지만 집단 경험 기법을 사용하기 위해서는 세 가지 기초 원칙들이 있는데 이를 잘 지키기만 한다면 해로운 집단 경험의 가능성을 줄이고 학습 가능성을 높일 수 있다. 그 세 가지 기초 원칙은 다음과 같다.

1. 내용 고지의 원칙. 즉, 참가자들에게 훈련의 성격에 대해 자세히 이야기해 주어야 한다.
2. 참여 자유의 원칙. 즉, 참가자들은 언제든 집단을 떠날 수 있다. 이상적으로 여기서 말하는 자유라 함은 순응해야 한다는 집단 압력으로부터의 자유로, 이 압력은 제거하기가 매우 어렵다. 그러므로 집단 촉진자는 강력하게 말하고 자주 반복해야 한다는 원

칙이 있다.

3. 비판적인 성찰 원칙. 즉, 분석과 평가를 통한 경험을 이해해야 한다(Boud et al., 1985; Zeichner and Liston, 1987 참조).

특별히 은밀한 훈련은 응집력과 전념을 개발하려는 목적만을 위해 집단을 처리한다. 다음의 조언은 영향력 있고 존경받는 학자에 의해 쓰인 것으로 우리 모두에게 경고를 하고 있다.

> 전념을 유도하기 위해 행정구역들에서 사용되는 몇몇의 절차들은 공동체 집단에서도 사용될 수 있다. 우선, 모든 독립체를 다른 집단에서 분리시킨다. 독립체에서, 관리자는 구성원들의 가치와 행동을 형성하기 위해 특별한 방법을 쓴다…… 이러한 절차들 중 희생이라고 불리는 절차에서, 개인이 소중한 소유를 포기하는 것에 동의했을 때 독립체 안에 남겠다는 자신의 욕구가 증가한다는 전제하에, 참가자는 가치 있는 행동이나 목표를 포기하도록 요구된다. 포기 선언이라고 명명된 또 다른 체제는, 참가자들에게 행정구역 내부에서의 친분을 다지기 위해 그 밖에 있는 모든 인간관계를 포기하도록 요구한다. 구성원들은 친구, 친지, 그리고 다른 구성원 이외의 사람들과의 교류를 피하도록 하고 행정구역을 벗어나는 것을 금한다.
>
> (Zander, 1990: 84-5)

이 조언이 어떻게 지역사회 집단이 사회적 행동의 동력으로 활용될 수 있는지에 대한 탁월한 처방으로 제공되었는지 혼란스러울 뿐이다.

앞서 나는 성인교육에서 상당량의 집단 노동이 개인의 성장과 발달이라는 이름하에 행해진다고 주장했다. 역설적이게도, 구성원들의 행동과 믿음을 형성하고 유지하기 위한 집단의 힘에서 집단 노동의 수많은 위험들 중 하나가 발생한다. 이런 상황에서 집단 역학 지식이 집단의 억압적인 측면을 피하기 위해 잘 활용될 수 있다. 이는 지속적으로 개인들의 모임이 이런저런 집단으로 변한다고 증언하는 성인교육자들을 위해 특히 중요한 기능이다.

집단 필요 충족

집단은 종종 프로그램 계획 단계에서 학습자의 참여를 향상시키기 위한 수단으로 여겨진다. 집단을 통해서만 진정한 집단의 요구가 표현된다는 믿음이 있다. 하지만 필요의 충족이라는 개념은 들리는 것처럼 간단하지는 않다. 요구 충족 패러다임이 전문 제공자들의 이익을 제공하는 슬로건일 뿐이라고 주장하면서 이 패러다임이 성인교육 제공에 있어서 타당하다는 의견에 반대하는 사람들이 있다(예: Armstrong, 1982; Griffin, 1983) 이 해설자들은 보통 요구 개념의 이념적 작용과 어떻게 성인교육 제공에 영향을 끼칠 수 있는지에 초점을 맞춘다. 하지만 여기서 우리의 걱정은 학습자 집단과 직면하고 그들의 요구를 충족시켜 주는 것을 긍정적으로 생각하는 성인교육자에게 요구 충족이 어떤 의미인지와 관련 있다. 이 사람이 마주할 첫 번째 어려움은 집단의 필요, 요구, 바람을 구분하는 것이다(Wiltshire, 1973; Lawson, 1975; Tennant, 1985b 참조). 바람(wants)은 일반적으로 욕구

(desire) 충족의 가치 평가 없이 순수하고 단순한 욕망으로 여겨진다. 수요(demand)는 욕구의 명시적인 표현으로 여겨진다. "우리는 기본적인 이론을 배우고 싶습니다." 혹은 "토의 수업에 더 많은 시간을 할당하기를 원합니다."가 직접적인 수요의 예시들이다. 간접적인 수요는 과정을 그만두는 사람 수가 될 것이다. Newman은 "아무도 오지 않는 것은 성인교육자들의 마음을 멋지게 집중시킨다."라고 견해를 밝혔다(1979: 147). 필요(needs)는 충족시킬 가치가 있다고 간주되는 '바람'이나 '수요'이다. 따라서 필요는 중립적이지 않으며 다양한 바람이나 수요를 충족시키는 상대적 이점에 대해 누군가의 판단이 요구된다. 정확하게 어떻게 이 판단이 학습 집단에서 이루어지는지는 그야말로 문제가 많다.

이 시나리오는 개인과 집단의 요구를 동시에 충족시키려고 하는 모순에 의해 더 복잡해진다. 집단 요구가 개인 구성원들의 이익과 양립할 수 있다는 가정은 확실치 않은 의견 일치가 예상된다. 집단과 개인의 요구와 이익 사이에는 불가피한 차이가 존재한다. 모든 집단들은 개인의 자주성을 어느 정도 침해하기 때문에 집단 요구 상황에서 개인의 요구를 충족시키기 위한 공정하고 공평한 조치에 대한 판단을 해야 한다.

명목집단기법(Nominal Group Technique: NGT)은 주장하건대 요구/수요의 평가와 개인과 집단의 요구의 혼합, 이 두 가지 업무에 접근하기 위한 좋은 방법이다. 이 기법의 단계들은 〈표 8-1〉에 개략적으로 나와 있다.

이 기법은 특히, 초기 단계에서 모든 집단 구성원들의 균형 잡힌 투입을 허용하도록 설계되었다. 이는 또한 투표자의 익명성을 지켜 주

<표 8-1> 명목집단기법 단계

1. 업무가 진술된다. (예: 어떤 주제를 세미나 시리즈가 논해야 하는가?)
2. 참가자들은 자신의 아이디어를 조용하고 독립적으로 적는다.
3. 논평/질문들을 명료히 하며 모든 아이디어들은 '순차 순환 대기' 방식으로 나열되지만 토론이 이루어지지는 않는다.
4. 아이디어들은 제안자에 의해 옹호되며 합의 또는 의견 충돌들은 표현된다.
5. 집단 구성원들은 아이디어를 평가하고 다섯 가지 우선순위들을 나열하며 이 우선순위들을 가장 높은 것(5점)부터 낮은 것(1점)까지 순위를 매긴다.
6. 투표는 합산되며 결과는 업무 흐름도에서 기록된다.
7. 다음에는 아이디어와 투표 양식에 관한 더 진전된 토론이 진행된다.
8. 투표 절차는 반복되며, 아이디어들은 합산되고 순위에 맞게 나열된다.

기 때문에 (아마도) 다수의 의견에 순응해야 한다는 개인의 압박을 줄일 수 있다. 하지만 이것은 최종 아이디어 목록으로 무엇을 할까와 같이 성패가 달려 있는 쟁점을 지연시키는 기계적인 절차이다. 집단 구성원들을 묶는 것이 최종 아이디어 목록인가? 수정 대상인가? 수정될 수 있는 조건은 무엇인가? 이 질문들은 NGT에서 세미나 대표의 중립과 집단 역학 과정의 축소가 오래 가지 못했다는 것을 나타낸다. 조만간 집단은 요구 충족 혹은 의사결정을 위한 기계 장치로서가 아니라 집단으로서 기능하기 시작해야 한다.

NGT와 비교할 만한 다른 많은 기법들도 있지만 이들은 주로 의사결정이나 문제해결을 위한 규칙 제정으로 위원회 모임에서 '복무 규정'과 비슷하게 기능한다. 하지만 이는 집단 요구 확립을 진행하기 위한 가장 유익한 방법은 아니다. 집단 '요구'가 학습 과정의 시작 부분에 존재한다는 것은 그릇된 개념이다. 대부분의 성인학습 집단은 개인이 배우러 오고, 집단이 상호 의존에 대한 인식이 있을 때만 이루어진다는 의미에서 인위적이다. 처음에 기계적인 기법을 프로그램 계획 기법으로서 활용하는 것은 개인 요구의 집합만을 야기한다. 이는 집단 내부의 상호 의존성 발현에서 발생하는 요구를 표명하는 데 확실히 실패할 것이다.

집단 개발

이 장에서는 집단 기법의 간단한 예시들이 더 추가될 것이다. 내가 이 예시에서 이끌어 내고 싶은 점은 바로 집단이 숙련된 촉진자에 의해 조정될 수 있는 기계적인 대상이 아니라는 점이다.

집단 개발과 관련한 문헌이 이 관점이 사실임을 입증한다. 일반적으로 집단은 특징이 있는 유기적 독립체로, 성장과 발달에 있어서 예측 가능한 패턴을 갖고 있다고 여겨진다. Arrow 등(2004: 〈표 8–2〉)은 집단이 시간에 따라 조직적으로 변화하는 방법을 분석하는 다섯 가지 모형들을 설명한다. 각각의 모형 간에 변이가 존재하지만 모형들을 통틀어서 공통적인 관심사는 어떻게 집단이 권위, 권력, 그리고 대인 관계들을 분류하는지에 있다. 이는 Arrow 등은 이 다섯 가지 단계들의 공통 패턴을 규명하는 순차적 단계 모델에 대해 잘 보여 준다.

1. **포섭과 의존**: 불안감이 생겼을 때, 리더에 대한 의존, 그리고 상황의 본질과 어떤 행동이 용납될지 알아내기 위한 시험이다.
2. **갈등**: 권력, 권한과 경쟁문제, 지도자와의 대립 그리고 일에 대한 저항이다.

〈표 8-2〉 집단변화모형

	설명	절차
순차 단계 모형	집단이 겪는 질적으로 서로 다른 단계들의 고정된 순차를 상정한다.	자연적인 생애주기에 비유되는 말이다. 변화는 집단에게 내생적이다.
주기 반복 모형	전체 생애주기 내에서 많은 반복적 순환을 한다.	과정에는 내성이 있으며 변화 엔진은 대립적인 긴장감이다. (예시: 업무 중심 vs 사회-감정 중심)
견고한 평형 모형	초기 변화는 자기조절을 통해 유지되는 안정적인 상태를 도출한다.	변화는 혁신적이다. 변이는 집단이 평형 상태에서 안정될 때까지 계속 시도된다.
단속 평형 모형	짧은 기간의 급진적 변화로 인해 끝난 정체 기간.	집단은 상황을 내포하는 수요에 적합해지도록 시도한다.
조정 대응 모형	발달 패턴들은 각 집단들의 힘과 가능한 인센티브 여부에 따르게 된다. 특이한 발달 패턴으로 이어진다. 집단은 다양한 목적을 추구하며 분명한 목적의식을 띠는 독립체이다.	환경적 기회에 대한 대응은 집단의 변화와 지속성을 이끄는 힘이다.

출처: Arrow et al. (2004)에서 채택.

3. **신뢰**: 역할, 업무 및 일의 배분에 대한 열린 협상이 존재한다.

4. **업무 지향**: 작업 단계에 있어서 업무를 완수하기 위한 건설적인 시도가 이루어지는 작업 단계이다.

5. **종료**: 감정적으로 특징지어지며, 분열과 갈등 혹은 긍정적인 기분 표현으로서 인식된다.

이 현대적 요약은 집단을 형성, 격동, 규칙 제정, 수행, 그리고 중단의 단계를 거친다고 설명했던 Tuckman과 Jensen(1977)의 훨씬 이전 설명을 완벽하게 상기시킨다.

이 개발 과정은 이전에 논의된 생애주기 발달이론들과 공통점을 많이 갖고 있다. 다양한 집단 유형(자연 집단, 실험실 집단, 훈련 집단, 치료 집단 등)에서 미성숙에서 성숙으로 발달하는 선형적인 단계별 진행이 있다. 몇몇의 접근들은 개인의 생애주기 발달과 평행으로 한 단계 더 확장시키고 집단의 감소 및 죽음을 포함한다(예: Mills, 1964; Mann, 1967; 그리고 Dunphy, 1968). 다른 접근법들은 집단 개발의 선형적 진행 양상을 최소화하며 대신에 집단 수명에서 '단계'의 순환하는 특성을 강조한다(예: Bion, 1968; Schutz, 1955). Mennecke 등 (1992)은 집단 발달 모형을 세 가지 유형으로 나누어 말하는데, 진보적 유형(성숙화 모형), 순환적 유형(단계들이 식별 가능하나 진보적인 성숙화에 대해 아무런 불만이 일어나지 않음), 그리고 비순차적 유형(집단은 예측 가능한 순서를 따르는 것으로 보이지 않음)이다.

집단과 함께 일을 하는 대부분의 성인교육자는 집단 정체성의 진화와 이 과정을 동반하는 집단 생활에서의 변동을 이해한다. 집단 발달 문헌은 성인교육자들이 집단 내에서 일어나는 사건들을 이해할 수 있도록 돕는다는 점에서 유용하다. 하지만 어떻게 성인교육자가 이 사건들에 대응하고 집단 과정에 개입할 수 있는지에 대해서는 확실치 않다. 문헌에서 가장 자주 논의가 되는 선택사항은 여러 단계를 거쳐서 집단을 촉진시키는 전략을 고안하는 것이다. 이 역할에서 성인교육자는 자동차에서 윤활유과 같은 일을 한다. 이는 원활하게 절차가 돌아가게 하지만 방향과 목적에 대해서는 고려하지 않는다. 이 역할은 진정으로 집단이 자유롭게 자신의 과정을 추진하는 곳에서만 적절하다. 하지만 이는 흔치 않은 경우이고 대부분의 성인학습 집단은 협상 불가능한 한도와 한계 내에서 기능한다. 그 어떤 학습 집단의 조직화 과정에서 가장 치명적인 실수는 바로 사실은 존재하지 않는 집단 내의 자유에 대한 환상을 심어 주는 것이다. 예를 들면, 성인학습자 집단의 오리엔테이션 프로그램은 그들이 무엇을 배우고 어떻게 그들 자신의 목표를 성취하는지에 대한 인식과 관련해서 이루어진다. 조직자는 집단 개발 절차를 촉진시키기 위한 오리엔테이션을 준비했을 수도 있다. 그들은 아마 집단 개발의 첫 번째 단계에 조직자는 상황을 구성하고 놀이의 규칙을 세우는 등과 같은 전통적인 역할을 버려야 한다는 Bennis와 Shepard(1956)의 조언을 이행하고 있을 수도 있다. 자유에 대한 환상이 깨지고 외부적인 제약이 명확해지면, 조직자는 차후에 발생할 이에 대한 집단의 적개심을 간단하게 집단 개발의 다음 단계(조직자로부터 해방)라고 생각할 수 있다. 하지만 이는 속은 것에 대한 예상 가능한 대응으로서 더 정교하게 설명될 수 있는 것을 하찮게 만들 것이다.

앞선 가설 시나리오에서 나타나는 점은 집단 사건은 집단이 존재하고 있는 상황에서 설명되어야 한다는 것이다. 집단은 진공 상태에서 자신의 내부 논리와 개발 일정표로 운영되는 것이 아니다. 집단 역학은 집단 성숙도뿐만 아니라 외부 제약도 반영한다. 이 외부 제약의 변화는 진행되고 있는 개발 과정을 무시하는 집단 역학에 영향을 끼칠 수 있다. 이 정도로 집단 성숙도의 모든 개념은 일시적이다.

이러닝 집단

집단 역학에 관한 연구는 특정 시간과 장소에서 집단으로 모이는 사람들을 바탕으로 이루어진다. 최근 정보 통신 기술의 정교한 발달은 직장과 교육에서 전자적인 기반의 집단 상호 작용에 널리 적용되고 있다. 교육적 결과(karparti, 2004에 OECD의 업무 참조) 및 더욱 유연한 학습기회를 허용하는 전략으로서 이러닝이 학습자 정체성을 형성하는 방법에 영향을 미치는 것에 관심이 증가하는 것은 놀랄 일이 아니다.

> 유연성 향상은 교육체계의 반응과 평생교육 및 평생학습 사회를 전달하는 능력에 핵심이 되었다. 유연한 조직 및 학습 프로그램의 개념은 교수 및 학습 과정이 시공간적 제약에서 벗어나는 것을 의미한다. 어떤 의미에서 평생 동안 학습기회를 학습자가 편리한 시간과 장소에서 배울 수 있도록 제공하는 이 해방이야말로 유연성의 상징이다. 이는 성인학습자들을 지지하는 사람들에게 매력적이다.
>
> (Edward and Clarke, 2002: 154)

Edwards와 Clarke은 시공간적으로 더 유연한 조직이 학습자 정체성을 더 적극적이고 진취적으로 만든다고 주장하면서, 학습 경험에 있어서의 서로 다른 시공간 배치의 영향에 대한 연구를 했다. 그들은 미국 대학에서 물리학과 학생과 경영학과 학생의 경험을 비교하는 Nespor(1994)의 이전 연구를 인용했다. 물리학이 시간에 걸쳐 만들어진 선형적 교육과정으로 전달되는 반면에, 경영학은 비선형적이고 모듈식이며 유연하다.

> 물리학과 학생들에게 교육과정은 학업과 사회생활을 병행하며 교우관계를 형성하는 장소이다. Nespor는 이런 연유로 물리학과 학생들은 필수과목을 명시된 순서로 들어야 한다고 주장했다……강력한 학문적 정체성이 개발되지만 이는 어떻게 보면 배타적이며 내성적이다. 반면에, 모듈식 관리 프로그램과 대학을 넘어선 광범위한 네트워킹과 관련된 시공간적으로 더 유연한 조직은 더 적극적이고 진취적인 학습자를 결집시키는 것으로 볼 수 있다.
>
> (Edwards and Clarke, 2002: 159)

학습자 정체성에 중요한 영향을 끼치지만 Edwards와 Clarke에 의해 연구되지 않은 점은 이러닝 집단의 집단 역학이 면대면 집단과 차별화되는 방법이다. 이 문제와 관련된 최근 기사를 보면, Hron과 Friedrich(2003)는 넷(net) 기반의 협력학습의 분명한 특징들을 알아보았다. 더 주목할 만한 특징들(텍스트 기반의 비동기적 학습 집단을 표준으로 삼는다)은 다음과 같다.

- 비언어적 신호의 부재
- 사회적 상호작용을 위한 평범한 규칙들이(예: 화자 전환) 중지된다.
- 의사소통에 있어서 일시적인 지연이 있다.
- 학습자에게 추가적으로 요구되는 점이 있다(예: 복잡한 기술을 다루는

법을 배워야 하며 참가를 위해서는 노력이 요구된다).

　Hron과 Friedrich는 이 특징들이 학습 집단에 주제의 일관성 유지와 메시지의 맥락 이해에 대한 어려움 등의 여러 어려움들을 발생시킨다고 주장한다. 이와 같은 여러 어려움들이야말로 교수 설계자와 새로운 온라인 협력학습 방법의 개발로 온라인 관리자들이 노력을 하게 한다.

　　이 방법들은 집단 구성원들의 상호작용과 학습 과정을 구성하기 때문에 넷 기반 메시지 교환과 참여에서 발생할 수 있는 문제점에 대응하는 경향이 있다. 협력학습 범위는 집단 작업을 조직하기 위한 전반적인 학습방법부터 집단 구성원의 대화를 조절하는 것을 목표로 하는 소위 합동대본이라는 대화를 구조화하기 위한 행동규칙까지 이른다.

　　　　　　　　　　　　　　　　(Hron et al., Friedrich, 2003: 73)

　이러닝 집단은 면대면 집단과는 매우 다르며 집단 역학, 혹은 적어도 집단 현상이 나타나는 방식 또한 매우 다르다는 것은 명확하다. 더 나아가, 교수 설계자들이나 집단 관리자들이 이러닝의 어려움 및 도전 과제들을 극복하기 위해 하는 다양한 시도들은 집단 역학에 직접적인 영향을 끼친다. 이것이 면대면 학습 집단에게도 동일하지만, 온라인 학습에서는 더욱 구조적인 상호작용이 이루어지는 경향이 있으며 구조를 바꾸기 위해 학습자들의 피드백에 대응하는 확률은 줄어든다.

결론적으로 많은 응용 집단 역학 문헌은 집단 촉진자의 기술적인 부분을 너무 많이 강조하고 집단 역학에 대한 지식이 집단 권한 위임을 위해 사용되는 방법적인 부분은 중요시하지 않는다. 그럼에도 불구하고, 대부분의 성인교육자들은 학습을 위한 좋은 분위기를 만들고, 학생들 간의 관계를 조성하는 것이 중요하다는 것을 인정할 것이다. 이는 집단이 자신의 감정을 탐구하고 자신의 관심을 표현하는 동안 비판적 사고와 분석의 일시적인 중지를 요구할 것이다. 이는 집단 촉진자가—내용이 아니라 과정의 책임자로서 성장하는 순간이다. 하지만 매우 화합하고 잘 합의되는 집단은 절대로 집단 자체가 끝으로 여겨지지 않으며, 항상 '무엇을 위한 화합인가?' 그리고 '무엇을 대가로 한 화합인가'와 같이 더 폭넓은 질문들이 고려되는데 이 질문들은 종종 숙달된 성인학습 기술자인 집단 촉진자에 의해 간과된다.

전환 학습

    1930년대에 테네시에서 하이랜더 민속학교를 설립한 평신도 설교자인 Myles Horton은 "분석할 수 없는 경험은 우연히 일어난 일"이라고 했다(Horton, 1986). 그가 이 말을 했을 때 그는 하이랜더에서 세미나를 진행하고 있었고, 교수법과 학습법에 관해서 질문을 받고 있었다. 그는 함께 일했던 사람들—가난한 사람들, 흑인들, 노동자 그룹 등—은 결코 그들의 경험을 분석하도록 권장되지 않았다는 것을 관찰했다. 그의 접근법은 실제 문제에 기반을 둔 프로그램을 개발하고, 집단이 그러한 문제들에 대한 그들의 집단 경험들을 분석하도록 돕고, 사회적 변화를 초래할 수 있는 집단 행동 형태를 권장하는 것이었다(Adams, 1975 참조). 심리적 억압(예: 정신분석) 혹은 사회적 · 정치적 탄압으로부터 자유를 성취하기 위해 자신의 경험을 분

229

석하는 생각은 성인교육에서 반복되는 주제이다. Freire(1972, 1974) 의 저서에서 가장 흔히 발견되지만 또한 자기 주도 학습/비판적 교육학(Brookfield, 1985a, 2005), 성인교육학/전환 학습(Mezirow, 1983, 2000, 2003), 행동 연구(Carr and Kemmis, 1983; Kemmis, 1985), 학습 과정 모형(Jarvis, 1987a, 1992) 그리고 퍼실리테이션 기법들(Boud et al., 1985; Boud, 1987)의 현대적 개념들의 특징이다.

Freire(1974)는 '의식화 운동'을 사람들이 자신의 세계관과 거기서의 자신의 위치가 그들의 이익에 반하는 사회적, 그리고 역사적 영향을 받아 형성되었다는 것을 이해하기 시작하는 과정으로 정의했다. '의식화 운동'은 세계를 반영하고, 또 세계를 바꾸기 위해 행동할 수 있는 주체로서의 스스로에 대한 비판적인 인식을 이끌어 낸다. Freire 는 자신의 생각을 1960년대 초반에 브라질에서 문해교육 프로그램을 진행하면서 적용했다.

처음부터 우리들은 완전히 기계적인 문해 프로그램에 대한 가설에 반대했고, 의식의 각성과 관련해 성인에게 읽는 법을 가르치는 문제를 고려했다. 우리가 읽는 것을 가르치는 동시에 순진한 태도(navitè)에서 비판적 태도로 이동시키는 프로젝트를 설계하고 싶었다. 우리는 문화 민주화에 대한 입문서가 되는 참을성 있는 수령인보다는 주체자로서의 사람들과 함께하는 문해 프로그램을 원했다…… 사람들이 진정한 인과관계를 더 정확히 알수록, 그들의 이해가 인과관계를 파악하지 못할 정도로 황홀해지는 것에 더 비판적이 될 것이다. 더욱이 비판적 의식은 항상 인과관계를 분석하게 한다. 오늘 진실인 것이 내일은 그렇지 않을 수 있다. 순진한 의식은

인과관계를 정적으로, 고정된 사실로 보아서 사실을 지각할 때 속게
된다.

(Freire, 1974: 43-4)

억압받고 복종하는 사람들은 현실을 비판적으로 이해하는 능력이
부족하다고 Freire는 주장한다. 그들에게 세상은 고정되고 순응해야
만 하는 것이다. 이 관점은 세상을 객관화하는 데 기득권을 갖고 있는
억압하는 사회적 구조에 의해 지지되고, 한 사람의 모든 면에서 한 사
람의 상황을 '당연한' 것에서 변경할 수 없는 것으로 만든다. 비판적
이해를 위한 첫 번째 단계는 변경할 수 없는 자연의 세계와 문화의 세
계(사회적 구조에서 변경할 수 있는) 간의 차이를 평가하는 것이다. [그
림 9-1]은 Freire가 문해 토론 집단 혹은 문화 서클과 같이 사용했던
그림의 복사본이다.

[그림 9-1] Freire가 사용하는 삽화

출처: Freire (1974: 86)

231

집단 코디네이터는 묘사된 상황에서 문화와 자연을 구별하는 방법으로 논쟁을 시작한다. 예를 들면, 참가자들은 자연이나 문화로서 새의 깃털 간의 차이를 구별한다. 새들이 자연의 세계에 속해있는 동안에 깃털은 새들에게 달려 있지만, 새가 죽은 다음에는 그 깃털이 머리장식으로 변형되고, 깃털은 문화의 세계로 속하게 된다. 문화 서클은 이와 같은 그림으로 표현된 다양한 상황들에 대해 토론하고, 항상 문화가 어떻게 창조되고 전승되어서 문화를 민주화시키는 가능성을 강조한다.

> 사람들이 자신의 성찰 능력, 세상에 대해 그리고 세상에서 그들의 위치, 세상을 변혁시킬 그들의 힘, 의식에의 직면, 문식성 그 자체에 관해서 사람들이 숙고하기 시작하는 결과 등의 용어로 문식성(literacy)은 의미가 있다. 그런 이유로 문식성은 외적인 것이 되는 것을 중단하고 그들의 한 부분이 되고, 그들 안에 있는 것으로부터의 창조물이 된다. 나는 문식성은 프로그램에서만 유효성을 볼 수 있고, 그 프로그램 안에서 사람들은 진정한 의미, 즉 세상을 변화시키는 힘으로 단어를 이해한다. 문맹자들이 무지의 상대성과 지혜의 상대성을 발견할 때, 그들은 기만적인 엘리트들이 그들을 조작했던 미신 중의 하나를 파괴한다.
>
> (Freire, 1974: 81)

읽기와 쓰기를 학습하는 상황에서 자연과 문화 간의 차이를 인식하는 것은 이전부터 당연하게 여겨졌던 삶의 일상적인 면들을 문제시하는 토대를 구성한다. 주택, 의류, 다이어트, 건강, 교육 등등의 문제들은 이제 민주화에 의해서 변형될 수 있는 문제로 보인다.

Horton과 Freire는 공통점이 많다. 그들은 교육이 사람들을 자유롭게 할 가능성이 있다는 것을 믿었다. 특히, 경험을 비판적으로 분석하는 것이 세상을 변화시키기 위한 행동과 연결될 때 그럴 수 있다고 믿었다. 그들은 가난하고 억압된 집단들과 함께 일하는데, 그들의 방법은 명백히 정치적이다. 당연히 그들의 정치적 활동은 현상을 유지하는 데 관심이 있는 사람들의 반발을 일으켰다. Freire는 국외로 추방되었고 Highlander는 계속적으로 Ku Klux Klan에 공격을 받았고 결국 선언문은 테네시 정부에 의해 파기되었다(그것은 새로운 선언문 아래에서 계속해서 운용되고 있다).

성인교육자들은 종종 Freire의 접근법이 가난하지 않은 집단의 환경과는 어떤 관련이 있는지에 대해서 의문을 갖는다. 그러나 Freire는 확실히 지배적인 집단이 억압받고 있다고 생각했다. 적어도 진짜가 아닌 개인 정체성을 갖고 있다는 심리적 의미에서 억압받고 있으며, 억압의 대리인이 되고 있다는 점에서 진짜가 아니다. 이것은 그들에게 지배자인 동시에 지배를 받는 자로서의 두 가지 지위를 준다. Freire는 침략 행동의 폭력성을 발견하는 선의의 전문가들에 관해서 글을 쓴다. "이런 발견을 하는 사람들은 어려운 양자택일에 직면한다. 즉, 그들은 침략을 포기할 필요를 느낀다. 그러나 지배의 패턴은 그들 안에 깊이 자리 잡고 있어서 포기는 그들 자신의 정체성에 위협이 될 것이다."(Freire, 1972: 125) 이것은 직장에서 평등을 요구하는 여성들에 대한 남성들의 반응을 생각해 보면 어느 정도 이해가 될 수 있다. 많은 남성 전문가들은 최근 들어 여성들의 세계관을 이해하는 데 관심이 많아지고 있다. 이제 이것은 지배에 대한 관심사가 될 수 있고, 이 경우에서 남성 전문가들은 여성에 관해 혹은 자유를 위해 배울 것이고, 여기서 남성 전문가들은 성 정체성의 역동성에 대한 비판적 인식을 개발할 수 있을 것이다. 성인 교육이나 훈련에서 이러한 사례들이 많이 있다. 즉, '인식자(knower)'가 그 상황에 연루되어 있다는 비판적 이해와 '인식자(knower)'가 그 상황에서 떨어져 방관자의 위치를 유지하는 완전한 기술적 이해 사이에서 명확한 선택을 할 수밖에 없는 상황이 있다.

정말로, 이것은 성인교육에서 핵심적인 사안이고 우리가 이상적인 성인학습자들을 어떻게 생각하는지와 직접적인 관련이 있다. 예를 들면, Brookfield와 Mezirow는 비판적인 인식이란 생각을 포함하는 자기 주도적 학습자의 초기 개념을 재구성했다.

Mezirow는 무교육자의 의식화에 대한 자신만의 생각을 갖고 있는데, 그는 다음과 같이 전환 학습으로 명명된 비슷한 과정에 대해서 언급하고 있다.

> 고정된 가정과 예상(마음의 습관, 의미, 관점, 정신구조)의 문제 있는 준거 틀을 변형시키는 학습—그것들을 더욱더 폭넓고, 차별적이고, 개방적이고, 성찰하고, 감정적으로 변화할 수 있도록 하는 것이다. 그러한 준거 틀은 다른 것보다 더 좋은데 그 이유는 그것들이 행동을 안내하기 위해 더 진실하거나 정당성을 입증하는 신념과 의견들을 더 많이 생성해 주는 것 같기 때문이다.
>
> (Mezirow, 2003: 58-9)

그의 초기 저술에서 그는 이 과정을 성인교육 개념의 재구성과 연결시켰다(〈표 9-1〉).

그의 '안드라고지를 위한 헌장'을 Knowles의 안드라고지와 페다고지의 차이점과 비교하는 것은 가치가 있다. Mezirow의 헌장은 자기 주도성을 신장시키려는 목적을 갖는 성인교육자들을 위한 일련의 교훈을 구체화한다. 그러나 이것은 새로운 관점이 있는 자기 주도성으로 비판적 인식을 포함하고 있다. 성숙한 자기 주도적 학습자는 진정한 대안의 지식을 기반으로 학습에 전념할 수 있다. 비판적으로 인식하는 학습자들은 진짜 필요한 것을 알고 있다. 우연히도, 그 특성은 성인교육자들의 임무를 더욱더 쉽게 만드는데, 그 이유는 요구를 충족시키는 문제들이 사라질 수 있기 때문이다.

Brookfield는 학습자가 지식의 맥락성을 제대로 인식하고 문화적으로 구성하는 가치, 신념 체계, 그리고 도덕 규칙을 인식하는 것의 중요성을 강조할 때, 자기 주도성 개념의 초기 탐색에서 비슷한 노선을 따랐다. 자기 주도성은 이것을 비판적으로 성찰하고 대안적인 관점과 의미 체계를 탐색하는 능력이다(Brookfield, 1985: 15 참조).

이후의 출판물에서 Brookfield(1994, 2005)는 콜롬비아 사범대학에서 그와 그의 동료들의 연구의 특징으로 비판적인 성찰과 비판적인 사고를 구체적으로 선정하고, 성인교육자들 사이에서 과정을 정리하는 맥락에서 비판적 성찰이 의미하는 것을 계속해서 정의한다.

> 수시적 낙관주의, 아마도 구제불능의 천진난만함, 비판적 사고와 비판적 성찰의 발달은 성인교육 관행을 알리기 위한 구성개념으로 컬럼비아 사범대학과 관련된 몇몇의 작가들에 의해서 진전되고 있다. 탐색된 비판적 성찰의 형태는 세 가지 상호 과정으로 구성된

것으로 정의된다. (1) 질문하고 나서 한 가지 혹은 여러 가정들을 대체하거나 재구성하는 경험, 이것은 다수에 의해 지배적인 일반상식을 표현하는 것으로 의심 없이 수용된다. (2) 사회적·정치적 구조 혹은 개인적·집단적 행동에 관한 관점을 받아들이는 경험, 이것은 다수가 강력하게 주장하는 대안이다. (3) 생각과 행동과 구조에서 생각의 표상이 '자연스러운' 상황에 대한 자명한 표현으로 수용된다.

(Brookfield, 1994: 203-4)

Brookfield와 Mezirow는 둘 다 자기 주도적 학습의 개념에 사회적 영역을 소개하고 있다. 그들은 학습이 사회적 구조에서 기인하고 학습자들에 의해 내면화되는 학습에 한계가 있다는 것을 인정한다. 이것이 Lovett 등(1983), Freire(1972), Gelpi(1979) 그리고 Griffin (1983) 같은 보다 급진적인 성인교육자들과의 접점이고 그것은 그들을 인본주의적 관점으로부터 꽤 첨예하게 분리시킨다.

Brookfield의 초기 그리고 Mezirow의 계속적인 비판적 인식의 분석에 대해서는 완전하지 않은 무언가가 있다. 그 이유는 그들이 그 아이디어에 대해서 정치색을 없앴기 때문이라고 나는 생각한다. 말하자면, 그들은 학습자의 자유에 대해서 내심 집중했고 집단적 행동 조직에 관해서는 중립적인 입장을 취했다. 여러 출판물에서 이런 점을 계속 주장했으며, 특히 Mezirow에 관해서 활발한 토론이 있어 왔다(Clark and Wilson, 1991; Mezirow, 1991b, 1992; Tennant, 1993; Newman, 1993; Mezirow, 1994 참조). 물론 Freire는 현실을 변혁시키기 위해서 비판적 개입 다음에 현실을 폭로할 필요가 있다고 항상 주

1. 교육자에 대한 학습자의 의존성을 점진적으로 줄인다.
2. 학습자들이 학습 자원을 활용하는 법을 이해하도록 돕는다. 특히, 교육자를 포함한 다른 사람들의 경험, 그리고 상보적인 학습 관계에 다른 사람을 참여시키는 법을 이해하도록 돕는다.
3. 학습자들이 자신의 학습 요구를 정의하도록 돕는다.—즉각적인 인식과 자신의 요구 인식에 영향을 주는 문화적 그리고 심리적 가정을 이해하는 관점에서.
4. 학습자들이 학습목표를 세우고, 자신의 학습 프로그램을 계획하고 경과를 평가하는 것을 점점 더 책임지도록 돕는다.
5. 현재 개인적인 문제, 관심사, 그리고 이해 수준과 관련해서 배워야 할 것들을 조직한다.
6. 학습자가 결정하고 학습자 관련 학습 경험을 선택하는 것을 조성한다. 이러한 학습 경험은 선택을 요구하고, 학습자의 선택 범위를 확장하고, 이해의 대안적 방식을 가지고 있는 다른 사람들의 관점을 갖도록 조성한다.
7. 인식, 자기성찰, 그리고 경험의 통합에서 점점 폭넓고 차별화시키는 판단 기준을 사용하도록 격려한다.
8. 학습—유형화하기와 분류하기, 관점을 갖고 선택하기, 그리고 학습 습관과 학습관계—에 대한 자기수정적인 성찰적 접근법을 조성한다.
9. 문제제기와 문제해결을 촉진한다. 거기에는 개인적 그리고 집단적 행동의 수행과 관련된 문제와 개인적 문제와 대중적 쟁점들 간의 관계 인식도 포함된다.
10. 점진적 숙달에 대비해 학습자와 실천가로서의 학습자의 자아개념, 변화와 모험하려는 잠정적 노력을 격려하기 위해 피드백을 주는 지지적 분위기, 수행에 대한 경쟁적 판단의 회피, 상호 지지집단의 적절한 사용을 강화한다.
11. 경험적이고 참여적인 그리고 주관을 반영하는 교수방법, 모델링과 학습계약의 적절한 사용을 강조한다.
12. 학습자가 자신의 다양한 선택과 선택의 질을 이해하도록 돕는 것과 학습자가 구체적인 선택을 하도록 장려하는 것을 도덕적으로 구별해야 한다.

출처: Mezirow (1983: 136-7).

장하고 있다. 그에게 있어, 사고와 행동은 하나의 변증법적 과정(축)에서 분해할 수 없는 측면이다. "단순한 성찰은 언어적 표현에 불과하다. 그것은 공허한 단어가 되고, 세상을 비난할 수 있는 것이 아니며, 변혁할 결단이 없이는 비난은 불가능하며, 행동 없이는 그 어떤 변혁도 없다."(Freire, 1972: 61) 반면, 성찰이 없는 순수한 행동은 단지 행동주의일 뿐이다. 행동 그 자체가 목적인 행동은 대화와 자유를 방해한다.

Mezirow의 항변에도 불구하고, 그의 학습이론은 행동과 거리를 두어야 한다는 관점을 계속해서 유지하고 있다.

> 학습이론은 추상적이고 이상적인 모델, 다양한 사회적 그리고 교육적 환경에서 적용될 수도 있고 적용되지 않을 수도 있는 요소와 역동성을 기술하려고 한다…… 학습에서 변혁은 사회적 행동의 맥락 안에서 혹은 밖에서 일어날 수 있다…… 성찰적 행동은 어떤 형태의 사회적 행동을 포함할 수도 있고 포함하지 않을 수도 있다.
>
> (Mezirow, 1994: 231-2)

그의 저술에서는 그 어떤 함축적인 자유주의 전통이 있다. 즉, (그의 개인적인 감각에서) 더 지각 있고 잘 교육받은 개인들은 마술처럼 더 공정하고 공평한 사회를 생산한다. 이 입장은 마르크스주의 이론과 분석의 렌즈를 통해 Freire의 연구를 발전시킨 동시대의 교육가들로부터 강한 비판을 받고 있다. 예를 들면, McLaren(Moraes와의 면담, 2003)과 Mayo(2003)는 교육에서 신자유주의의 지배에 대해 매우 비판적이고, 성인교육에서 '참여' 같은 신성화된 개념이 무단으로 도용되고 희석되어 지배적인 담론의 필수적인 부분이 되었다(Mayo, 2003: 39 참조).

반면에 Brookfield는 그의 저술에 정치적 영역을 계속 첨가하면서 그러한 비판에 대응하고 있다.

> 비판 이론은 다른 사람들의 창의성을 배척하지 않고 자신들의 창의성을 자유롭게 발휘하도록 격려한다는 점에서 사람들이 집단적으로 살아가는 사회의 비전에 규범적인 기반을 두고 있다. 그런 사회에서 사람들은 그들 자신의 행복이 집단적 행복과 아주 밀접하게 관련되어 있는 것처럼 인식한다. 그들은 관대함과 열정으로 서로에게 행동하고 불공정, 불평등, 그리고 억압의 존재에 대해서 경계한다. 그러한 사회를 창조하는 것은 일련의 학습 과제를 부여하는 것으로 이해될 수 있다. 일련의 학습 과제로는 소수에 의한 다수의 착취를 당연한 상황으로 그리려는 이념을 인식하고 도전하는 학습, 헤게모니를 밝혀내고 반대하는 학습, 권력을 밝혀내는 학습, 소외를 극복하고 그럼으로써 자유를 수용하는 학습, 자유를 추구하는 학습, 이성을 되찾는 학습, 그리고 민주주의를 실천하는 학습 등이다…… 우리는 자본주의자의 가치와 실제의 헤게모니를 드러내고 그런 다음 도전하지 않고는 자유를 추구할 수 없다.
>
> (Brookfield, 2005: 39)

비판적 페다고지에 대한 마르크스주의자의 접근은, 마르크스주의 입장에서 포스트모더니즘적 관점으로부터 비판을 받고 있다. 예를 들면, Usher 등(1997)은 그들의 포스트모더니스트 입장으로, 비판적 페다고지를 억압하고 파괴하는 획일적이고 통제된 '다른 것'으로 사회를 구체화하는 것으로 간주하고, 그들은 과도하게 사회화되고 신념이 너무 강한 사람의 관점을 채택하는 것은 실수라고 경고한다(2장 참조).

비판적 페다고지에서 핵심 방법론은 이데올로기 비평으로, 목표는 개인의 이데올로기 위상을 분석하고 밝혀내는 것, 이 위상이 억압을 위해 작동하는 방법을 이해하고, 대화와 행동을 통해 '잘못된 의식'에서 자신을 자유롭게 하는 것이다. 포스트모던 관점에서 이것이 가진 문제는 그것이 '거짓'으로부터 '진실한' 의식으로 이동할 수 있는 자아를 이론화시킨다는 것이다. 즉, 진실한 의식은 사회적 위치로부터 자신을 자유롭게 할 수 있는 이성적이고 통일된 자아를 말한다. 비판적 페다고지를 안드라고지적이고 인본주의적인 전통, 즉 개인주의적 접근에 반대하는 전통들과 연결시키는 것이 바로 이것이다.

포스트모던 이론은 사회과학과 그들이 발전시킨 교육 기술에서 개인 내면의 사회적 문제들은 '개인'과 '사회' 간의 두 개의 반대 혹은 이원론에 관해서 전통적으로 만들어졌다고 주장한다. 그것은 마치 '개인'과 '사회'의 양극이 정반대에서 분리되어 반대 방향으로 끌어당기고 있는 것과 같다(1장과 2장 참조).

포스트모더니즘의 독특한 면은 이 개인-사회 이원론에 의존하지 않는 주관성을 이론화하는 방식으로 발전해 오고 있는 것이다. 그것은 이원론이란 용어를 재개념화하고 개명함으로써 그렇게 발전하고 있다. 그래서 '개인(individual)'과 '사회(society)'는 '대상(subject)'과 '사회(social)'의 개념으로 대체되고, 대상과 사회는 선험적이라기보다 '생산된 후' 상호작용하는 것으로 이해된다. 그러므로 포스트모더니즘은 처음에 개인과 사회에 대한 개념을 선험적 존재라기보다 생산된 결과로서 문제화시킨다. 예를 들면 대리인(agent)으로서 대상이 단일하고 일관되고 합리적이란 생각은 역사적 산물이 되면서 포스트 모더니즘 분석에 의해 해체되었고, 일상의 관행에 내포된 담론으로서, 그리고 심리학과 그것과 관련된 교육적 기술들의 생산적인 작업의 일부로서 가장 잘 보인다. 개인에 대한 이 시각을 대체하는 것은 대상을 담론 내 위치로 생각하는 것이다. 게다가, 수많은 담론들이 있기 때문에, 수많은 대상 위치들이 양산되고, 그리고 담론들은 반드시 일관적이거나 혹은 반대를 피할 필요가 없기 때문에, 주관성이 완전히 이성적이지 않고 다중적으로 그리고 잠재적인 모순으로 간주된다.

당연히 자유 인본주의와 마르크스주의에 대한 포스트모더니즘의 비평은 냉소적이고 허무주의적일 수 있으며 해방을 위해 집단적으로 작동할 가능성을 부인한다고 주장하는 사람들이 있다.

> 자기만족적인 상대주의에 강제 주입되어, 자본주의자들의 착취에 대한 투쟁을 정체성 정치학에 대한 전반적인 우려 속에서 여러 대인관계 형태의 억압에 대한 강조로 거의 대체하고 있다.
>
> (McLaren in Moraes, 2003: 123)

자유 인본주의, 비판적 페다고지, 그리고 포스트모더니즘의 세 가지 특징적인 관점 간에 계속 진행되는 긴장은 성인교육의 실행에서 다양한 방식으로 펼쳐지고 있다. 요약으로, 〈표 9-2〉는 많은 성인교육의 주요 문제들에 관한 그들의 입장이라는 관점에서 비판적 페다고지, 포스트모더니즘, 그리고 인본주의적 전통을 비교한다. 그 주요 문제들은 자기 주도적 학습의 본질, 요구 기반의 조항, 공정과 접근 그리고 교사와 학습자 관계이다.

이 장의 나머지에서 나는 자아에 대한 상대적이고 '관계적인' 관점에 기반한 페다고지와 어떤 정치적 그리고 경제적 조건에서 신뢰할 수 있는 가능성이 있는 자아에 대한 관점에 기반한 페다고지 간의 긴장에 관해 집중할 것이다. 이것은 4장에서 정체성과 변혁에 대한 내러티브적 접근을 이해하는 다양한 방식에 관한 점을 다루었다. 그것은 안정적이고 일관되게 '연결된' 정체성의 구성이 규범적 목표로서 바람직하고 가능한 것인지, 혹은 다양하고 변동적인, 개방적 결말과 모호한 이야기와 정체성의 세계에서 바람직하지 않거나 혹은 가능하지 않을 것인지에 대한 것이다(자아의 관계적인 시각).

발달과 변화를 이해하는 내러티브적 접근은 일반적으로 전환 학습에서 기존의 관행, 특히 경험에 대한 반성과 관련된 관행과 공통점이 많다. 게다가 자유의 실천과 추구에서 자신에 대해 영원한 비평을 유지하는 사람과 같이 비판적 대상에 대한 생각에 더 많은 공통 근거들이 있다. 그러나 자기진술에 대한 이론화가 페다고지적 실천에 어떻게 영향을 미쳤을까?

첫째, 나는 자아에 대한 관계적 시각을 채택하는 의미를 탐색하고 싶다. 그러한 관점은 비판적 자기성찰이 교육적 도구로서 성취할 수 있는 것에 대해 어떤 태도를 의미하는 것 같다. 예를 들면, 그것은 변함없거나 확고한 이야기를 찾을 필요가 없다는 것을 의미한다. 정말로 단순히 더 이전의 더 역기능적인 내러티브를 대체하는 단 하나뿐인 내러티브를 개발하는 것은 너무 경직되고 규범적일 수 있는데, 그 이유는 단일 내러티브는 다양한 관계를 탐색하는 능력을 제한하고 한계를 짓기 때문이다. 대신에 정체성의 불확정성, 의미의 상대성, 그리고 다양한 의미의 생성과 탐색을 강조한다. Gergen과 Kaye(1992)로 돌아가, 새로운 의미를 학습하는 것으로부터 새로운 의미의 범주를 발달시키고, 의미 자체의 본질에 관한 전제를 변혁시키는 것으로 진행되고 있다(p. 257).

이것은 교육자를 대신하여 사심 없는 탐구의 형태를 수반하고 그것은 탐색을 위한 전제들을 열게 한다. 그것은 또한 경험을 강조하는 여러 방식에 대한 개방성과 다양한 관점을 탐색하고 그것들의 공존을 지지하는 준비도를 의미한다. 그러한 개입은 외관상으로 학습자들이 서술적 신념을 제한하는 억압으로부터 그들을 해방시키는 여러 관점으로부터 사물을 구성할 수 있도록 한다. 학습자들은 다음과 같이 요청받을 수 있다.

학습자의 지배적인 경험에 대한 예외를 발견하라. 자신이 창조하지 않은 문화적으로 심어진 이야기들의 노예로 자신을 보기, 자신의 경험을 그 시대를 살고 있는 다른 사람들과 어떻게 연결할 수 있는지 상상하기, 그들의 상호작용 성향을 통해서 어떤 반응을 요청할지 고려하기, 그들이 상상한 것을 그들과 가까운 다른 사람들의 경험에 연결시키기, 만약 여러 가정으로 작업했다면 어떻게 그들의 삶을 경험하는지 예를 들면, 그들이 어떻게 행동할 수 있고, 다양한 맥락에서 어떤 자원을 요청할 수 있는지를 고려하기, 어떤 새로운 해결책들이 나타날 수 있을지 고려하기, 한때 믿었던 가르침이지만 이제는 버려진 것을 다시 불러내기.

(Gergen and Kaye, 1992: 258)

〈표 9-2〉 성인교육에 있어서 쟁점이 되는 관점들의 특징 비교

	자기 주도적 학습	요구 기반 조정	공정과 접근	교사-학습자 관계
인본주의적 전통	이것은 학습자가 목적과 목표를 결정하고, 적절한 자원을 설치하고, 학습 전략을 계획하고 결과들을 평가할 때 발생한다. 성숙한 성인이 배울 때 적절한 방식이다. 그것은 자유 자원, 독립, 학생중심 그리고 타당성을 보장한다. 학습은 학습자의 책임이다. 그래서 그 누구도 다른 사람을 위해 배울 수 없다.	성인교육자는 학습자의 표현된 요구를 충족시켜 줄 책임이 있다. 이러한 요구는 다양한 방식으로 확인될 수 있는데, 과정 제공에 반응하는 방식으로, 집단 토의, 설문지, 지방 정부 통제, 학생 계획 위원회 등에 의해서다. 그들의 요구를 표현하는 것은 개인들의 집단이다.	성인교육은 과정에 대한 개방된 접근을 특징으로 한다. 관리 구조와 행정 관행은, 구하는 사람에게 그것을 보장하고 보존하고 비판단적이어야 한다는 것을 의미하 한다. 성인으로서 학습할 권리를 행사하는 것은 개인의 책임이다.	교사는 학습의 '촉진자'이다. 이것은 학습자와 공감하고 신뢰하고, 학습자에게 진실하고 개방적이고 보실하고 예에는 접근이 보장된 것을 의미한다. 이것은 학습자가 자신의 요구를 표현할 수 있고 보다 큰 집단들이 각각의 감동을 극복할 수 있도록 보장한다. 여기서 학습은 개인적인 자유를 전제로 한다.
비판적 인식 전통	자율과 자유는 자기 학습을 위한 기법과 절차를 완수한다고 찾아지는 것은 아니다. 자기 주도적 학습을 기술하는 많은 문헌들은 대중 사이의 중간 계층의 편견에 대해서 의문을 제기하는데, 그 이유는 조사된 인구와 조사하고 면접하는 기법의 성질 때문이다. 자기 주도성은 개인의 행동에 영향을 주는 사회적·문화적 제한들을 고려하는 것은 아니다. 자기 주도성은 개인이 정치적이며 비판적 인식의 요소들을 포함해야 한다.	학습자의 표현된 요구는 집단이나 공동체의 객관적인 교육적 요구와 전혀 관련이 없을 수 있다. 학습자와 잠재적 학습자는 항상 그들의 요구를 표현하는 입장에 있을 수 없으며 그래서 어디서부터 어디까지 선택해야 할 가능성의 범위를 모를 수 있다. 요구 중 축 페다고지은 자주 시장 접근의 한 단면이며 그것은 자유와 정치적 이는 모든 사회적 그리고 정치적 함의를 포함하고 있다.	자기 선택에 이존하는 교육적 조항은 사회에서 교육적 그리고 문화적 차이를 돕하는 것이 아니라 넓힐 것이다. 성인교육 참여에 관한 연구들은 한결같이 학생들은 중산층이고, 잘 교육받은 사람들이라는 것을 보여 준다. 성인교육 가란들은 조사가 공정한 무표를 설치시기키면 전통적이지 않은 학생들을 활용하게 제공할 필요가 있다. 그들은 참여에 따르는 사회적 그리고 문화적 장벽을 변화하 할 필요가 있다.	교사와 학습자는 상호 신뢰를 기반으로 대화를 시작한다. 그러나 교사는 학습자의 전체에 도전하는 네 있어서 활발한 역할을 한다. 그 전체는 혼란, 불확실성, 그리고 모호성이 결과로 될 수 있다. 가르치는 것내 배우는 것은 협력적인 일이며 교사는 도전하고 개인하는 권리에 있어서 독점권은 행사할 수 없다.

포스트모던 관점			
경험에 대한 성찰로 발전되는 것은 진실하거나 정통적인 차이가 아니다. 대신에, 경험은 체험으로 그리고 재평가될 수 있는 글로서 보여진다. 그래서 자율적인 자아는 상태의 끝 혹은 역사와 문화의 외부에 존재하는 중심의 것이 아니다. 자율적인 자기는 그 상황과 체계와 재형성의 한계와 가능성을 인식한다.	학습자들의 요구는 교육을 통해서 충족될 수 있는 것들이 아니다. 게다가 표현된 요구나 재판적인 요구들도 성인교육 실제를 알려 줄 수 없다. 언어, 역사, 그리고 문화는 요구 표현을 알려 주고 그것들이 비판적 탐구의 대상이 될 수 있다.	강조점은 공평한 것보다는 다양성에 있다. 대개 접근의 문제는 구조적 문제이고 전체적으로 결정되는 것이 아니라는 면에서 분석될 수 있는 것이 아니기 때문이다. 대신에 억압이 논증적인 명사가 주된 관심사이다.	경험에 기인하는 이미들은 언어, 역사, 그리고 문화에 의해서 영향을 받는다. 그것들은 전체적으로 결정되는 것이 아니고, 더 간단명료하는 영원히 고정되어 있지 않다. 그래서 교사는 경험의 대안적 읽기에 도전하고 비밀을 개방하는 해설자 혹은 번역자로서의 역할을 가지어 한다. 교사의 실행을 얹려 주는 건 고정된 가치는 없고 대화의 목적은 건 실을 찾는 것이 아니라 새로운 가능성을 탐색하는 것이다.

처음 보기에 이것은 성인교육에서 있는 기존의 이론 및 실천과 놀랄 정도로 비슷하게 보인다. 예를 들면, Brookfield(1995)는 "비판적 성찰을 권력과 헤게모니의 가정을 추구하는 것으로 간주했다. 이러한 가정들을 밝혀내는 최선의 방법은 가능한 한 익숙하지 않은 시각으로부터 우리들이 하는 것을 보는 것이다."(1995: 28) 이것은 치료에 대한 Gergen과 Kaye의 접근과 완전하게 양립할 수 있는 것처럼 보인다. 그러나 Brookfield가 가정들을 밝혀내는 방법들을 제안할 때, 그는 '네 가지 비판적 성찰 렌즈'들을 정의하면서 시작하고, 그중의 하나가 바로 자서전이다. 그러나 어떤 사람의 자서전은 재해석과 재저술에 개방적으로 보이지 않는다. 대신에 그것은 교사로서 우리의 신념과 실천에 영향을 주기 위해 '밝혀질' 필요가 있는 것으로 보인다.

> 학습자로서 우리의 자서전을 분석하는 것은 우리가 어떻게 가르치느냐를 위한 중요한 함의를 갖고 있고…… 이러한 깊은 경험으로부터 우리가 끌어낸 성찰과 의미는 깊고 오래 지속되는 영향을 미치는 것 같고…… 일반적으로 받아들여지는 교육과정이나 페다고지 모형에 따라 우리는 가르치고 있다고 생각하지만 결국 성찰하면서 우리의 실천 기반은 학습자로서 우리 자서전에 놓여 있다는 것을 알게 된다.
>
> (Brookfield, 1995: 31)

여기서 강조되는 것은 **실천의 기초**(foundation)로서의 자서전이다. 자서전은 교수와 학습에 관해 우리가 무비판적으로 받아들인 신념과 책무를 더 잘 이해하고 설명하게 한다. 그러나 이 접근은 단 하나의 자서전을 가정하고, 이 성찰의 과정에서 부인과 왜곡이 있을지라도 '발견되는 것'이 가능하다. 따라서 교육학적으로 중요시해야 하는 것은 개인의 자서전을 정확하게 표현해야 한다는 것이다. 즉, 정확한 표현을 방해하는 왜곡과 부정을 처리해야 한다. 그래서 처음에는 창조보다 발견을 강조하는 것이다. 제기된 질문들은 '경험/자서전의 이 표현이 바람직한가?' 그리고 '그런 경험의 표현을 통해 어떤 관계가 만들어지고 조절되는가?' 등의 질문보다 '나는 누구인가?' '내가 옳은가?' '내 바람의 비밀은 무엇인가?'이다. 자아에 대한 관계관을 채택할 때 제기되어야 하는 것은 마지막 두 가지 질문이다. 비록 교수 기법의 일부가 표면상 비슷할 지라도(예: 다른 교사/학생과 대안적 해석을 탐색하는 것), 전체 프로젝트는 근본적으로 다르다. 예를 들면, 교사로서 한 개인의 위치를 탐색하는 데 있어서, 임무는 인종, 성, 계급, 성적 지향, 혹은 능력에 관해서 '우리가 누구인가?' 그리고 '우리가 어느 위치에 있는가'를 '발견'하고 '문제화'하는 것이 아니라, 권력과 권위의 새로운 관계를 개방하는 시각으로 각각의 이런 범주에 있는 다양한 이야기들을 탐색하는 것이다(후기구성주의자-페미니스트 교육학에서는 위치성을 약간 다르게 처치하기 위해 Tisdell, 1998 참조).

그래서 관계적 관점으로부터 자기성찰의 페다고지는 내가 누구인가를 발견하는 것이 아니라 어떤 사람이 될지를 창조하는 것을 강조한다. 그러나 일부 비평가들은 지나친 관계적 시점이 우리가 되고자 하는 것을 판단하고 평가할 근거가 되는 기준에 반대하고, 규범적인 목표로서 안정적이고 일관된 정체성의 추구로서 반대한다고 주장하고 있다. '표준' 문제에 관해서 Jansen과 Wildemeersch(1998)는 개인적 발전은 '우리는 어떻게 살아야 하는가?' 그리고 '탈전통적 사회 질서에서 우리는 "도적적으로 정당화할 수 있는 삶의 형태"로 어떻게 발전시킬 수 있는가'와 같은 질문들을 필요로 한다고 주장한다. 그래서 그들은 학습자가 단순히 '자아'에 대한 기업가처럼 행동하도록 돕기만 하는 교육과정들의 위험을 지적하는데, 그것은 아주 사유화된 기업이고, 정의, 민주주의, 그리고 공동체 생활의 집단적인 문제들과 떨어져 있다.

McLaren(1995: 227) 또한 자아의 재창조는 반드시 친목(social)의 재건과 연결되어야 한다고 지적하고, 친목은 민주적 공동체의 공유된 비전(우발적이거나 임시적이거나)과 사회적 변화, 해방 실천 그리고 변혁적인 정치에 대한 표현과 관계있다는 것을 의미한다(McLaren, 1995: 227). Wilson과 Melichar도 성인교육의 역사적 표현들에 대한 분석에서 비슷한 주장을 하고 있다.

> 만약 우리들이 현재 교육자로서 우리가 어떤 사람인지뿐만 아니라 우리가 어떤 사람이 되기를 희망하는지를 이해하고 싶다면, 우리들은 우리가 지금까지 누구였는지를 집단적으로 어떻게 표현해 왔는지를 조사하고 비평해야 한다. 이것은 그런 표현에 의해서 누구의 이익이 실행되었는지를 분석해야만 한다.
>
> (McLaren, 1995: 430)

그러나 한 사람의 기준과 평가기준이 문제화되고 재각인하는 것을 허용하는 한, 위 문제를 다루면서 합리적 관점을 유지하는 것은 분명히 가능하다. 규범적 목표처럼 일관적이고 계속적인 자아의 추구 문제도 비슷하다. 지금 많은 성인교육 현장에서 이것은 변혁적인(그리고 그것에 의해서 저항하는) 성인교육 실천에 불가피한 것처럼 보인다. 예를 들면, 고유의 '앎의 방식'을 탐색하는 기회들을 제공하기 위해 설계된 과정들은 종종 '발견될' 문화가 있다는 기본적인 가정에 기초한다. 그들의 문화적 유산을 발견하는 데 있어서, 참가자들은 그들의 정체성을 위한 새로운 기준점이 주어지는데, 그 정체성은 식민화에 의해서 지금까지 분절된 것이다. 이제 관계적 관점은 '발견'과 같은 개념들을 피하고, 통일되고 고정되고 일관된 문화적 정체성의 생각에 반대하고 있다는 것이 사실이다. 그러나 본래의 문화를 의미가 없는 것으로 반대하지 않고, 재각인과 아직까지 전해지지 않는 새로운 이야기를 전하기 위한 여지가 있다고 주장한다. 그 이야기는 부분적이고, 융합적이고 깨지기 쉽다(Taylor, 1995 참조). 자아에 대한 관계적 관점 위에 세워진 페다고지의 차별화된 특징이 바로 이러한 가능성에 대한 개방이다.

페다고지의 과정(기법과 방법들)과 페다고지의 목적 및 내용(지식과 교육의 비전을 포함하는) 간의 이 긴장은 비판적 해방 교육으로서 무엇이 중요한지에 대한 논쟁에서 되풀이하여 발생하는 주제이다(예를 들어, Gore, 1993의 비판적 담론과 페미니스트적 담론 간의 관계에 대한 분석 참조). 분명히 민주적 기법과 과정들을 채택하는 것은 해방적 비판 페다고지에 충분하지 않고, 비판 내용에 대한 약간의 주의는 필요하지만, 그 내용은 교수와 학습 상황에 기반을 두어야 하는데 그렇지 않다면 고립되거나 고립시킬 수 있다. 그러나 현대의 교수와 학습 상황에서 발견되는 것은, 심지어 외현적으로 해방을 위해 고안된 것들조차 많은 비판적 인식 문헌들에 의해서 가정된 학습자들 간에 공유된 수준이 아니다. 대신에, 개인은 차이와 다양성을 발견한다. 틀림없이 차이와 다양성에 관심을 갖는 것은 비판적 해방 교육을 위한 새로운 도전을 구성한다. 포스트모던 관점을 채택한 Pietrykowski(1996)는 이상적인 해방의 종말 상태를 약속하는 거대 담론이 일상의 담론에서 드러나는 다양성과 여러 권력의 근원을 충분히 인식하지 않는다고 주장한다. 이것은 '다중 문식성 교육: 사회의 미래 설계'(1996)에서 시민 다원주의와 다양한 인생사를 특징으로 하는 현대사회에 대한 포스트모던 시나리오를 그린 New London Group이란 작품의 요지이다.

> 도전은 다양한 현실세계가 번성할 수 있도록 공간을 이용할 수 있게 만드는 것이며, 이 공간은 특정적이고 구체적인 의미가 만들어질 수 있는 곳이다…… 현실세계는 시민 다원주의의 새로운 대중적 공간에서 더 다양화되면서, 그들의 경계는 더 분명하게 복잡해지고 서로 중복된다. 사람들이 동시에 여러 현실세계의 구성원이 되면서, 그들의 정체성은 여러 층들을 갖고, 다른 사람들과의 복잡한 관계에서 각각의 층을 가지게 된다. 어떤 사람도 한 가지 공동체의 구성원이 아니며, 오히려 그들은 여러 중복되는 공동체의 구성원이다. 그 공동체는 일, 관심, 친밀감, 민족성, 성별 등등의 공동체이다.

> (New London Group, 1996: 12)

그들은 상황에 맞는 실천(실천을 완수하는 것), 분명한 교수(의식적 통제와 이해를 얻는 것), 비판적 틀(역사, 문화, 그리고 가치 속에 실천을 위치시키는 것을 얻고 이해하는 것), 그리고 변혁적 실천(한층 더 의식적이고 비판적인 방식에서 실제로 되돌아가는 것)에 기반한 페다고지를 제안한다. 이러한 요소들은 이번 장과 이전 장에서 이미 다루었던 문헌에서 쉽게 파악할 수 있다. 그러나 그것들은 다양성에 관한 우려, 방법과 내용 간의 강한 관계, 그리고 맥락의 가치에 대한 책무에 신호를 보낸다. 보통 말하는 그들의 프로젝트는 비판적 해방 교육의 한계점을 다루기 위한 좋은 위치에 있다.

마무리 말

성인교육에서 기초 과목으로서의 심리학

    심리학은 성인교육자들의 훈련에서 토대가 되는 교과목으로 자주 사용된다. 이것은 성인 교수 및 학습과의 관련이 자연스럽게 나타나는 문제들을 다루고 있기 때문이다. 학생들을 수업에 참여하게 하는 동기는 무엇일까? 성인들은 어떤 과정들을 통해서 가장 잘 배우는가? 학생들의 학습 양식을 고려해서 나는 어떻게 나의 교수법을 조절하는가? 응집력이 있고 지지적인 집단들을 형성하기 위해 나는 어떻게 격려할 수 있을까? 나는 학생들이 표현하는 걱정과 관심사들을 이해할 수 있는가? 나는 학습에서 어려움을 경험하는 학생들을 돕기 위해 무엇을 할 수 있는가? 많은 심리학 문헌들이 이런저런 질문들과 관련되어 있다. 그러나 성인교육자는 성인을 가르치는 일상 활동에 이 문헌의 결과들을 어떻게 적용해야 하는지에 대해서는 분명하지가 않다.

이런 관점에서 적어도 세 가지 선택이 가능한데, 각각의 성인교육자 안에서 다른 동인에 부합한다. 학습 환경에서 사건을 통제하는 것, 사건을 해석하고 영향 주는 것, 사건 및 그 사건과 관련된 개인의 행동을 비판적으로 이해하는 것이다.

통제

성인교육자들 가운데 통제를 위한 욕구(충분히 자연스럽고 어느 정도 이해할 수 있는)는 종종 이론과 실제 사이의 관계에 관해서 특별한 관점과 연결된다. 기초 과목으로서 심리학은 모호하지 않게 실제에 적용될 수 있는 규칙과 원칙의 근거를 제공하는 것으로 보인다. 그러나 그러한 관점을 가지고 있는 성인교육자는 심리학이 제공하는 것에 실망하는 것 같다. 그 이유는 과학적 심리학이 지식을 생성하는 방식과 관련이 있다. 과학으로서, 심리학은 예견과 통제에 더 많은 관심을 갖고 있고, 이런 이유로 인과관계를 밝히려고 한다. 그러나 그러한 지식이 직접적으로 실제 적용되는 데에 제한을 주는 많은 요인들이 있다. 첫째, 자연과학의 방법을 채택하는 심리학 실험은 Egan(1984)이 명명한 '현상 무감각'이라는 것에 의해서 특징지어진다. 즉, 방법은 과학적이지만, 연구 현상을 왜곡하거나 협소하게 하는 대가를 치를 수 있다. 그래서 그만큼 그 실험들은 실험 상황이나 그 실험의 이론적 관심 밖에서는 직접적인 적용이 어렵다. 이것은 Usher(1986b)에 의해서 발전된 논쟁이며 Harrè(1974)의 사회 심리학 비평에 명확하게 표현되어 있다.

심리학자들은 종종 Boyle과 Hooke가 기체의 압력과 부피에서 발견한 종류의 상관관계를 찾는 것처럼, 사회적으로 의미 있는 현상을 의미 없는 기초 단위로 분리할 수 있다고 가정한다. 예를 들어 보자. 인간관계의 발달에 관한 연구가 진행되고 있다. 심리학자들은 호감 생성 과정의 기본적인 특징을 밝히고 실제 호감 상황의 모든 다른 특징과 관계없이 친교 과정을 연구하면서 인간관계 과정을 탐구하려고 한다. 그들은 사람들 간의 호감 형성 요소로서 다른 사람들과 직면하는 빈도를 분리했다. 그러고 나서 그들은 외관상으로 '순수한' 사례에서 만남의 빈도가 호감의 발전에 미치는 영향에 대한 연구를 시도했다. 이를 위해서, 사람들은 의미 없는 철자들의 제시 빈도에 따라서 의미 없는 철자에 대한 호감이 변화한 방식을 기록하도록 요구받았다.

사람들 간의 좋아하고 싫어하는 감정을 생산하는 사회적 상호작용에 대한 가장 기초적인 실험은 단순한 빈도 외에 다른 요소들과 친밀하고 불가분한 관련이 있다는 것을 분명히 해야 한다. 빈도는 사회적 의미에 있어서 모호하다. 빈도의 개념 그 자체는 사회적 개념이 아니다. 그것은 호감과 비슷한 개념을 적용하는 의미의 수준이 결핍된 요소이다.

(Harrè, 1974: 249)

물론 모든 심리학 실험들이 그러한 도전에 개방된 것은 아니다. 그럼에도 불구하고, 실험에서 측정될 수 있도록 '공황(panic)', '복종(obedience)', '순종(conformity)', 그리고 '공격성(aggression)' 같이 조작적으로 정의한 개념의 문제는 많은 연구결과들을 일반화하고,

실제 적용할 수 있는 가능성을 제한하는 요인이다.

심리학 실험과 관련된 특징은 실험들이 통제된 조건 하에서 시행된다는 것이다. 실험자들은 직접적으로(Skinner의 실험실 실험의 경우) 혹은 간접적으로, 말하자면 잠재적으로 결과를 반드시 입증하는 변수를 선택하거나 임의추출하는 표본추출기법으로 통제력을 얻는다. 예를 들면, 어떤 교육 심리학자는 다양한 학습 양식을 가진 실험 대상을 위한 특별한 교수 전략의 효과성을 구성하는 데 관심이 있을 수 있다. 이것은 학습 양식만 실험 대상으로 구성된 두 집단을 대상으로 다른 교수법 전략을 끊임없이 유지함으로써 성취될 수 있다(즉, 성, 나이, 지능, 도덕적 집단 구성 같은 요인들에서 차이가 없게). 목표는 '교수법 전략 "X"는 장 의존적 학습자에게 더욱 효과적이고, 다른 모든 것들은 동일하다.'와 같은 진술에 귀결될 것이다. 이 지식을 적용할 때 공통적으로 인식되는 문제는 일상생활에서 '다른 모든 것들'은, 설사 그런 일이 있다 하더라도, 거의 '동일하지' 않다는 것이다. 그리고 일상생활에서 통제의 정도는 심리학 실험에서보다 적다. 그러나 이것은 핵심(심리학 실험의 가장 큰 장점은 체계적인 연구를 위해 변수들을 분리해 내는 능력이라는 것)을 놓치고 있고 다른 변수들을 통제하는 것을 의미한다.

이런 점에서 심리학의 입장은 독특하지 않다. 예를 들면, 물리학이나 생물학과 같은 기초 과목의 법칙과 원칙들은 '다른 모든 것들은 똑같다'와 같은 표현에 의해서 특징적으로 자격이 부여된다. 그러나 물리학과 생물학이 각각 공학과 의학의 실천의 중요성과 관련성에 대해서 의문을 제기하는 사람이 거의 없다. 그러나 통제된 실험으로부터 축출된 지식이 환경을 더 많이 통제하는 것으로 이끌 것이라고 가정하는 것은 착각이다.

성인교육자의 기술의 큰 구성요소는 주어진 상황에서 작동하는 변수들의 범위를 예상하고, 인식하고, 보충하는 능력으로 구성된다. 이것을 고려해 볼 때, '과학적 심리학'의 가치는 다소 더 명확해지고 있다. 성인교육자들을 위해서 예상되는 변수들의 작동 범위와 그들의 상호작용의 미묘함을 밝히는 것은 바로 주어진 영역에서의 실험적 발견들이다. 이것은 다양한 교수방법들의 효과성에 관한 연구결과와 관련해서 설명될 수 있다(Gage and Berliner, 1998 참조). 만약에 성인교육자들이 실제 수업을 지도해 줄 일반화된 방법을 찾으면서 이런 문헌에 접근한다면, 반드시 좌절하게 될 것이다. 그럼에도 불구하고 문헌은 성인교육자들에게 교수방법의 효과성에 영향을 주는 다양한 변인을 의식하게 한다는 점에서 가치가 있다. 첫 번째 사례에서, 교수방법이 효과적일지 효과적이지 않을지는 주로 '효과성'이 어떻게 측정되느냐에 따라 결정된다. 여기 일군의 경쟁자들이 있는데, 동기부여, 회상, 이해, 학습능력, 창의성, 태도 변화 등이다. 또한 이런 각 요인들을 측정하는 여러 가지 방법들도 있다. 예를 들면, 태도 변화는 질문지, 면접, 혹은 행동 지표를 사용함으로써 측정될 수 있고, 그리고 즉시, 단기적으로 혹은 장기간에 걸쳐 측정될 수 있다. 이러한 측정 변수들 외에, 배우는 학과목, 학생 능력, 나이, 성, 민족성, 교사의 성격, 학급 규모와 같이 고려해야 해야 할 요인들이 많이 있다. 이러한 모든 것은 실험 조사의 핵심이 되고 있다. 이 연구의 가치는 특정 상황에서 주어진 교수법의 적절성을 평가할 때 고려해야 하는 복잡한 변수들의 조합을 성인교육자들에게 제공하는 데 있다. 이 방법을 사용하게 되면 심리학은 우리들이 학습 환경에서 사건들을 통제하는 것보다 해석하고 영향을 주는 것을 돕는다.

해석과 영향력

Usher(1986b)는 치료에서 파생된 이론들을 성인 교수 및 학습을 이해하는 데 적용하는 것을 지지한다. '과학적' 심리학과는 달리, 이러한 이론들의 접근은 해석학적이고, 즉 행동을 해석하고 통찰, 인식, 그리고 이해를 자극하는 것을 추구한다. Freud의 정신분석학과 인본주의적 임상 심리학(2장과 3장 참조)은 이런 유형의 이론에 대한 예이다. Usher는 치료자와 상담자의 활동은 과학적 심리학자들의 실험적 조작보다는 교사의 활동에 더 비슷하다고 주장한다. 치료자와 교육자는 모두 진행되는 행동들과 사건들을 해석하고, 뒤따르는 그들의 행동을 조정하는 것에 관심이 있다. '예측'과 '통제'의 개념과는 달리, '해석'과 '영향력'이라는 용어는 교사(혹은 치료자)는 학생들과 (혹은 내담자)의 반응적인 대화에 관여한다는 것을 의미한다. 그러므로 교수 활동은 작동하는 변수들이 측정되거나 통제될 수 없는 상황에서 실제적인 판단을 요구한다. 이런 실제적인 판단과 그것으로부터 나오는 행동은 이론이 사건을 해석하기 위한 틀을 제공한다는 의미에서 심리적 이론에 의해 알게 된다.

심리학과 성인 교수 및 학습관계 모형의 어려운 점은 비슷한 사건에서도 아주 다른 해석을 제공하는 경쟁적인 이론적 틀이 존재한다는 것이다. 예를 들면, 성인학습자는 과정과 관련해서 실망을 표현할 수 있고, 자극적이고, 열광적이고, 도전적인 경험을 위한 요구를 충족시키지 못했다고 주장할 수 있다. 정신분석적 해석은 그러한 요구는 현실적이지 않으며, 무조건 사랑받고 보호받고 싶어 하는 유아적 바람의 표현이라고 생각할 수 있다. 인본주의적 해석은 동일한 사람이 성장과 충족을 위한 바람을 표현하고 있다고 생각할 수 있으며, 이것은 자연스럽고 건전한 일이다. 성인교육자들은 다양한 이론적 관점들을 통합해서 운용한다고 주장하는 반대 해석에 의연하게 대처한다. 그러나 다른 성인교육자들 중에서 Reese와 Overton은 이러한 발생의 가능성에 대해 다음 같은 의심을 갖고 있다.

> 급진적으로 다른 모형들에 기반한 이론들은 논리적으로 독립적
> 이어서 서로 동화될 수가 없다. 그것들은 세상을 보는 다양한 방식
> 들의 표상을 반영하고 보통 그 결과는 양립될 수 없다. 다른 세계관
> 은 지식의 정의와 진실의 의미에 대해 다르게 이해하게 한다. 그래
> 서 진리의 의미를 다르게 해석한다. 그러므로 통합은 잘해야 혼란
> 이다.
>
> (Reese and Overton, 1970: 144)

어떤 사람은 현장 성인교육자들이 Reese와 Overton의 의미에서 이론 구성이 엄격하지 않고— 이것은 확실히 사실이다—그들이 실천에 대해 성찰하거나 혹은 이론화하고 있다고 항의할 수 있다. 즉, 그들은 그들의 실제적 판단을 알려 주는 상대적으로 일관된 '세계관'을 형성한다. 그러한 '세계관'은 '세련되지 않을 수 있고' 혹은 다소 심리학, 철학 혹은 교육이론의 지식에 기반을 둔 것일 수도 있다. 심리학의 비판적 이해는 현장 전문가들이 채택하고 있는 '세계관'을

재점검하고, 재평가하고, 재형성하도록 도울 수 있다. 이것은 심리학을 성인 교수 및 학습과 연결된 세 번째 선택사항으로서 일찍이 언급되었다.

비판적 이해

성인교육의 현장 전문가들이 현장에서 비판적(심리적) 이해를 실천하는 것에는 두 가지 의미가 있다. 첫 번째 의미는 상기에서 조망해왔는데, 실습자들은 학습 환경 속에서 (액면 그대로 받아들이기보다는) 행동이나 사건들을 해석할 수 있다는 것이다. 두 번째 의미에서, 현장 전문가들은 행동과 사건들을 해석할 때 자신이 채택한 심리적 '세계관'을 분석할 수 있다. 대립하는 심리적 이론의 비판적 이해가 중요한데, 이것은 각각의 이론 안에 있는 개념적인 약점과 모순들을 분석하고, 각각의 이론이 증거들에 의해서 지지될 수 있는지를 평가하고, 각 이론이 현장 적용에 성공했는지를 평가하고, 마지막으로 각 이론의 사회적, 역사적 그리고 정치적 기원과 영향을 인식하는 것을 의미한다. 그들의 심리적 '세계관'을 면밀히 조사함으로써 현장 전문가들은 다른 사람들의 세계관을 보다 더 잘 인식하고 평가할 수 있으며, 성인교육자로서 자신의 목적과 목표를 명확히 표현할 수 있는 더 좋은 위치에 있을 수 있다. 세계관의 갈등, 특히 교사와 학생 간의 갈등이 일상적으로 일어나는 성인교육의 여러 영역이 있다. 나는 여기서 읽고 쓰는 능력, 기본 계산능력, 제2외국어 학습, 노동자 교육, '두 번째 기회' 교육, 실업자를 위한 교육 혹은 보건 교육 같은 영역을 염두에 두고 있다. 이러한 모든 영역에서 대립되는 세계관이 등장할 것이라는 가능성이 높다. 이러한 증상은 학생들 간에, 그리고 학생과 교사 간에 의견, 관련 내용, 적합한 교수방법들, 교사의 역할과 책임감, 그리고 프로그램의 목적으로 구성하는지에 관해 차이가 있다는 것이다.

특별한 심리적 '세계관'에 대한 투입이 성인교육자에게 강력한 해석 체계를 제공하지만, 그들은 대안적인 '세계관' 역시 인식할 필요가 있다. 여러 심리적 '세계관'을 비판적으로 이해하는 것이 한 가지 세계관을 맹목적으로 신봉하는 것보다 더 낫다. 이것은 성인교육자들이 카멜레온 같은 성격을 취하여 환경적 상황들이 지시하는 것처럼 색깔을 변화시켜야 한다는 것을 의미하지는 않는다. 성인교육자들이 자신의 '세계관'을 인식하고 그것의 한계와 적용 가능한 대안들의 맥락을 이해해야 한다는 것을 의미한다.

처음부터 나는 현대의 삶에 있어서 변화와 불확실성의 팽배에 주의를 기울였고, Edwards와 Clarke(2002)와 함께 평생학습의 비판적 형태는 "곧 펼쳐질 변화의 과정에 중심적이고 필요한 반응"(2002: 531)이라고 주장한 것이다. 이것은 성찰을 발달시키고 유지하는 능력을 요구하고, 광범위하게는 실천을 기반으로 하는 가정들에 대한 비판적 인식으로 여겨졌다. 가정을 비판적으로 인식하게 된다는 생각은 물론, 성인교육 문헌에서 친숙한 영역이다. 그러나 이에 대해 표면적으로 보이는 합의는 매우 다른 입장을 숨기고 있다. 예를 들면, '비판적으로 가르친다는 것은 어떤 의미인가?'라는 질문을 던지면서 Brookfield(2005)는 "구체적인 사회적 그리고 정치적 의도를 가지고 가르치는 것이고…… 사람들이 높은 수준의 민주사회주의를 특징으로 하는 사회적 그리고 경제적 형태를 사람들이 창조하도록 돕는 것"

(p. 350)이라고 주장한다. 그래서 그의 접근은 '비판 이론'이라는 세계관 내에 분명하게 존재하는데, 비판적으로 생각하는 법을 학습하기 위한 수단은 '이념 비평'이다. 그러한 비평은 특별한 결과인 민주 사회주의로 방향이 맞추어져 있다. 이것은 Edwards와 Clarke(2002)의 입장과는 아주 다르다. 그들에게 있어서 "반응하는 주체를 위한 조건들은 융통성 있게 구조화되어 있는 네트워크에 의해서 창조되고, 배우들이 교환할 수 있는 역할과 무대에서 연기하고 자리를 잡게 한다."(p. 534) 그 결과는 그렇게 이상적인 정치적 구조도 아니고 현대의 불확실성과 혼란에 반응하거나 적응하기보다는 공동체와 개인이 함께 참여하기 위한 향상된 능력이다. 후자의 접근은 이념 및 사상의 체계적 작동에 대해서는 관심을 덜 가지고, 사람들을 이해하고 행동하는 일상적인 관행에 대해 더 집중하는 미묘한 성찰을 수반하고 있다(Rose, 1998: 23 참조). 어떤 면에서 두 가지 접근은 주요한 폐다고지적 도구로서 대화식 토론과 대화거래모형의 사용을 옹호한다는 것은 아이러니하다.

이 글 역시 선택된 심리적 이론과 연구결과에 대한 비판적 태도를 제공함으로써 대화적인 접근을 채택하고자 해 왔다. 그 목적은 성인 교육자들이 심리적 조사를 더 하는 것을 만류하는 것이 아니라 비판 정신을 가지고 조사에 접근하도록 격려하는 것이다. 이러한 방식으로 접근하면, 심리 이론과 연구는 성인교육자들 중에 합리적, 실천적, 그리고 정치적 근거로 방어할 수 있는 정보들을 선택할 수 있는 역량을 더 신장시킬 수 있다.

| 참고문헌 |

Adams, F. (1975). *Unearthing Seeds of Fire*, Charlotte, NC: Blair.

Alexander, C. N. and Langer, E. J. (Eds.) (1990). *Higher Stages of Human Development*, Oxford: Oxford University Press.

Allman, P. (1982). 'New perspectives on the adult: an argument for lifelong education', *International Journal of Lifelong Education* 1(1): 41-52.

Allman, P. (2001). *Critical Education Against Global Capitalism, Karl Marx and revolutionary critical education*, Wesport, CT: Bergin & Garvey.

Allport, G. (1961). *Pattern and Growth in Personality*, New York: Holt, Rinehart & Winston.

Anderson, J. A. (1988). 'Cognitive styles and multicultural populations', *Journal of Teacher Education* 39(1): 2-9.

Appel, M. H. and Goldberg, L. B. (Eds.) (1977). *Topics in Cognitive Development*, vol. 1, *Equilibration: Theory Research and Application*, New York: Plenum.

Appel, M. H., Presseisen, B. Z. and Goldstein, P. (Eds.) (1978). *Topics in Cognitive Development*, vol. 2, *Language and Operational Thought*, New York: Plenum.

Appel, S. (1999). *Psychoanalysis and Pedagogy*, New York: Bergin & Garvey.

Arlin, P. K. (1990). 'Wisdom: the art of problem finding', in R. J. Steinberg (Ed.) *Wisdom: Its Nature, Origins, and Development*, Cambridge:

Cambridge University Press.

Armistead, N. (Ed.) (1974). *Reconstructing Social Psychology*, Harmondsworth: Penguin.

Armstrong, P. F. (1982). 'The needs meeting ideology in liberal adult education', *International Journal of Lifelong Education* 1(4): 293-321.

Arrow, H., Poole, M., Henry, K., Wheelan, S. and Moreland, R. (2004). 'Time, change and development: the temporal perspective on groups', *Small Group Research* 35(1): 73-105.

Asch, S. (1956). 'Studies of independence and conformity: a minority of one against a unanimous majority', *Psychological Monographs* 9 (complete volume).

Bales, R. (1950). *Interaction Process Analysis: A Method for the Study of Small Groups*, Cambridge, MA: Addison-Wesley.

Bales, R. (1958). 'Task roles and social roles in problem solving groups', in E. Maccoby, M. Newcomb and E. Hartley (Eds.) *Readings in Social Psychology*, New York: Holt, Rinehart & Winston.

Baltes, P. (1968). 'Longitudinal and cross-sectional sequences in the study of age and generation effects', *Human Development* 11: 145-171.

Baltes, P. B. (1987). 'Theoretical propositions of lifespan developmental psychology: on the dynamics between growth and decline', *Developmental Psychology* 23(5): 611-626.

Baltes, P. B. and Smith, J. (1990). 'Toward a psychology of wisdom and its ontogenesis', in R. J. Steinberg (Ed.) *Wisdom: Its Nature, Origins, and Development*, Cambridge: Cambridge University Press.

Baltes, P. B., Dittman-Kohli, F. and Dixon, R. A. (1984). New perspectives on the development of intelligence in adulthood: toward a dual-process conception O. G. Brim, Jr (Eds.) *Life-span Development and Behavior*, vol. 6, New York: Academic Press.

Bandura, A. (1969). *Principles of Behaviour Modification*, New York: Holt,

Rinehart & Winston.

Basseches, M. (1984). *Dialectical Thinking and Adult Development*, Norwood, NJ: Ablex.

Basseches, M. (1986). 'Comments on social cognition in adulthood: a dialectical perspective', *Educational Gerontology* 12(4): 327-334.

Belenky, M., Clichy, B., Goldberger, N. and Tarule, J. (1986). *Women's Ways of Knowing: The Development of Self, Voice and Mind*, New York: Basic Books.

Bengtsson, J. (1979). 'The work/leisure/education life cycle', in T. Schuller and J. Megarry (Eds.) *Recurrent Education and Lifelong Learning*, London: Kogan Page.

Bennis, W. and Shepard, H. (1956). 'A theory of group development', *Human Relations* 9: 415-437.

Berger, P. and Luckmann, T. (1967). *The Social Construction of Reality*, Harmondsworth: Penguin.

Billett, S. (1994). 'Situated learning: a workplace experience', *Australian Journal of Adult and Community Education* 34(2): 112-131.

Billett, S. (1996). 'Situated learning: bridging sociocultural and cognitive theorising', *Learning and Instruction* 6: 263-280.

Billett, S. (2003). 'Individualising the social-socialising the individual: interdependence between social and individual agency in vocational learning', Keynote Address, 11th Annual International Conference on Post-Compulsory Education and Training, *Enriching Learning Cultures*, 1-3 December, Gold Coast, Australia.

Bingham, C. (2002). 'On Paulo Freire's debt to psychoanalysis: authority on the side of freedom', *Studies in the Philosophy of Education* 21: 447-464.

Bion, W. (1968). *Experiences in Groups*, London: Tavistock.

Bion, W. (1990). *Experiences in Groups and Other Papers*, London:

Routledge.

Bloom, B. (1956). *Taxonomy of Educational Objectives*, London: Longman.

Boucouvalas, M. (1988). 'An analysis and critique of the concept of self in self-directed learning: towards a more robust construct for research and practice', in M. Zukas (Ed.) *Papers from the Transatlantic Dialogue*, Leeds: Standing Conference on University Teaching and Research in the Education of Adults.

Boud, D. (1981). *Developing Student Autonomy in Learning*, London: Kogan.

Boud, D. (1987). 'A facilitator's view of adult learning', in D. Boud and V. Griffin (Eds.) *Appreciating Adults Learning: From the Learner's Perspective*, London: Kogan Page.

Boud, D. and Walker, D. (1990). 'Making the most of experience', *Studies in Continuing Education* 12(2): 61-80.

Boud, D. and Walker, D. (1991). *Experience and Learning: Reflection at Work*, Geelong: Deakin University Press.

Boud, D., Keogh, R. and Walker, D. (Eds.) (1985). *Reflection: Turning Experience into Learning*, London: Kogan Page.

Boyer, D. (1984). 'Malcolm Knowles and Carl Rogers: a comparison of andragogy and student-centered education', *Lifelong Learning* 7(4): 17-20.

Bradford, L. (Ed.) (1978). *Group Development*, La Jolla, CA: University Associates.

Bradford, L., Gibb, J. and Benne, K. (1964). *T-Group Theory and Laboratory Method: Innovation in Re-education*, New York: Wiley.

Braginsky, B. and Braginsky, D. (1974). *Mainstream Psychology: A Critique*, New York: Holt, Rinehart & Winston.

Brookfield, S. (1981). 'The adult learning iceberg: a critical review of the work of Allen Tough', *Adult Education* 54(2): 110-118.

Brookfield, S. (1983). *Adult Learners, Adult Education and the Community*,

Milton Keynes: Open University Press.

Brookfield, S. (1985a). 'Self-directed learning: a critical review of research', in S. Brookfield (Ed.) *Self-directed Learning: From Theory to Practice*, San Francisco: Jossey-Bass.

Brookfield, S. (1985b). 'A critical definition of adult education', *Adult Education Quarterly* 36(1): 44-49.

Brookfield, S. (1985c). 'Self-directed learning: a conceptual and methodological exploration', *Studies in the Education of Adults* 17(1): 19-32.

Brookfield, S. (1986). *Understanding and Facilitating Adult Learning*, San Francisco: Jossey-Bass.

Brookfield, S. (1987). *Developing Critical Thinkers*, San Francisco: Jossey-Bass.

Brookfield, S. (1991). 'On ideology, pillage, language and risk: critical thinking and the tensions of critical practice', *Studies in Continuing Education* 13(1): 1-14.

Brookfield, S. (1993). 'Breaking the code: engaging practitioners in critical analysis of adult education literature', *Studies in the Education of Adults* 25: 64-91.

Brookfield, S. (1994). 'Tales from the dark side: a phenomenography of adult critical reflection', *International Journal of Lifelong Education* 13(3): 203-216.

Brookfield, S. (1995). *Becoming a Critically Reflective Teacher*, New York: Wiley.

Brookfield, S. (2005). *The Power of Critical Theory: Liberating Adult Learning and Teaching*, San Francisco: Jossey-Bass.

Broughton, J. M. (1981a). 'Piaget's structural developmental psychology: Piaget and structuralism', *Human Development* 24: 78-109.

Broughton, J. M. (1981b). 'Piaget's structural developmental psychology: ideology-critique and the possibility of a critical developmental theory',

Human Development 24: 382–411.

Bruner, J. (1966). *The Process of Education*, Cambridge, MA: Harvard University Press.

Bruner, J. (1971). *The Relevance of Education*, London: Allen & Unwin.

Bruner, J. (1990). *Acts of Meaning*, Cambridge, MA: Harvard University Press.

Buck-Morss, S. (1975). 'Socio-economic bias in Piaget's theory and its implications for cross-cultural studies', *Human Development* 18: 35–49.

Buehler, C. and Massarik, F. (Eds.) (1968). *The Course of Human Life*, New York: Springer.

Burman, E. (1994). *Deconstructing Developmental Psychology*, London: Routledge.

Burman, E. and Parker, I. (Eds.) (1993). *Discourse Analytic Research: Repertoires and Readings of Texts in Action*, London: Routledge.

Buss, A. R. (1979). 'Dialectics, history and development: the historical roots of the individual-society dialectic', in P. B. Baltes and O. G. Brim (Eds.) *Life-span Development and Behavior*, vol. 2, New York: Academic Press.

Caffarella, R. (1993). 'Self-directed learning', in S. Merriam (Ed.) *An Update on Adult Learning Theory: New Directions in Adult and Continuing Education*, San Francisco: Jossey-Bass.

Caffarella, R. and Caffarella, E. (1986). 'Self-directedness and learning contracts in adult education', *Adult Education Quarterly* 36(4): 226–234.

Caffarella, R. and Olson, S. (1993). 'Psychosocial development of women', *Adult Education Quarterly* 43(3): 125–151.

Callahan, E. and McCluskey, K. (Eds.) (1983). *Lifespan Developmental Psychology: Nonnormative Life Events*, New York: Academic Press.

Camus, A. (1995). *The First Man*, London: Hamish Hamilton.

Candy, P. (1991). *Self-direction for Lifelong Learning*, San Francisco:

Jossey-Bass.

Carr, W. and Kemmis, S. (1983). *Becoming Critical: Knowing Through Action Research*, Waure Ponds: Deakin University Press.

Cartwright, D. and Zander, A. (1968). *Group Dynamics*, New York: Harper & Row.

Cassidy, S. (2004). 'Learning styles: an overview of theories, models, and measures', *Educational Psychology* 24(4): 19–44.

Cattell, R. (1963). 'Theory of fluid and crystallized intelligence: a critical experiment', *Journal of Educational Psychology* 54(1): 1–22.

Chaiklin, S. and Lave, J. (Eds.) (1993). *Understanding Practice: Perspectives on Activity in Context*, Cambridge: Cambridge University Press.

Chappell, C., Rhodes, C., Solomon, N., Tennant, M. and Yates, L. (2003). *Reconstructing the Lifelong Learner: Pedagogies of Individual, Organizational and Social Change*, London: Routledge Falmer.

Chi, M. T. H., Glaser, R. and Farr, M. J. (Eds.) (1988). *The Nature of Expertise*, Hillsdale, NJ: Lawrence Erlbaum.

Chi, M. T. H., Glaser, R. and Farr, M. J. (Eds.) (1988). *The Nature of Expertise*, Hillsdale, NJ: Lawrence Erlbaum Associates.

Chickering, A. W. (1978). 'The double bind of field dependence/independence in program alternatives for educational development', in S. Messick and associates, *Individuality in Learning*, San Francisco: Jossey-Bass.

Chickering, A. W. (1983). 'Education and work–and human development', *Journal of Continuing Higher Education* 31 (2): 2–6.

Chickering, A. W. (1993). *Education and Identity*, San Francisco: Jossey-Bass.

Chickering, A. W. (Ed.) (1981). *The Modern American College*, San Francisco: Jossey-Bass.

Chickering, A. W. and Havighurst, R. (1981). 'The life cycle', in A. W.

Chickering (Ed.) *The Modern American College*, San Francisco: Jossey-Bass.

Chodorow, N. (1978). *The Reproduction of Mothering Psychoanalysis and the Sociology of Gender*, Berkeley, CA: University of California Press.

Chodorow, N. (1989). *Feminism and Psychoanalytic Theory*, New Haven, CT: Yale University Press.

Chomsky, N. (1959). Review of Verbal Behavior by B. F. Skinner, *Language* 35(1): 26-58.

Clark, M. C. and Wilson, A. L. (1991). 'Context and rationality in Mezirow's theory of transformational learning', *Adult Education Quarterly* 41(2): 75-91.

Coffield, F., Moseley, D., Hall, E. and Ecclestone, K. (2004). *Learning Styles and Pedagogy in Post-16 Learning: a Systematic and Critical Review*, London: Learning and Skills Research Centre.

Colarusso, C. A. (1992). *Child and Adult Development: A Psychoanalytic Introduction for Clinicians*, New York: Plenum.

Colarusso, C. and Nemiroff, A. (1981). *Adult Development*, New York: Plenum.

Colby, A. and Kohlberg, L. (1987). *The Measurement of Moral Judgment, vol. 2, Standard Issue Scoring Manual*, Cambridge: Cambridge University Press.

Collins, M. (1991). *Adult Education as Vocation: A Critical Role for the Adult Educator*, London: Routledge.

Collins, M. (1995). 'The critical juncture: commitment, prospects, and the struggle for adult education in the academy', *Proceedings of the International Conference on Adult Education*, Canmore, Alberta 15-17 May.

Connell, R. W. (1983). 'Dr Freud and the course of history', in R. W. Connell, *Which Way is Up? Essays on Class, Sex and Culture*, Sydney:

Allen & Unwin.

Conti, G. (1985). 'The relationship between teaching style and adult student learning', *Adult Education Quarterly* 35(4): 220-228.

Conti, G. and Welborn, R. (1986). 'Teaching-learning styles and the adult learner', *Lifelong Learning* 9(8): 20-22.

Cooper, C. (Ed.) (1975). *Theories of Group Processes*, London: Wiley.

Courtenay, B. (1994). 'Are psychological models of adult development still important for the practice of adult education?', *Adult Education Quarterly* 44(3): 145-153.

Cross, K. P. (1981). *Adults as Learners*, San Francisco: Jossey-Bass.

Curry, L. (2000). 'Review of learning style, studying approach, and instructional preference in medical education', in R. J. Riding and S. G. Rayner (Eds.) *International Perspectives on Individual Differences*, vol. 1, *Cognitive Styles*, Stamford, CT: Ablex, pp. 239-276.

Danis, C. and Tremblay, N. (1987). 'Propositions regarding autodidactic learning and the implications for teaching', *Lifelong Learning: An Omnibus of Practice and Research* 10: 4-7.

Darkenwald, G. and Merriam, S. (1982). *Adult Education: Foundations of Practice*, New York: Harper & Row.

Datan, N. and Ginsberg, L. (Eds.) (1975). *Lifespan Developmental Psychology: Normative Life Crises*, New York: Academic Press.

Davies, B. (1989). *Frogs and Snails and Feminist Tales*, Sydney: Allen & Unwin.

Dean, G. and Dowling, W. (1987). 'Community development: an adult education model', *Adult Education Quarterly* 37(2): 78-79.

Delahaye, B. L. and Smith, H. E. (1995). 'The validity of the learning preference assessment', *Adult Education Quarterly* 45 (3): 159-173.

Delbecq, A., Van der Ven, A. and Gustafson, D. (1975). *Group Processes for Program Planning: A Guide to Nominal Group and Delphi Processes*,

Glenview, IL: Scott Foreman.

Denig, S. J. (2004). 'Multiple intelligences and learning styles: two com-plementary dimensions', *Teachers College Record* 106(1): 96-111.

Desmedt, E. and Valcke, M. (2004). 'Mapping the learning styles "jungle" : an overview of the literature based on citation analysis', *Educational Psychology* 24(4): 445-464.

Dixon, N. (1985). 'The implementation of learning style information', *Lifelong Learning* 9(3): 16-27.

Doise, W. (1978). *Groups and Individuals: Explanations in Social Psychology*, Cambridge: Cambridge University Press.

Doise, W., Mugny, G. and Perret-Clermont, A. (1976). 'Social interaction and cognitive development: further evidence', *European Journal of Social Psychology* 6(2): 245-247.

Douglas, T. (1989). *Groups*, London: Tavistock.

Dunphy, D. (1968). 'Phases, roles and myths in self-analytic groups', *Journal of Applied Behavioral Science* 4: 195-226.

Edwards, D. and Potter, J. (1992). *Discursive Psychology*, London: Routledge.

Edwards, R. and Clarke, J. (2002). 'Flexible learning, spatiality and identity', *Studies in Continuing Education* 24(2): 153-166.

Edwards, R. and Usher, R. (1995). 'Postmodernity and the educating of educators', *Proceedings of the International Conference on Adult Education*, Canmore, Alberta, 15-17 May.

Egan, K. (1984). *Education and Psychology*, London: Methuen.

Elkind, D. and Flavell, J. (Eds.) (1969). *Studies in Cognitive Development: Essays in Honor of Jean Piaget*, New York: Oxford University Press.

Entwhistle, N. (1981). *Styles of Learning and Teaching*, New York: Wiley.

Eraut, M. (1993). 'Implications for standards development', *Competence and Assessment* 21: 14-17.

Erikson, E. H. (1959). *Identity and the Life Cycle, Psychological Issues* 1(1) (monograph no. 1).

Erikson, E. H. (1963). *Childhood and Society*, New York: Norton.

Erikson, E. H. (Ed.) (1978). *Adulthood*, New York: Norton.

Evans, C. (2004). 'Exploring the relationship between cognitive style and teaching style', *Educational Psychology* 24(4): 509: 30.

Exley, K. (2004). *Small Group Teaching: Tutorials, Seminars and Beyond*, London: Routledge Falmer.

Feather, N. (1964). 'Acceptance and rejection of arguments in relation to attitude strength, critical ability and tolerance of inconsistency', *Journal of Abnormal and Social Psychology* 69(2): 127-136.

Field, J. (2001). 'Lifelong education', *International Journal of Lifelong Education* 20: 3-15.

Field, L. (1989). 'An investigation into the structure, validity, and reliability of Guglielmino's self-directed learning scale', *Adult Education Quarterly* 39(3): 125-139.

Field, L. (1991). 'Guglielmino's self-directed learning readiness scale: should it continue to be used?', *Adult Education Quarterly* 41(2): 100-103.

Flavell, J. (1963). *The Developmental Psychology of Jean Piaget*, New York: Van Nostrand.

Flavell, J. (1971). 'Stage-related properties of cognitive development', *Cognitive Psychology* 2: 421-453.

Flavell, J. (1972). 'An analysis of cognitive developmental sequences', *Genetic Psychology Monographs* 86: 279-350.

Flavell, J. and Wohlwill, J. (1969). 'Formal and functional aspects of cognitive development', in D. Elkind and J. Flavell (Eds.) *Studies in Cognitive Development: Essays in Honor of Jean Piaget*, New York: Oxford University Press.

Floyd, A. (1976). *Cognitive Styles*, Milton Keynes: Open University Press.

Foley, G. (1992). 'Going deeper: teaching and group work in adult education', *Studies in the Education of Adults* 24(2): 143–161.

Forsyth, D. R. (1999). *Group Dynamics* (3rd edn), Belmont, Calif: Brooks/Cole.

Freire, P. (1972). *Pedagogy of the Oppressed*, Harmondsworth: Penguin.

Freire, P. (1974). *Education: The Practice of Freedom*, London: Writers and Readers.

Freire, P. (1985). *The Politics of Education: Culture, Power and Liberation*, London: Macmillan.

Freire, P. (1989). *Learning to Question: A Pedagogy of Liberation*, New York: Continuum.

Freud, 5. (1963). *Civilization and its Discontents*, London: Hogarth.

Freud, S. (1949). *An Outline of Psychoanalysis*, New York: Norton.

Freud, S. (1953). 'Fragment of an analysis of a case of hysteria', in J. Strachey (Ed.) *Standard Edition of the Complete Psychological Works of Sigmund Freud*, vol. 7, London: Hogarth.

Freud, S. (1958). 'A note on the unconscious in psychoanalysis', in J. Strachey (Ed.) *Standard Edition of the Complete Psychological Works of Sigmund Freud*, vol. 12, London: Hogarth.

Freud, S. (1973a). *Introductory Lectures on Psychoanalysis*, Harmondsworth: Penguin.

Freud, S. (1973b). *New Introductory Lectures on Psychoanalysis*, Harmondsworth: Penguin.

Fromm, E. (1973). *The Crisis of Psychoanalysis*, Harmondsworth: Penguin.

Furst, E. (1981). 'Bloom's taxonomy of educational objectives for the cognitive domain: philosophy and educational issues', *Review of Educational Research* 51 (4): 441–453.

Gage, N. L. (1976). *The Psychology of Teaching Methods*, Chicago: NSSE (National Society for the Study of Education).

Gage, N. L. and Berliner, D. C. (1998). *Educational Psychology* (6th edn),

Boston: Houghton Mifflin.

Gagne, R., Briggs, L. and Wager, W. (1992). *Principles of Instructional Design* (4th edn), New York: Harcourt Brace.

Gardner, H. (1993). *Frames of Mind: The Theory of Multiple Intelligences*, New York: Basic Books.

Gardner, H. (1999). *Intelligence Reframed: Multiple Intelligences for the 21st Century*, New York: Basic Books.

Garrison, D. (1992). 'Critical thinking and self-directed learning in adult education: an analysis of responsibility and control issues', *Adult Education Quarterly* 42(3): 136–148.

Gelpi, E. (1979). *A Future for Lifelong Education*, vols 1 and 2, Manchester: Manchester Monographs.

Gergen, K. (Ed.) (1993). *Refiguring Self and Psychology*, Aldershot, Hants: Dartmouth.

Gergen, K. and Kaye, J. (1992). 'Beyond narrative in the negotiation of therapeutic meaning', in S. McNamee and K. J. Gergen (Eds.) *Therapy as Social Construction*, London: Sage, pp. 166–185.

Gilligan, C. (1986). *In a Different Voice*, Cambridge, MA: Harvard University Press.

Gilligan, C. and Kohlberg, L. (1978). 'From adolescence to adulthood: the rediscovery of reality in a post-conventional world', in M. H. Appel, B. Z. Presseisen and P. Goldstein (Eds.) *Topics in Cognitive Development*, vol. 2, *Language and Operational Thought,* New York: Plenum.

Goldstein, K. (1939). *The Organism*, Boston, MA: Beacon.

Golembiewski, R. (1962). *The Small Group*, Chicago: Chicago University Press.

Gonczi, A. (1994). 'Competency based assessment in the professions in Australia', *Assessment in Education* 1(1): 24–36.

Gonczi, A. (2004). 'The new professional and vocational education', in G.

Foley (Ed.) *Dimensions of Adult Learning: Adult Education and Training in a Global Era*, Allen & Unwin: Sydney, pp. 19-34.

Gonczi, A., Hager, P. and Athanasou, J. (1993). *The Development of Competency Based Assessment Strategies for the Professions*, National Office of Overseas Skills Recognition Paper no. 1, Canberra: Department of Employment Education and Training.

Gore, J. M. (1993). *The Struggle for Pedagogies: Critical and Feminist Discourses as Regimes of Truth*, London: Routledge.

Goslin, D. A. (Ed.) (1969). *Handbook of Socialization Theory and Research*, New York: Rand McNally.

Gould, R. (1972). 'The phases of adult life', *American Journal of Psychiatry* 129(5): 521-531.

Gould, R. (1978). *Transformations: Growth and Change in Adult Life*, New York: Simon & Schuster.

Gould, R. (1990). 'Clinical lessons from adult developmental theory', in R. Nemiroff and C. Colarusso (Eds.), *New Dimensions in Adult Development*, New York: Basic Books.

Goulet, L. R. and Baltes, P. B. (Eds.) (1970). *Lifespan Developmental Psychology*, New York: Academic Press.

Griffin, C. (1983). *Curriculum Theory in Adult and Lifelong Education*, London: Croom Helm.

Griffin, C. (1987). *Adult Education and Social Policy*, London: Croom Helm.

Grigorenko, E. L. and Sternberg, R. J. (1995). 'Thinking styles', in D. H. Saklofske and M. Zeidner (Eds.) *International Handbook on Personality and Intelligence*, New York: Plenum Press, pp. 205-229.

Gronlund, N. (1995). *How to Write and Use Instructional Objectives*, Englewood Cliffs, NJ: Merrill.

Gronlund, N. E. (1985). *Stating Behavioural Objectives for Classroom Instruction* (3rd edn), New York: Macmillan.

Gronlund, N. E. and Linn, R. L. (1990). *Measurement and Evaluation in Teaching*, New York: Macmillan.

Guglielmino, L. M. and Guglielmino, P. J. (1982). *Self-directed Learning Readiness Scale*, Boca Raton, FL: Guglielmino and Associates.

Guglielmino, L. M., Long, H. B. and McCune, S. K. (1989). 'Reactions to Field's investigation of the SDLRS', *Adult Education Quarterly* 39(4): 235-245.

Guglielmino, P. J. and Guglielmino, L. M. (1991). *The Learning Preference Assessment*, USA: Organization Design and Development.

Habermas, J. (1972). *Knowledge and Human Interests*, London: Heinemann.

Habermas, J. (1979). *Communication and the Evolution of Society*, Boston, MA: Beacon.

Habermas, J. (1984). *The Theory of Communicative Action*, Boston, MA: Beacon.

Hager, P. and Beckett, D. (1995). 'Philosophical underpinnings of the integrated conception of competence', *Educational Philosophy and Theory* 27(1): 1-24.

Hager, P. and Gonczi, A. (1993). 'Attributes and competence', *Australian and New Zealand Journal of Vocational Educational Research* 1(1): 36-45.

Hammond, M. and Collins, R. (1991). *Self-directed Learning*, London: Kogan Page.

Hare, P. (1976). *Handbook of Small Group Research*, London: Free Press.

Harré, R. (1974). 'Blueprint for a new science', in N. Armistead (Ed.) *Reconstructing Social Psychology*, Harmondsworth: Penguin.

Harré, R. (1998). *The Singular Self*, London: Sage.

Hart, M. (1985). 'Thematization of power, the search for common interests and self reflections: towards a comprehensive theory of emancipatory education', *International Journal of Lifelong Education* 4(2): 119-134.

Hart, M. (1990a). 'Critical theory and beyond: future perspectives on emancipatory education and social action', *Adult Education Quarterly* 40(3): 125–138.

Hart, M. (1990b). 'Liberation through consciousness raising', in J. Mezirow (Ed.) *Fostering Critical Reflection in Adulthood: A Guide to Transformative and Emancipatory Learning*, San Francisco: Jossey-Bass.

Hartree, A. (1984). 'Malcolm Knowles' theory of andragogy: a critique', *International Journal of Lifelong Education* 3(3): 203–210.

Hatch, T. and Gardner, H. (1993). 'Finding cognition in the classroom: an expanded view of human intelligence', in G. Salomon (Ed.) *Distributed Cognitions: Psychological and Educational Considerations*, Cambridge: Cambridge University Press.

Havighurst, R. J. (1972). *Developmental Tasks and Education* (3rd edn), New York: McKay.

Hayes, E. (1989). 'Insights from women's experiences for teaching and learning', in E. Hayes (Ed.) *Effective Teaching Styles: New Directions for Adult and Continuing Education*, San Francisco: Jossey-Bass.

Henry, R. M. (1980). 'A theoretical and empirical analysis of reasoning in the socialisation of young children', *Human Development* 23:105–125.

Heron, J. (1975). *Six Category Intervention Analysis*, Human Potential Research project, Guildford: University of Surrey.

Hiemstra, R. and Sisco, B. (1990). *Individualising Instruction: Making Learning Personal, Powerful and Successful*, San Francisco: Jossey-Bass.

Horn, J. and Cattell, R. (1967). 'Age differences in fluid and crystallized intelligence', *Acta Psychologica* 26: 107–129.

Horn, J. and Cattell, R. (1968). 'Refinement and test of the theory of fluid and crystallized intelligence', *Journal of Educational Psychology* 57: 253–270.

Horton, M. (1986). Seminar held at the Aboriginal Training and Cultural Institute, Sydney, Australia.

Horton, M., Kohl, J. and Kohl, H. (1990). *The Long Haul: An Autobiography*, New York: Doubleday.

Houle, C. (1972). *The Design of Education*, San Francisco: Jossey-Bass.

Houle, C. O. (1992). *The Literature of Adult Education: A Bibliographic Essay*, San Francisco: Jossey-Bass.

Hron, A. and Friedrich, H. (2003). 'A review of web-based collaborative learning: factors beyond technology', *Journal of Computer Assisted Learning* 19: 70-71.

Huberman, A. M. (1974). *Some Models of Adult Learning and Adult Change*, Strasbourg: Council of Europe.

Hughes, K. P. (1995). 'Feminist pedagogy and feminist epistemology: an overview', *International Journal of Lifelong Education* 14(3): 214-230.

Illeris, K. (2002). *The Three Dimensions of Learning: Contemporary Learning Theory in the Tension Field between the Cognitive, the Emotional and the Social*, Roskilde: Roskilde University Press.

Jacoby, R. (1975). *Social Amnesia*, Boston, MA: Beacon.

Jahoda, M. (1977). *Freud and the Dilemmas of Psychology*, London: Hogarth.

Jansen, T. and Wildemeersch, D. (1998). 'Beyond the myth of self actualisation: reinventing the community perspective in adult education', *Adult Education Quarterly* 48(4): 216-226.

Jaques, D. (1992). *Learning in Groups* (2nd edn), Houston, TX: Gulf.

Jarvis, P. (1983). *Adult and Continuing Education: Theory and Practice*, London: Croom Helm.

Jarvis, P. (1984). 'Andragogy: a sign of the times', *Studies in the Education of Adults* 16: 32-38.

Jarvis, P. (1987a). *Adult Learning in the Social Context*, London: Croom Helm.

Jarvis, P. (1987b). 'Meaningful and meaningless experience: towards an analysis of learning from life', *Adult Education Quarterly* 37(3): 164-172.

Jarvis, P. (1992). *Paradoxes of Learning*, San Francisco: Jossey-Bass.

Jarvis, P. (2004). *Adult Education and Lifelong Learning: Theory and Practice*, London: Routledge Falmer.

Jarvis, P. and Parker, S. (2004). 'Editorial: competencies for everything?', *International Journal of Lifelong Education* 23(2): 123-124.

Karparti, A. (Ed.) (2004). *Promoting Equity through ICT in Education: Projects, Problems, Prospects*, Paris: OECD.

Kasworm, C. (1983). 'Self-directed learning and lifespan development', *International Journal of Lifelong Education* 2(1): 29-46.

Kaufman, A. S. (1990). *Assessing Adolescent and Adult Intelligence*, Boston, MA: Allyn & Bacon. Keddie, N. 'Adult education: a women's service?', unpublished paper.

Kemmis, S. (1985). 'Action research and the politics of reflection', in D. Boud, R. Keogh and D. Walker (Eds.) *Reflection: Turning Experience into Learning*, London: Kogan Page.

Kemmis, S. and McTaggart, R. (1982). *The Action Research Planner*, Waure Ponds: Deakin University Press.

Kimmel, D. C. (1980). *Adulthood and Ageing*, New York: Wiley.

Kitchener, K. and King, P. (1994). *Developing Reflective Judgment*, San Francisco: Jossey-Bass.

Knowles, M. (1975). *Self-directed Learning*, New York: Association Press.

Knowles, M. (1980). *The Modern Practice of Adult Education* (2nd edn), Chicago: Association Press.

Knowles, M. (1989). *The Making of an Adult Educator*, San Francisco: Jossey-Bass.

Knowles, M. (1990a). 'Fostering competence in self-directed learning', in R. M. Smith and associates, *Learning to Learn Across the Lifespan*, San Francisco: Jossey-Bass.

Knowles, M. (1990b). *The Adult Learner: A Neglected Species* (4th edn),

Houston, TX: Gulf.

Knowles, M. (Ed.) (1984). *Andragogy in Action*, San Francisco: Jossey-Bass.

Knox, A. (1977). *Adult Development and Learning*, San Francisco: Jossey-Bass.

Knox, A. (1979). 'Research insights into adult learning', in T. Schuller and J. Megarry (Eds.) *Recurrent Education and Lifelong Learning*, London: Kogan.

Kohlberg, L. (1969). 'Stage and sequence: the cognitive-development approach to socialisation', in D. A. Goslin (Ed.) *Handbook of Socialization Theory and Research*, New York: Rand McNally.

Kohlberg, L. (1971). 'From is to ought: how to commit the naturalistic fallacy and get away with it', in T. Mischel (Ed.) *Cognitive Development and Epistemology*, New York: Academic Press.

Kohlberg, L. (1973). 'Moral judgement interview', unpublished manuscript, Harvard Graduate School of Education, Cambridge, MA.

Kohlberg, L. and Gilligan, C. (1971). 'The adolescent as a philosopher: the discovery of the self in a post-conventional world', *Daedalus,* 100: 1051-1086.

Kolb, D. (1976). *The Learning Style Inventory: Technical Manual*, Boston, MA: McBer.

Kolb, D. (1981). 'Learning styles and disciplinary differences', in A. W. Chickering (Ed.) *The Modern American College*, San Francisco: Jossey-Bass.

Kolb, D. (1984). *Experiential Learning*, Englewood Cliffs, NJ: Prentice-Hall.

Kolb, D. and Fry, R. (1975). 'Towards an applied theory of experiential learning', in C. Cooper (Ed.) *Theories of Group Processes*, London: Wiley.

Kolb, D., Rubin, I. and McIntyre, J. (1984). *Organizational Psychology*, Englewood Cliffs, NJ: Prentice-Hall.

Kramer, D. (1986). 'A life-span view of social cognition', *Educational Gerontology* 12(4): 277–290.

Kvale, S. (Ed.) (1992). *Psychology and Postmodernism*, London: Sage.

Labouvie-Vief, G. (1977). 'Adult cognitive development: in search of alternative interpretation', *Merrill-Palmer Quarterly*, 24(4).

Labouvie-Vief, G. (1980). 'Beyond formal operations: uses and limits of pure logic in lifespan development', *Human Development* 23: 141–161.

Labouvie-Vief, G. (1985). 'Intelligence and cognition', in J. E. Birren and K. W. Schaie (Eds.) *Handbook of the Psychology of Aging* (2nd edn), New York: Van Nostrand Reinhold.

Labouvie-Vief, G. (1990). 'Wisdom as integrated thought: historical and developmental perspectives', in R. J. Steinberg (Ed.) *Wisdom: Its Nature, Origins, and Development*, Cambridge: Cambridge University Press.

Labouvie-Vief, G. (1994). *Psyche and Eros: Mind and Gender in the Life Course*, Cambridge: Cambridge University Press.

Langer, E. J., Chanowitz, B., Palmerino, M., Jacobs, S., Rhodes, M. and Thayer, P. (1990). 'Nonsequential development and aging', in C. N. Alexander and E. J. Langer (Eds.) *Higher Stages of Human Development*, Oxford: Oxford University Press.

Lave, J. (1993). 'The practice of learning', in S. Chaiklin and J. Lave (Eds.) *Understanding Practice: Perspectives on Activity in Context*, Cambridge: Cambridge University Press.

Lave, J. and Wenger, E. (1991). *Situated Learning: Legitimate Peripheral Participation*, Cambridge: Cambridge University Press.

Lawson, K. (1975). *Philosophical Concepts and Values in Adult Education*, Nottingham: University of Nottingham.

Lawy, R. and Bloomer, M. (2003). 'Identity and learning as a lifelong project: situating vocational education and work', *International Journal of Lifelong Education* 22(1): 24-42.

Levinson, D. (1978). *The Seasons of a Man's Life*, New York: Knopf.

Levinson, D. (1986). 'A conception of adult development', *American Psychologist* 41: 3-13.

Levinson, D. (1990). 'The seasons of a woman's life: implications for men', Paper presented at the 98th Annual Convention of the American Psychological Association, Boston, MA.

Levinson, D. (1996). *The Season's of a Woman's Life*, New York: Ballantine.

Lewin, K. (1958). 'Group decision and social change', in E. Maccoby, M. Newcomb and E. Hartley (Eds.) *Readings in Social Psychology*, New York: Holt, Rinehart & Winston.

Loevinger, J. (1976). *Ego Development*, San Francisco: Jossey-Bass.

Loevinger, J. (1987). *Paradigms of Personality*, New York: Freeman.

Loevinger, J. (1998). *Technical Foundations for Measuring Ego Development: The Washington University Sentence Completion Test*, Washington: LEA Series.

Long, H. (1983). *Adult Learning: Research and Practice*, New York: Cambridge University Press.

Loo, R. (2004). 'Kalb's learning styles and learning preferences: is there a link?' *Educational Psychology* 24(1): 99-108.

Lovell, B. (1980). *Adult Learning*, London: Croom Helm.

Lovett, T. (1975). *Adult Education, Community Development and the Working Class*, London: Ward Lock.

Lovett, T., Clark, C. and Kilmurray, A. (1983). *Adult Education and Community Action*, London: Croom Helm.

Lovett, T. (Ed.) (1988). *Radical Approaches to Adult Education: a Reader*, London: Routledge.

Lowenthal, M., Thurnher, M. and Chiriboga, D. (1977). *Four Stages of Life*, San Francisco: Jossey-Bass.

Luft, J. (2000). 'Insight by surprise', in K. Taylor, C. Marienau and M. Fiddler, (Eds.) *Developing Adult Learners*, San Francisco: Jossey-Bass, pp. 137-140.

Lukes, S. (1973). *Individualism*, Oxford: Basil Blackwell.

MacDonald-Ross, M. (1975). 'Behavioural objectives: a critical review', in L. Dobson, T. Gear and A. Westoby (Eds.) *Management in Education, vol. 2, Some Techniques and Systems*, London: Ward Lock.

Malcolm, A. (1975). *The Tyranny of the Group*, Totowa, NJ: Adams.

Mann, R. (1967). *Interpersonal Styles and Group Development*, New York: Wiley.

Marcuse, H. (1969). *Eros and Civilisation*, London: Sphere.

Martin, J. (1980). 'Perspectives on person and society', unpublished manuscript, Sydney: Macquarie University.

Maslow, A. (1968a). *Towards a Psychology of Being*, New York: Van Nostrand.

Maslow, A. (1968b). 'Some educational implications of the humanistic psychologies', *Harvard Educational Review* 36: 685-696.

Mayo, P. (2003). 'A rationale for a transformative approach to education', *Journal of Transformative Learning* 1(1): 38-57.

McAdams, D. (1985). *Power, Intimacy and the Life Story: Personological Inquiries into the Life Story*, New York: Guilford.

McAdams, D. (1987). 'A life-story model of identity', in R. Hogan and W. Jones (eds.) *Perspectives in Personality*, Greenwich, CT: JAI Press, pp. 15-50.

McAdams, D. (1993). *The Stories We Live By: Personal Myths and the Making of the Self*, New York: Morrow.

McAdams, D. (1996). 'Personality, modernity, and the storied self: a contemporary framework for studying persons', *Psychological Inquiry* 7: 295-321.

McCleod, P. L. and Kettner-Polley, R. B. (2004). 'Contributions of psychodynamic theories to understanding small groups', *Small Group Research* 35(3): 333-361.

McCoy, V. (1977). 'Adult life cycle change: how does growth affect our education needs?', *Lifelong Learning: The Adult Years* 31: 14-18.

McGurk, H. (Ed.) (1978). *Issues in Childhood Social Development*, London: Methuen.

McLaren, P. (1995). *Critical Pedagogy and Predatory Culture: Oppositional Politics in a Postmodern Era*, London: Routledge.

McLeish, J., Matheson, W. and Park, J. (1973). *The Psychology of the Learning Group*, London: Hutchinson.

Mead, G. H. (1972). *On Social Psychology*, selected papers edited by A. Strauss, Chicago: University of Chicago Press.

Melton, R. (1978). 'Resolution of conflicting claims concerning the effect of behavioural objectives on student learning', *Review of Educational Research* 48(2): 291-302.

Mennecke, B. E., Hoffer, J. A. and Wynne, B. E. (1992). 'The implications of group development and history on GSS theory and practice', *Small Group Research* 23(4): 524-572.

Merriam, S. and Caffarella, R. (1991). *Learning in Adulthood*, San Francisco: Jossey-Bass.

Merriam, S. and Clark, M. C. (1991). *Lifelines: Patterns of Work, Love, and Learning in Adulthood,* San Francisco: Jossey-Bass.

Merriam, S. B. and Caffarella, R. S. (1999). *Learning In Adulthood: A Comprehensive Guide*, San Francisco: Jossey-Bass.

Mezirow, J. (1983). 'A critical theory of adult learning and education', in M. Tight (Ed.) *Adult Learning and Education*, London: Croom Helm.

Mezirow, J. (1985). 'A critical theory of self-directed learning', in S. Brookfield (Ed.) *Self-directed Learning: From Theory to Practice*, San

Francisco: Jossey-Bass.

Mezirow, J. (Ed.) (1990). *Fostering Critical Reflection in Adulthood: A Guide to Transformative and Emancipatory Learning*, San Francisco: Jossey-Bass.

Mezirow, J. (1991a). *Transformative Dimensions of Adult Learning*, San Francisco: Jossey-Bass.

Mezirow, J. (1991b). 'Transformation theory and cultural context: a reply to Clark and Wilson', *Adult Education Quarterly* 41(3): 188-192.

Mezirow, J. (1992). 'Transformation theory: critique and confusion', *Adult Education Quarterly* 42(4): 250-252.

Mezirow, J. (1994). 'Understanding transformation theory', *Adult Education Quarterly* 44(4): 222-232.

Mezirow, J. (2000). 'Learning to think like an adult: core concepts of transformative theory', in J. Mezirow and Associates (Eds.) *Learning as Transformation: Critical Perspectives on Theory in Progress*, San Francisco: Jossey-Bass, pp. 3-33.

Mezirow, J. (2003). 'Transformative learning as discourse', *Journal of Transformative Learning* 1(1): 58-63.

Miles, M. (1955). 'Human relations training: how a group grows', *Teachers College Record* 55.

Milgram, S. (1965). 'Some conditions of obedience and disobedience to authority', *Human Relations* 18(1): 57-76.

Mills, T. (1964). *Group Transformation: An Analysis of a Learning Group*, Englewood Cliffs, NJ: Prentice-Hall.

Mischel, T. (Ed.) (1971). *Cognitive Development and Epistemology*, New York: Academic Press.

Modgil, S. and Modgil, C. (1976). *Piagetian Research: Compilation and Commentary*, vol. 6, Windsor: National Foundation for Educational Research.

Modgil, S. and Modgil, C. (1986). *Lawrence Kohlberg: Consensus and Controversy*, London: Falmer.

Moraes, M. (2003). 'The path of dissent: and interview with Peter McClaren', *Journal of Transformative Learning* 1(2): 117-134.

Moreno, J. (1941). 'Foundations of sociometry: an introduction', *Sociometry* 4: 15-3 5.

Moreno, J. (1953). *Who Shall Survive?*, New York: Beacon.

Mugny, G. and Doise, W. (1978). 'Socio-cognitive conflict and structure of individual and collective performances', *European Journal of Social Psychology* 8: 181-192.

Musgrove, F. (1977). *Margins of the Mind*, London: Methuen.

Napier, R. and Gershenfeld, M. (1989). *Groups: Theory and Experience* (4th edn), Boston, MA: Houghton Muffin.

Nespor, J. (1994). *Knowledge in Motion*, London: Falmer Press.

Neugarten, B. L. (Ed.) (1968). *Middle Age and Aging*, Chicago: University of Chicago Press.

New London Group (1996). 'A pedagogy of multiliteracies: designing social futures', *Higher Education Review* 66(1): 60-92.

Newman, M. (1979). *The Poor Cousin*, London: Allen & Unwin.

Newman, M. (1993). *The Third Contract: Theory and Practice in Trade Union Training*, Sydney: Stewart Victor.

Newman, M. (1994). *Defining the Enemy: Adult Education in Social Action*, Sydney: Stewart Victor.

Nottingham Andragogy Group (1983). *Towards a Developmental Theory of Andragogy*, Nottingham: University of Nottingham.

OECD (1979). *Recurrent Education for the 1980s: Trends and Policies*, Paris: CERI.

OECD (2002). *Definition and Selection of Competencies: a Strategy Paper*, Paris: Centre for Educational Research and Innovation.

OECD (Organization for Economic Co-operation and Development) (1973). *Recurrent Education: A Strategy for Lifelong Learning*, Paris: CERI (Centre for Educational Research and Innovation).

Olmsted, M. and Hare, P. (1978). *The Small Group*, New York: Random House.

Pavlov, I. P. (1927). *Conditioned Reflexes*, trans. G. V. Anred, Oxford: Oxford University Press.

Perry, W. (1981). 'Cognitive and ethical growth: the making of meaning', in A. Chickering (Ed.) *The Modern American College*, San Francisco: Jossey-Bass.

Piaget, J. (1954). *The Construction of Reality in the Child*, New York: Basic Books.

Piaget, J. (1955). 'Les stages du développment intellectuel de l'enfant et de l'adolescent', in P. Osterrieth et al., *Le probléme des études en psychologie de l'enfant*, Paris: Presses Universitaires de France.

Piaget, J. (1973). *The Child's Conception of the World*, London: Paladin.

Piaget, J. (1977a). *The Moral Judgement of the Child*, Harmondsworth: Penguin.

Piaget, J. (1977b). 'Problems of equilibration', in M. H. Appel and L. B. Goldberg (Eds.) *Topics in Cognitive Development,* vol. 1, *Equilibration: Theory Research and Application*, New York: Plenum.

Piaget, J. (1978). *The Development of Thought: Equilibration of Cognitive Structures*, Oxford: Basil Blackwell.

Piaget, J. and Inhelder, B. (1956). *The Child's Conception of Space*, London: Routledge & Kegan Paul.

Pietrykowski, B. (1996). 'Knowledge and power in adult education: beyond Freire and Habermas', *Adult Education Quarterly* 46(2): 82-97.

Pitt, A and Britzman, D. (2003). 'Speculations on qualities of difficult knowledge in teaching and learning: an experiment in psychoanalytical research', *Qualitative Studies in Education* 16(6): 755–776.

Podeschi, R. and Pearson, E. (1986). 'Knowles and Maslow: differences about freedom', *Lifelong Learning* 9(7): 16–18.

Poole, M., Hollingshead, A., McGrath, J., Moreland, R. and Rohrbaugh, J. (2004). 'Interdisciplinary perspectives on small groups', *Small Group Research* 35(1): 3–16.

Pratt, D. (1993). 'Andragogy after twenty-five years', in S. Merriam (Ed.) *An Update on Adult Learning: New Directions in Adult and Continuing Education*, San Francisco: Jossey-Bass.

Rayner, S. (2000). 'Reconstructing style differences in thinking and learning: profiling learning performance', in R. J. Riding and S. G. Rayner (Eds.) *International Perspectives on Individual Differences*, vol. 1, *Cognitive Styles*, Stamford, CT: Ablex, pp. 115–177.

Reese, H. and Overton, W. (1970). 'Models of development and theories of development', in L. R. Goulet and P. B. Baltes (Eds.) *Lifespan Developmental Psychology*, New York: Academic Press.

Reich, W. (1972). *The Sexual Revolution*, London: Vision Press.

Riding, R. and Cheema, I. (1991). 'Cognitive styles–an overview and integration', *Educational Psychology* 11: 193–215.

Riegel, K. F. (1973). 'Dialectical operations: the final period of cognitive development', *Human Development* 16: 346–370.

Riegel, K. F. (1975). 'Adult life crises: a dialectical interpretation of development', in N. Datan and L. Ginsberg (Eds.) *Lifespan Developmental Psychology: Normative Life Crises*, New York: Academic Press.

Riegel, K. F. (1976). 'The dialectics of human development', *American Psychologist* October: 689–699.

Riegel, K. F. and Rosenwald, G. (Eds.) (1975). *Structure and Transformation*, New York: Wiley.

Riegel. K. F. (1978). *Psychology Mon Amour: A Countertext*, Boston, MA:

Houghton Mifflin.

Roazen, P. (1976). *Erik H. Erikson*, New York: Free Press.

Robinson, J. and Taylor, D. (1983). 'Behavioural objectives in training for adult education', *International Journal of Lifelong Education* 2(4): 355-370.

Rogers, A. (2003). *What is the Difference?: A New Critique of Adult Learning and Teaching*, Leicester: NIACE.

Rogers, C. (1951). *Client-centred Therapy*, Boston, MA: Houghton Mifflin.

Rogers, C. (1983). *Freedom to Learn for the 1980s*, Columbus, OH: Merrill.

Rogers, C. (2002). 'The interpersonal relationship in the facilitation of learning', in R. Harrison, F. Reeve, A. Hanson and J. Clarke (Eds.) *Supporting Lifelong Learning*, vol. 1, *Perspectives on Learning*, London: Routledge Falmer and Open University, pp. 25-39.

Rose, N. (1998). *Inventing Our Selves*, Cambridge: University Press.

Rotman, B. (1977). *Jean Piaget: Psychologist of the Real*, Brighton: Harvester.

Rybash, J., Hoyer, W. and Roodin, P. (1986). *Adult Cognition and Aging*, New York: Pergamon.

Rychen, D. S. and Salganik L. H. (Eds.) (2003). *Key Competencies for a Successful Life and a Well-Functioning Society*, Göttingen: Hogrefe & Huber Publishers.

Salzberger-Wittenberg, I., Henry, G. and Osborne, E. (1983). *The Emotional Experience of Learning and Teaching*, London: Routledge & Kegan Paul.

Scannell, E. and Newstrom, J. (1983). *More Games Trainers Play*, New York: McGraw-Hill.

Schaie, K. (1965). 'A general model for the study of development problems', *Psychological Bulletin* 64: 92-107.

Schaie, K. (1973). 'Methodological problems in descriptive developmental research on adulthood and aging', in J. Nesselroade and N. Reese (Eds.) *Lifespan Developmental Psychology: Methodological Issues*,

New York: Academic Press.

Schaie, K. (1979). 'The primary mental abilities in adulthood: an exploration in the development of psychometric intelligence', in P. B. Baltes and O. G. Brim (Eds.) *Life-span Development and Behavior*, vol. 2, New York: Academic Press.

Schaie, K. W. (1983a). *Longitudinal Studies of Adult Psychological Development*, New York: Guilford.

Schaie, K. W. (1983b). 'The Seattle Longitudinal Study: a 21-year exploration of psychometric intelligence in adulthood', in K. W. Schaie (Ed.) *Longitudinal Studies of Adult Psychological Development*, New York: Guilford.

Schaie, K. W. and Willis, S. (1986). 'Can adult intellectual decline be reversed?', *Developmental Psychology* 22: 223-232.

Schmidt, H. G., Norman, G. R. and Boshuizen, H. P. A. (1990). 'A cognitive perspective on medical expertise: theory and implications', *Academic Medicine* 65(10).

Schon, D. (1987). *Educating the Reflective Practitioner*, San Francisco: Jossey-Bass.

Schutz, W. C. (1955). 'What makes groups productive?', *Human Relations* 8: 429-465.

Scribner, S. (1986). 'Thinking in action: some characteristics of practical thought', in R. J. Sternberg and R. K. Wagner (Eds.) *Practical Intelligence: Nature and Origins of Competence in the Everyday World*, Cambridge: Cambridge University Press.

Shaw, M. (1981). *Group Dynamics*, New York: McGraw-Hill.

Sherif, M. (1935). *The Psychology of Social Norms*, New York: Harper.

Shor, I. (1980). *Critical Teaching in Everyday Life*, Boston, MA: South End Press.

Shrewsbury, C. (1987). 'What is feminist pedagogy?', *Women's Studies*

Quarterly 15: 6-14.

Simpson, E. L. (1974). 'Moral development research: a case study of scientific-cultural bias', *Human Development* 17: 81-106.

Skinner, B. F. (1938). *The Behaviour of Organisms: An Experimental Analysis*, New York: Appleton-Century-Crofts.

Skinner, B. F. (1959). *Science and Human Behaviour*, New York: Macmillan.

Skinner, B. F. (1973). *Beyond Freedom and Dignity*, Harmondsworth: Penguin.

Smith, M. K. (2002). 'Howard Gardner and multiple intelligences', *The Encyclopedia of Informal Education*, http://www.infed.org/thinkers/ .htm

Smith, W., Sekar, S. and Townsend, K. (2002). 'The impact of surface and reflective teaching and learning on student academic success', in M. Valcke and D. Gombeir (Eds.) *Learning Styles: Reliability and Validity*, pp. 407-418. *Proceedings of the 7th Annual European Learning Styles Information Network Conference*, 26-28 June, Ghent, University of Ghent.

Spear, D. and Mocker, D. (1984). 'The organising circumstance: environmental determinants in self-directed learning', *Adult Education Quarterly* 35(1): 1-10.

Stalker, J. (1996). 'Women and adult education', *Adult Education Quarterly* 46(2): 98-113.

Steinberg, R. J. (Ed.) (1990a). *Wisdom: Its Nature, Origins, and Development*, Cambridge: Cambridge University Press.

Steinberg, R. J. (1990b). *Intelligence and Adult Learning*, Papers from a Symposium Sponsored by the Center for Adult Learning Research, Montana State University.

Sternberg, R. (2004). 'Culture and intelligence', *American Psychologist* 59(5): 325-338.

Sternberg, R. and Grigorenko, E. (Eds.) (2003). *The Psychology of Abilities, Competencies, and Expertise*, New York: Cambridge University Press.

Sternberg, R. J. (1985). *Beyond IQ: A Triarchic Theory of Human Intelligence*, New York: Cambridge University Press.

Sternberg, R. J. (1996). *Successful Intelligence*, New York: Simon & Schuster.

Sternberg, R. J. and Wagner, R. K. (Eds.) (1986). *Practical Intelligence: Nature and Origins of Competence in the Everyday World*, Cambridge: Cambridge University Press.

Sternberg, R., Forsythe, G., Hedlund, J., Horvath, J., Wagner, R., Williams, W., Snook, S. and Grigorenko, E. (2000). *Practical Intelligence in Everyday Life*, Cambridge: Cambridge University Press.

Stevens-Long, J. (1979). *Adult Life: Developmental Processes*, Palo Alto, CA: Mayfield.

Taylor, A. (1995). 'Unsettling pedagogy', paper presented at the CSAA conference *Whose Cultural Studies?: Politics, Risks and Voices*, Charles Sturt University, Bathurst, 11-13 December.

Tennant, M. (1985a). 'Training adult educators: a case study', *Forum of Education* 44(2): 10-20.

Tennant, M. (1985b). 'The concept of "need" in adult education', *Australian Journal of Adult Education* 25(2): 8-12.

Tennant, M. (1986). 'An evaluation of Knowles' theory of adult learning', *International Journal of Lifelong Education* 5(2): 113-122.

Tennant, M. (1991a). 'Expertise as a dimension of adult development: implications for adult education', *New Education* 13(1): 46-57.

Tennant, M. (1991b). 'Establishing an adult teaching-learning relationship', *Australian Journal of Adult Education* 31(1): 4-9.

Tennant, M. (1993). 'Perspective transformation and adult development', *Adult Education Quarterly* 44(1): 34-42.

Tennant, M. (1994). 'Response to understanding transformation theory',

Adult Education Quarterly 44(4): 233-235.

Tennant, M. (1998). 'Adult education as a technology of the self', *International Journal of Lifelong Education* 13(4): 364-376.

Tennant, M. (1999). 'Is learning transferable?', in D. Boud and J. Garrick (Eds.) *Understanding Learning in the Workplace*, London: Routledge, pp. 165-179.

Tennant, M. (2000a). 'Adult learning for self development and change', in A. Wilson and E. Hayes (Eds.) *Handbook 2000: Adult and Continuing Education*, San Francisco: Jossey-Bass, pp. 87-100.

Tennant, M. (2000b). 'Undisciplining psychology through pedagogy: a biographical account of working knowledge', *Studies in Continuing Education* 22(1): 45-56.

Tennant, M. (2005). 'Transforming selves', *Journal of Transformative Education* 3(2): 102-115.

Tennant, M. and Pogson, P. (1995). *Learning and Change in the Adult Years: a Developmental Perspective*, San Francisco: Jossey-Bass.

Thelen, H. and Dickerman, W. (1949). 'Stereotypes and the growth of groups', *Educational Leadership* 6: 309-399.

Thompson, J. (1983). *Learning Liberation: Women's Response to Men's Education*, London: Croom Helm.

Thompson, J. (1985). Untitled paper presented at an AAAE (Australian Association of Adult Education) Adult Education Seminar, March, Sydney.

Thompson, J. (Ed.) (1980). *Adult Education for a Change*, London: Hutchinson.

Tight, M. (Ed.) (1983). *Adult Learning and Education*, London: Croom Helm.

Tisdell, E. (1998). 'Poststructuralist feminist pedagogies: the possibilities and limitations of feminist emancipatory adult learning theory and practice', *Adult Education Quarterly* 48(3): 139-156.

Tough, A. (1967). *Learning without a Teacher: A Study of Tasks and Assistance during Adult Self-teaching Projects*, Toronto: Ontario Institute for Studies in Education.

Tough, A. (1968). *Why Adults Learn: A Study of the Major Reasons for Beginning and Continuing a Learning Project*, Toronto: Ontario Institute for Studies in Education.

Tough, A. (1979). *The Adult's Learning Projects: A Fresh Approach to Theory and Practice in Adult Learning*, Toronto: Ontario Institute for Studies in Education.

Tough, A. (1982). *Intentional Changes*, Chicago: Follett.

Tough, A. (1983). 'Self-planned learning and major personal change', in M. Tight (Ed.) *Adult Learning and Education*, London: Croom Helm.

Tucker, B. and Huerta, C. (1987). 'A study of developmental tasks as perceived by young adult Mexican-American females', *Lifelong Learning* 10(4): 4-7.

Tuckman, B. (1965). 'Developmental sequence in small groups', *Psychological Bulletin* 63: 384-399.

Tuckman, B. and Jensen, M. (1977). 'Stages of small group development', *Group and Organisational Studies* 2: 4.

UNESCO (1972). *Learning To Be: The World of Education Today and Tomorrow* (Faure Report), Paris: UNESCO.

UNESCO (1976). *Foundations of Lifelong Education*, Oxford: Pergamon.

Usher, R. (1986a). 'Adult students and their experience: developing a resource for learning', *Studies in the Education of Adults* 18(1): 24-34.

Usher, R. (1986b). 'The theory-practice problem and psychology as a foundation discipline in adult education', *Proceedings of the Sixteenth Annual Conference of SCUTREA*, University of Hull: 103-112.

Usher, R. (1989). 'Locating experience in language: towards a poststructuralist theory of experience', *Adult Education Quarterly* 40(1): 23-32.

Usher, R. (1992). 'Experience in adult education: a post-modern critique',
    Journal of Philosophy of Education 26: 201-214.

Usher, R. (1993). 'Disciplining adults: re-examining the place of disciplines
    in adult education', *Studies in Continuing Education* 15.

Usher, R., Bryant, I. and Johnson, R. (1997). *Adult Education and the
    Postmodern Challenge*, London: Routledge.

Vaillant, G. (1977). *Adaptation to Life*, Boston, MA: Little, Brown.

Vaillant, G. (1994). *Ego Mechanisms of Defense: A Guide for Clinicians
    and Researchers*, Washington: American Psychological Association.

Vaillant, G. (2003). *Aging Well*, Boston: Little, Brown & Company.

Vaillant, G. and Vaillant, C. (1990). 'Natural history of male psychological
    health: a forty-five year study of predictors of successful aging at age
    65', *American Journal of Psychiatry* 147: 31-37.

Wapner, S. (1978). 'Process and context in the conception of cognitive
    style', in S. Messick and associates, *Individuality in Learning*, San
    Francisco: Jossey-Bass.

Watson, J. B. (1913). 'Psychology as the behaviorist views it', *Psychological
    Review* 20: 158.

Weathersby, R. (1981). 'Ego development', in A. W. Chickering (Ed.) *The
    Modern American College*, San Francisco: Jossey-Bass.

Weigel, R. G. (2002). 'The marathon encounter group-vision and reality:
    exhuming the body for a last look', *Counseling Psychology Journal:
    Practice and Research* 54: 186-298.

Welton, M. (1995). 'The disintegration of andragogy: the demise of adult
    education?', *Proceedings of the International Conference on Adult
    Education*, Canmore, Alberta, 15-17 May.

White, M. (1991). *Deconstruction and Therapy*, Adelaide Dulwich Centre
    Newsletter no. 3: 21-40.

Williams, C. (1993). 'The politics of nurturant teaching', *Studies in*

Continuing Education 15(1): 50–62.

Wilson, A. and Melichar, K. (1995). 'A rhetoric of disruption: by way of attaining the not yet in the future: re-membering the past by way of challenging our present educational practices', *International Journal of Lifelong Education* 14(6): 422–433.

Wiltshire, H. (1973). 'The concepts of learning and need in adult education', *Studies in Adult Education* 5(1): 26–30.

Witkin, H. (1950). 'Perception of the upright when the direction of the force acting on the body is changed', *Journal of Experimental Psychology* 40: 93–106.

Witkin, H. (1978). 'Cognitive style in academic performance and in teacher–student relations', in S. Messick and associates, *Individuality in Learning*, San Francisco: Jossey-Bass.

Witkin, H. and Goodenough, D. (1981). *Cognitive Styles, Essence and Origins: Field Dependence and Field Independence*, Psychological Issues, Monograph 51, New York: International Universities Press.

Witkin, H., Goodenough, D. and Karp, S. (1967). 'Stability of cognitive style from childhood to young adulthood', *Journal of Personality and Social Psychology* 7: 291–300.

Witkin, H., Moore, C., Goodenough, D. and Cox, P. (1977). 'Field-dependent and field-independent cognitive styles and their educational implications', *Review of Educational Research* 47(1): 1–64.

Wozniak, R. B. (1975). 'Dialecticism and structuralism: the philosophical foundation of Soviet psychology and Piagetian cognitive developmental theory', in K. F. Riegel and G. Rosenwald (Eds.) *Structure and Transformation*, New York: Wiley.

Wrong, D. (1961). 'The oversocialised conception of man in modern sociology', *American Sociological Review* 26(2): 183–193.

Zander, A. (1983). *Making Groups Effective*, San Francisco: Jossey-Bass.

Zander, A. (1990). *Effective Social Action by Community Groups*, San Francisco: Jossey-Bass.

Zeichner, K. and Liston, D. (1987). 'Teaching student teachers to reflect', *Harvard Educational Review* 57(1): 23-48.

ㅣ찾아보기ㅣ

저자 소개

Mark Tennant는 UTS(University of Technology, Sydney)에서 대학원장을 역임하였고, 현재 명예교수(Emeritus Professor)로서 성인 교수–학습, 성인교육 전공의 학생을 가르치며, 연구 슈퍼바이저로 활동하고 있다.

역자 소개

이경화(Lee Kyunghwa)는 숙명여자대학교 교육학과에서 교육심리학 전공으로 박사학위를 취득했으며, 현재 숭실대학교 평생교육학과 교수이다. 한국영재교육학회장, 한국창의력교육학회장을 역임하였으며, 숭실대학교 아동청소년교육센터장, (사)글로벌미래융합교육원 이사장으로도 활동 중이다.

김성훈(Kim Seonghun)은 숭실대학교 평생교육학과에서 교육학 박사학위를 취득했으며, 현재 숭실대학교 평생교육학과 초빙교수 겸 스마트리어학원 대표로 활동 중이다.

박정길(Park Jungkil)은 숭실대학교 평생교육학과에서 교육학 박사학위를 취득했으며, 현재 숭실대학교 교육대학원 겸임교수 겸 NLP 전략연구소 소장으로 활동 중이다.

박혜성(Park Hyesung)은 숭실대학교 평생교육학과 대학원(박사과정)을 수료하였다. 현재 수원 동우여자고등학교 영어교사로 재직 중인 동시에, 숭실대학교 교직과의 겸임교수로 활동 중이다.

심리학과 성인학습
Psychology and Adult Learning, 3rd ed.

2018년 3월 5일 1판 1쇄 인쇄
2018년 3월 10일 1판 1쇄 발행

지은이 • Mark Tennant
옮긴이 • 이경화 · 김성훈 · 박정길 · 박혜성
펴낸이 • 김진환
펴낸곳 • (주) **학지사**

04031 서울특별시 마포구 양화로 15길 20 마인드월드빌딩
대표전화 • 02-330-5114   팩스 • 02-324-2345
등록번호 • 제313-2006-000265호

홈페이지 • http://www.hakjisa.co.kr
페이스북 • https://www.facebook.com/hakjisa

ISBN 978-89-997-1515-0 93370
정가 15,000원

이 도서의 국립중앙도서관 출판시도서목록(CIP)은 서지정보유통지원
시스템 홈페이지(http://seoji.nl.go.kr)와 국가자료공동목록시스템
(http://www.nl.go.kr/kolisnet)에서 이용하실 수 있습니다.
(CIP 제어번호: CIP2018005752)

교육문화출판미디어그룹 **학지사**

심리검사연구소 **인싸이트** www.inpsyt.co.kr
원격교육연수원 **카운피아** www.counpia.com
학술논문서비스 **뉴논문** www.newnonmun.com
간호보건의학출판 **정담미디어** www.jdmpub.com